本书是天津市2022年度哲学社会科学规划重大委托项目
"中国式现代化理论与实践研究"
（TJESDZX22-02）的结项成果

中国式现代化理论与实践

政治经济学视角

刘凤义 编著

天津出版传媒集团

天津人民出版社

图书在版编目（CIP）数据

中国式现代化理论与实践：政治经济学视角 / 刘凤义编著. -- 天津 : 天津人民出版社，2025. 4. -- ISBN 978-7-201-20920-3

Ⅰ. F120.2

中国国家版本馆 CIP 数据核字第 202496LP21 号

中国式现代化理论与实践：政治经济学视角
ZHONGGUOSHI XIANDAIHUA LILUN YU SHIJIAN:ZHENGZHI JINGJIXUE SHIJIAO

出　　版	天津人民出版社
出 版 人	刘锦泉
地　　址	天津市和平区西康路35号康岳大厦
邮政编码	300051
邮购电话	(022)23332469
电子信箱	reader@tjrmcbs.com
责任编辑	武建臣
封面设计	汤　磊
印　　刷	天津新华印务有限公司
经　　销	新华书店
开　　本	710毫米×1000毫米 1/16
印　　张	21.5
插　　页	2
字　　数	310千字
版次印次	2025年4月第1版　2025年4月第1次印刷
定　　价	96.00元

前　言

　　党的二十大报告明确提出,新时代新征程中国共产党的中心任务就是"团结带领全国各族人民全面建成社会主义现代化强国、实现第二个百年奋斗目标,以中国式现代化全面推进中华民族伟大复兴"[1]。习近平在党的二十大报告中擘画了全面建设社会主义现代化国家、以中国式现代化全面推进中华民族伟大复兴的宏伟蓝图,对中国式现代化的中国特色、本质要求和必须牢牢把握的重大原则作出科学阐释,初步构建了中国式现代化的理论体系。党的二十届三中全会进一步提出:"当前和今后一个时期是以中国式现代化全面推进强国建设、民族复兴伟业的关键时期。中国式现代化是在改革开放中不断推进的,也必将在改革开放中开辟广阔前景。"[2]全会从体制机制方面,对进一步全面深化改革开放作出了系统部署。深入学习贯彻中央精神,深化对中国式现代化的学理性研究就成为理论工作者的重要任务。

　　推进中国式现代化是个系统工程,包括经济、政治、文化、社会,以及生

　　① 习近平:《高举中国特色社会主义伟大旗帜　为全面建设社会主义现代化国家而团结奋斗——在中国共产党第二十次全国代表大会上的报告》,人民出版社,2022年,第21页。
　　② 《中共中央关于进一步全面深化改革　推进中国式现代化的决定》,《人民日报》,2024年7月22日。

态文明等各个领域、各个环节,相互之间紧密联系、缺一不可。因此,推进中国式现代化必须统筹兼顾、系统谋划、整体推进,但是推进中国式现代化也要抓住"牛鼻子"。党的二十大报告指出:"高质量发展是全面建设社会主义现代化国家的首要任务。"党的二十届三中全会突出经济体制改革的牵引作用,通过进一步全面深化改革,完善有利于推动高质量发展的体制机制,塑造发展新动能新优势,坚持和落实"两个毫不动摇",构建全国统一大市场,完善市场经济基础制度。这表明,推动经济高质量发展和进一步全面深化经济体制改革是推进中国式现代化的"牛鼻子"。因此,从经济学视角对中国式现代化进行系统的学理研究,就成为研究中国式现代化的首要方面,正因为如此,本书对中国式现代化的研究定位于"政治经济学视角"。

中国式现代化是中国共产党领导的社会主义现代化,中国式现代化理论必然是坚持以马克思主义为指导,全面贯彻习近平新时代中国特色社会主义思想的理论。从政治经济学视角探讨中国式现代化理论,是构建中国自主知识体系的一个组成部分,也是富有挑战性的工作。在以马克思主义现代化思想为指导的基础上,要把马克思主义同中国具体实际相结合、同中华优秀传统文化相结合,深入系统探讨中国式现代化理论构建问题,本书的总体章节布局就是按照这样的思路作出尝试的。

本书第一章挖掘了马克思、恩格斯等经典作家的现代化思想,从中寻找中国式现代化理论的方法论基础和理论渊源。第二章和第三章从"两个结合"的视角,在理论和实践两个维度,分别阐释了中国式现代化的理论渊源和实践进程。第四章到第九章以习近平经济思想为指导,分别从中国式现代化理论体系、推动高质量发展、坚持社会主义基本经济制度、发展实体经济、加快构建新发展格局、加快农业农村现代化等事关推进中国式现代化的重要方面,阐释了相关内容的理论依据和实践路径。第十章从理论与实践相结合的角度对西方现代化作了总结,为推进中国式现代化少走弯路、不走邪路提供可资借鉴的经验和教训。

　　本书是天津市2022年度哲学社会科学规划重大委托项目"中国式现代化理论与实践研究"（TJESDZX22-02）的结项成果。感谢天津人民出版社武建臣编辑为本书出版付出的辛勤劳动。

　　本书是集体劳动的成果，参与初稿撰写的作者分工如下：第一章南开大学刘凤义教授、徐晓林博士，第二章南开大学吴淑丽副教授，第三章南开大学白云翔讲师，第四章南开大学孙贺乾博士、刘凤义教授，第五章南开大学顾珊讲师，第六章南开大学刘岩博士、刘凤义教授，第七章南开大学田恒讲师，第八章南开大学滕振远博士、刘凤义教授，第九章南开大学赵夫鑫博士、刘凤义教授，第十章南开大学秦臻讲师。全书由刘凤义教授统稿，田恒讲师协助统稿工作。

　　本书在写作过程中，参考了大量学界已有的研究成果，在此深表感谢。由于本选题有很大难度，加之我们水平有限，书中还存在很多不足，诚恳接受学界同人的批评指正。

刘凤义

2024年10月30日

目　录

Contents

第一章

马克思主义经典作家关于现代化思想

　　现代化与社会化大生产紧密相连,资本主义社会生产方式是社会化大生产,因此,资本主义为人类走向现代化提供了出发点,也为人们认识现代化规律提供了实践基础。马克思、恩格斯、列宁等马克思主义经典作家,运用辩证唯物主义和历史唯物主义方法论,结合资本主义发展的实践和社会主义革命实践,对资本主义现代化进行了研究,为我们认识现代化问题提供了理论基础和方法指南。

第一节　马克思、恩格斯关于现代化一般的思想

　　马克思、恩格斯研究资本主义产生发展进程,一定意义上也是研究资本主义现代化的发展进程。马克思、恩格斯大多使用"现代"或者"现代社会"这样的词汇,对资本主义现代化的起始条件、构成要素、发展动力等进行了分析。

一、现代化的起始条件

西方资本主义的"现代社会"作为马克思、恩格斯现代化研究的现实基础，也是马克思现代化理论的起点，马克思、恩格斯通过《黑格尔法哲学批判》《德法年鉴》《论犹太人问题》与《1844年经济学哲学手稿》等一系列著作，批判继承了黑格尔国民经济学与市民社会思想理论，在唯物史观基础上提出了超越资产阶级社会的"市民社会"概念，确立了以生产关系为研究对象的"现代社会"理论，为科学认识现代化提供了正确方向。在《德意志意识形态》中，马克思、恩格斯明确："市民社会包括各个人在生产力发展的一定阶段上的一切物质交往"[①]；在《雇佣劳动与资本》中，马克思又进一步明确道："生产关系总合起来就构成所谓社会关系，构成所谓社会，并且是构成一个处于一定历史发展阶段上的社会，具有独特的特征的社会。"[②]这标志着马克思在逐渐放弃市民社会用法的同时，进一步将代表着"生产力—生产关系"与"经济基础—上层建筑"关系的"现代社会"作为现代化现实背景。[③]

马克思、恩格斯考察了"现代社会"的形成，认为现代资产阶级社会作为一种新的社会形态，其形成发展经历了一个不断发展的过程，进而本着"最终目的就是揭示现代社会的经济运动规律"的出发点，[④]对西欧资本主义国家进行了深入研究，抽象出了资本雇佣劳动关系。在马克思、恩格斯看来，这一关系的物质基础是生产力发展水平，社会形式是生产关系。更进一步，马克思、恩格斯通过一系列著作，在唯物史观层面揭示了人类现代化发展过

①　《马克思恩格斯选集》(第一卷)，人民出版社，2012年，第211页。
②　《马克思恩格斯选集》(第一卷)，人民出版社，2012年，第340页。
③　窦梓绮：《市民社会批判与现代社会理论的生成——论马克思对黑格尔的双重超越》，《学术界》，2023年第12期；唐士其：《"市民社会"、现代国家以及中国的国家与社会的关系》，《北京大学学报》(哲学社会科学版)，1996年第6期。
④　《马克思恩格斯文集》(第五卷)，人民出版社，2009年，第10页。

程的三大规律①,一是经济社会形态的发展是自然历史过程;二是人类社会由低级向高级,由片面到全面的发展过程,从而论证了现代社会必将被更高社会形态所替代的必然趋势;三是社会历史发展是多种力量综合作用的结果,现代社会作为资本主义经济社会形态,虽然同其他社会形态的现代化有所不同,但是其部分特征同样是现代化过程中普遍共性,其反映了现代化大生产与商品经济的一般性。②

总之,马克思、恩格斯以"现代社会"也即实质上的资本主义社会为研究客体,在批判继承古典政治经济学关于"市民社会"的基础上,从政治立场与方法论层面确立了基于唯物主义的"现代社会"的科学分析方法,在此基础上初步研究讨论了经济社会现代化的要素构成、发展动力等,形成了对现代化认识基本思想。

二、现代化的基本要素

马克思、恩格斯认为,虽然经济社会现代化在不同国家与民族呈现不同的路径与特点,但从世界历史视角来看,经济社会现代化有着普遍的构成要素,诸如工业化、市场化、城市化、全球化等,这些要素不仅构成了经济社会现代化的基本内容,还成为经济社会现代化的基本特征。

一是发达的大工业生产。马克思、恩格斯将工业化特别是大工业生产视为现代的本质特征,现代化从一定程度上作为"实现传统的农业社会向现代工业社会的大转变"③,工业革命则是这一过程的重要转折点,"生产的不断变革,一切社会状况不停的动荡,永远的不安定和变动,这就是资产阶级

---

① 《中国式现代化是马克思恩格斯现代化理论中国化时代化的重大成果——访马克思主义理论研究和建设工程课题组首席专家严书翰教授》,《马克思主义研究》,2022年第12期。
② 丰子义:《现代化的理论基础——马克思现代化社会发展理论研究》,北京师范大学出版社,2017年,第22页。
③ 罗荣渠:《现代化新论:世界与中国的现代化进程》,商务印书馆,2004年,第102页。

时代不同于过去一切时代的地方"①。进一步,马克思、恩格斯把18世纪以来工业革命所出现的大工业化与社会化生产相联系,分析了现代化中机器生产、社会化生产与产业结构的巨大变革,指出工业化是社会现代化的首要过程,"自从蒸汽和新的工具机把旧的工场手工业变成大工业以后,在资产阶级领导下造成的生产力,就以前所未闻的速度和前所未闻的规模发展起来了"②。在大工业社会化大生产的推动下,"资产阶级在它的不到一百年的阶级统治中所创造的生产力,比过去一切世代创造的全部生产力还要多,还要大"③。

具体来看,马克思、恩格斯认为,一方面,大工业生产所带来的生产力进步在一国之内极大地推动了生产规模的扩张,使得域内经济社会各部门之间形成了十分紧密的经济联系,正因如此,大工业使得原有经济社会发生了革命性的深刻变化,其中,"劳动者在有计划地同别人共同工作中,摆脱了他的个人局限,并发挥出他的种属能力"④。另一方面,大工业生产在世界范围内促进了世界市场的形成,伴随资本主义生产方式的确立,资本为实现价值增殖而不断地推动原料产地与商品市场的地理扩张,"各个相互影响的活动范围在这个发展进程中越是扩大,各民族的原始封闭状态由于日益完善的生产方式、交往以及因交往而自然形成的不同民族之间的分工消灭得越是彻底,历史也就越是成为世界历史"⑤。

二是发达商品经济出现。大工业生产奠定了现代社会的物质基础,发达商品经济作为资本主义生产方式的前提和起点,使资本主义生产方式逐渐成为现代社会经济的基础与普遍形式,马克思、恩格斯指出:"家长制的,古代的(以及封建的)状态随着商业、奢侈、货币、交换价值的发展而没落下

---

① 《马克思恩格斯文集》(第二卷),人民出版社,2009年,第34页。
② 《马克思恩格斯文集》(第三卷),人民出版社,2009年,第548页。
③ 《马克思恩格斯文集》(第二卷),人民出版社,2009年,第36页。
④ 《马克思恩格斯文集》(第五卷),人民出版社,2009年,第382页。
⑤ 《马克思恩格斯文集》(第一卷),人民出版社,2009年,第540~541页。

去,现代社会则随着这些东西同步发展起来。"①而"生产关系和交换关系发生变化,都是为了提高生产和促进交换"②,生产分工与交换"以及把这两者结合起来的商品生产,得到了充分的发展"③。

三是城市化的发展。马克思、恩格斯分析了经济社会现代化过程中的城市化发展路径,"古典古代的历史是城市的历史……亚细亚的历史是城市和乡村的一种无差别的统一……中世纪(日耳曼时代)……在城市和乡村的对立中进行……现代的[历史]是乡村城市化"④,认为资本主义现代社会与以"农村生活决定性地主宰着城市生活"为特征的传统社会相比存有巨大差异。⑤资本主义生产方式的发展使得"一切旧的经济形式、一切与之相适应的市民关系以及作为旧日市民社会的正式表现的政治制度都被粉碎了"⑥,随着市场经济与交换关系的日益发达,城市化进程不仅表现为"人口、生产工具、资本、享受和需求的集中"⑦,还表现为"村镇变成小城市,小城市变成大城市"⑧。这一过程聚集着社会的历史动力,推动城市最终战胜了乡村成为组织经济的地理中心。

市场化与城市化的发展则进一步改变了传统的社会基础。一方面,科学技术的蓬勃发展推动市民大众日益摆脱了封建愚昧的禁锢,人从宗教束缚中逐渐解放出来,经济社会现代化"不需要宗教从政治上充实自己……因为它已经用世俗方式实现了宗教的人的基础"⑨;另一方面,经济社会生产力与商品交换关系对平等、自由等现代观念的普及具有重要作用,伴随商品拜物教的深入发展,使得货币成为经济社会现代化中唯一的"神",人的精神信

---

① 《马克思恩格斯文集》(第八卷),人民出版社,2009年,第52页。
② 《马克思恩格斯文集》(第九卷),人民出版社,2009年,第169页。
③ 《马克思恩格斯文集》(第四卷),人民出版社,2009年,第193页。
④ 《马克思恩格斯文集》(第八卷),人民出版社,2009年,第131页。
⑤ 《马克思恩格斯全集》(第四十五卷),人民出版社,1985年,第247页。
⑥ 《马克思恩格斯文集》(第一卷),人民出版社,2009年,第613页。
⑦ 《马克思恩格斯文集》(第一卷),人民出版社,2009年,第556页。
⑧ 《马克思恩格斯文集》(第一卷),人民出版社,2009年,第406页。
⑨ 《马克思恩格斯文集》(第一卷),人民出版社,2009年,第34页。

仰彻底世俗化为货币信仰。①

四是世界市场的形成。马克思、恩格斯认为经济社会现代化具有世界历史性特征，"世界史不是过去一直存在的；作为世界史的历史是结果"②。这表明，现代化很大程度上是人类历史转变为"世界历史"的过程，世界市场则是这一过程的必然路径与关键条件。大工业生产所带来的生产力进步，直接引起交往的扩大。在资本主义生产方式下，"只要资本主义还是资本主义，过剩的资本就不会用来提高本国民众的生活水平……而会输出国外"③。这意味着，"不断扩大产品销路的需要，驱使资产阶级奔走于全球各地。它必须到处落户，到处开发，到处建立联系"④。上述主客观因素相互作用，推动了资产阶级于全球范围内的市场开拓，进而加强了世界各个国家于各个民族之间的联系，"资产阶级，由于一切生产工具的迅速改进，由于交通的极其便利，把一切民族甚至最野蛮的民族都卷到文明中来了。"⑤正如马克思、恩格斯所指出的："使反动派大为惋惜的是，资产阶级挖掉了工业脚下的民族基础。古老的民族工业被消灭了，并且每天都还在被消灭。它们被新的工业排挤掉了，新的工业的建立已经成为一切文明民族的生命攸关的问题……过去那种地方的和民族的自给自足和闭关自守状态，被各民族的各方面的互相往来和各方面的互相依赖所代替了。物质的生产是如此，精神的生产也是如此。"⑥

此外，马克思、恩格斯认为，工业化、市场化与城市化推动了资本主义生产方式的普及与世界市场的发展，现代化过程具有一定的全球性特征。现代化进程并不是单一国家与民族的"单打独斗"，而是整个人类社会的总体

---

① 刘贝：《马克思现代化理论研究》，扬州大学，2003年。
② 《马克思恩格斯文集》（第八卷），人民出版社，2009年，第34页。
③ 《列宁选集》（第二卷），人民出版社，2012年，第627页。
④ 《马克思恩格斯文集》（第二卷），人民出版社，2009年，第35页。
⑤ 《马克思恩格斯文集》（第二卷），人民出版社，2009年，第35页。
⑥ 《马克思恩格斯文集》（第二卷），人民出版社，2009年，第35页。

趋势,"全球化成为现代化的新走向,体现了现代化的一个重要特征"①。现代化推动了世界范围内各民族、各地区与国家间的交流,并最终使"结合为一个拥有统一的政府、统一的法律、统一的民族阶级利益和统一的关税的统一的民族"②成为可能。

三、现代化的发展动力

在马克思、恩格斯看来,资本主义现代化作为区别于先前各类经济社会形态的现代文明形态,是包括工业化、市场化、城市化、全球化在内的经济社会现代化多种因素综合作用的结果,对应地,现代化的发展动力涉及根本动力、主体动力、直接动力等。

以科学技术为代表的先进生产力是经济社会现代化的根本动力。正如"手推磨产生的是封建主的社会,蒸汽磨产生的是工业资本家的社会"③。马克思、恩格斯指出:"随着新生产力的获得,人们改变自己的生产方式,随着生产方式即谋生的方式的改变,人们也就会改变自己的一切社会关系。"④其中,科学技术作为先进生产力的代表,代表着人类利用、改造自然的能力,进而决定了现代化的根本方向。对经济社会现代化而言,科学技术作为"财富的最可靠形式"与"财富的生产者"⑤,劳动生产率的提高"取决于一般的科学水平和技术进步,或者说取决于科学在生产上的应用"⑥,在提高人类利用自然、改造自然深度的同时,也为经济社会现代化奠定了更为深厚的物质基础与财富支撑。

阶级斗争与社会革命是经济社会现代化的直接动力。阶级斗争与社会

---

① 陈春燕、赵继伦:《马克思现代化思想的多维透视》,《马克思主义与现实》,2009年第4期。
② 《马克思恩格斯文集》(第二卷),人民出版社,2009年,第36页。
③ 《马克思恩格斯选集》(第一卷),人民出版社,2012年,第222页。
④ 《马克思恩格斯选集》(第一卷),人民出版社,2012年,第222页。
⑤ 《马克思恩格斯文集》(第八卷),人民出版社,2009年,第170页。
⑥ 《马克思恩格斯全集》(第四十六卷)(下),人民出版社,1980年,第217页。

革命本质上是上述规律矛盾运动作用的结果，"一切历史冲突都根源于生产力和交往形式之间的矛盾"①。马克思、恩格斯认为："生活的生产——无论是自己生活的生产（通过劳动）或他人生活的生产（通过生育）——立即表现为双重关系：一方面是自然关系，另一方面是社会关系。"②生产力与生产关系的矛盾运动、经济基础与上层建筑的矛盾运动，作为一般规律制约着经济社会现代化的发展，并在一定时期内表现为阶级斗争与社会革命。阶级斗争自原始社会解体以来已经存在，且贯穿了人类整个发展历史，阶级斗争仿佛"助产婆"，在改变生产关系以发展生产力上起着不容忽视的推动作用，马克思、恩格斯指出："我们一贯强调阶级斗争，认为它是历史的直接动力，特别是一贯强调资产阶级和无产阶级之间的阶级斗争，认为它是现代社会变革的巨大杠杆。"③

　　劳动者与广大人民群众是经济社会现代化的主体动力。马克思、恩格斯认为"现实的人"是现代化的主体动力，是现代化历史进程的创造者。一方面，"人作为生命体的存在，已不再去直接仰赖环境为人提供现成的生存资料，而是依靠自己的劳动去改造环境，由自己的活动创造自己需要的生活资料"④的特殊所在，意味着劳动者作为生产力中最活跃的要素，是决定经济社会生产力发展水平的核心要素之一，也是影响经济社会现代化的主体，马克思、恩格斯经常对"高级工人""总体工人"等知识型劳动者对生产力正向作用予以肯定；另一方面，现代化从根本而言是以人民群众为中心的现代化，"社会结构和国家总是从一定的个人的生活过程中产生的……这些个人是从事活动的，进行物质生产的，因而是在一定的物质的、不受他们任意支配的界限、前提和条件下活动着的"⑤。人作为经济社会关系的集中与核心，

---

① 《马克思恩格斯选集》（第一卷），人民出版社，2012年，第196页。
② 《马克思恩格斯全集》（第三卷），人民出版社，1960年，第33页。
③ 《马克思恩格斯文集》（第三卷），人民出版社，2009年，第484页。
④ 高清海：《人就是"人"》，辽宁人民出版社，2001年，第9页。
⑤ 《马克思恩格斯文集》（第一卷），人民出版社，2009年，第524页。

人的发展体现着社会关系的发展,资本主义生产方式下单纯的物质生产导致的人的畸形发展,只有无产阶级是真正的革命阶级,只有社会主义才能真正实现人自由而全面的发展。

四、现代化的价值归旨是人的现代化

劳动者与广大人民群众不仅是经济社会现代化的主体动力,也是经济社会现代化的价值归旨。人的自由全面发展是实现人的现代化的核心内涵与最终目标。马克思、恩格斯以唯物史观方法论阐述了人在经济社会历史活动中的主体地位与创造性力量,以及每个人的自由发展是一切人的自由发展的先决条件。一方面,现实的人直接地是自然存在物,"人靠自然界生活。这就是说,自然界是人为了不致死亡而必须与之处于持续不断的交互作用过程的、人的身体。所谓人的肉体生活和精神生活同自然界相联系,不外是说自然界同自身相联系,因为人是自然界的一部分"①。这决定了人的自由是有限度的,"自由不在于幻想中摆脱自然规律而独立,而在于认识这些规律,从而能够有计划地使自然规律为一定的目的服务"②,并不是盲然无束的状态。另一方面,马克思、恩格斯认为人的全面发展不仅是劳动的发展,而且是素质个性的全面发展,并重点强调了社会关系的全面发展,指出"个人的全面性不是想象的或设想的全面性,而是他的现实联系和观念联系的全面性"③。更进一步,马克思、恩格斯始终坚持人的自由与全面发展相统一,认为两者互为前提、相互促进。

具体来看,人的现代化首先表现为人的需要得到满足。人的需要首先是作为一种客观存在,是由人类生存的客观要求所决定的,"先应当确定一切人类生存的第一个前提,也就是一切历史的第一个前提,这个前提是:人

---

① 《马克思恩格斯文集》(第一卷),人民出版社,2009年,第161页。
② 《马克思恩格斯文集》(第九卷),人民出版社,2009年,第120页。
③ 《马克思恩格斯文集》(第八卷),人民出版社,2009年,第172页。

们为了能够'创造历史'，必须能够生活。但是为了生活，首先就需要吃喝住穿及其他一些东西。因此第一个历史活动就是生产满足这些需要的资料，即生产物质生活本身"①。这意味着，生产力发展为实现人的现代化与自由全面发展创造了基础物质条件，"当人们还不能使自己的吃喝住穿在质和量方面得到充分保证的时候，人们就根本不能获得解放"②。生产力进步是实现人的现代化的充分条件，"个人的全面性……是他的现实联系和观念联系的全面性。……要达到这点，首先必须使生产力的充分发展成为生产条件"③。

其次，人的现代化表现为人的劳动能力实现全面提升。马克思、恩格斯认为，劳动作为人的最具主观能动性的能力，"是工人本身的生命活动，是工人本身的生命的表现"④，而社会化生产与劳动分工极大地发挥了生产力的潜在效能，马克思、恩格斯指出："社会作为一个整体和工厂的内部结构有共同的特点，这就是社会也有它的分工。"⑤然而在资本主义生产方式下，"死劳动"的资本取得了对劳动的支配，劳动的异化导致了劳动者与幸福的背离，对异化的扬弃只有通过付诸实行的共产主义才能完成，也即共产主义者通过社会变革与阶级斗争建立社会主义社会，进而引导广大人民群众崇尚劳动、尊重劳动，在劳动过程中实现劳动与个人社会价值。⑥

最后，人的现代化还表现为所处的社会关系的全面发展。马克思、恩格斯认为："只有在共同体中，个人才能获得全面发展其才能的手段，也就是说，只有在共同体中才可能有个人自由。"⑦更一般地，"自然界的人的本质只

---

① 《马克思恩格斯文集》（第一卷），人民出版社，2009年，第531页。
② 《马克思恩格斯文集》（第一卷），人民出版社，2009年，第527页。
③ 《马克思恩格斯文集》（第八卷），人民出版社，2009年，第172页。
④ 《马克思恩格斯文集》（第一卷），人民出版社，2009年，第715页。
⑤ 《马克思恩格斯文集》（第一卷），人民出版社，2009年，第624页。
⑥ 吴潜涛、陈好敏：《马克思恩格斯劳动教育思想探析》，《中国高校社会科学》，2023年第3期。
⑦ 《马克思恩格斯文集》（第一卷），人民出版社，2009年，第571页。

有对社会的人来说才是存在的;因为只有在社会中,自然界对人来说才是人与人联系的纽带,才是他为别人的存在和别人为他的存在,只有在社会中,自然界才是人自己的合乎人性的存在的基础,才是人的现实的生活要素"①。此外,马克思、恩格斯还系统地对人的社会关系发展程度及其阶段进行了系统论述:"人的依赖关系(起初完全是自然发生的),是最初的社会形式,在这种形式下,人的生产能力只是在狭小的范围内和孤立的地点上发展着。以物的依赖性为基础的人的独立性,是第二大形式,在这种形式下,才形成普遍的社会物质变换、全面的关系、多方面的需要,以及全面的能力的体系。建立在个人全面发展和他们共同的、社会的生产能力成为从属于他们的社会财富这一基础上的自由个性,是第三个阶段。第二个阶段为第三个阶段创造条件。"②这意味着,实现人的现代化需要推动交往普遍化与提升个人社会性,实现个人价值与社会价值的和谐统一,正如马克思、恩格斯所强调的:"人只有为同时代人的完美、为他们的幸福而工作,自己才能达到完美"③;"历史把那些为共同目标工作因而自己变得高尚的人称为最伟大的人物;经验赞美那些为大多数人带来幸福的人是最幸福的人。"④

第二节　马克思、恩格斯关于现代化特殊的思想

一、资本主义现代化内容构成的特殊性

虽然马克思、恩格斯以资本主义生产方式背景下的"现代社会"为现实

---

① 《马克思恩格斯文集》(第一卷),人民出版社,2009年,第187页。
② 《马克思恩格斯文集》(第八卷),人民出版社,2009年,第52页。
③ 《马克思恩格斯全集》(第一卷),人民出版社,1995年,第459页。
④ 《马克思恩格斯全集》(第一卷),人民出版社,1995年,第459页。

来源与参照，分析了经济社会现代化的一般性质与内容，但也全面且辩证地讨论了资本主义经济社会现代化的特殊性。马克思、恩格斯运用政治经济学的原理，对包括资本积累、私有制、雇佣资本劳动等在内的资本主义经济社会现代化特殊性进行了详细剖析。

资本主义现代化经历了血腥、暴力的原始积累。早在 14 世纪至 15 世纪就开始了资本的原始积累，这一过程是通过征服、奴役、劫掠、杀戮等暴力或血腥手段实现的。资本主义原始积累集中体现为对货币财富的暴力掠夺，高利贷、商业、城市，以及同时兴起的国库，在资本原始积累中发挥了重要作用，其中，对土地的暴力掠夺成为资本原始积累的重要途径，马克思、恩格斯以英国为例予以分析。在国内，英国通过"宗教改革""光荣革命"等一系列政治改革与法律支撑，推动劳动者与土地这一生产资料迅速分离，失去生产资料的劳动者"最初力图走后一条路，但是被绞架、耻辱柱和鞭子从这一条路上赶到通往劳动市场的狭路上去"[①]，从而为资本增殖提供了经济现实条件。以英国为代表的西欧国家在国家与政府层面有意识、有组织地通过殖民制度、国债制度与保护关税制度等方式在世界范围内掠夺货币财富，其中，殖民制度最具代表，殖民国家对被殖民地区与民族进行的"暴力摧毁"与"暴力掠夺"，推动了本国内部资本主义现代化进程。

资本主义经济社会现代化通过暴力血腥的原始积累得以形成，并借由生产资料私有制而得以存续与巩固，马克思恩格斯指出，以私有制为基础的资本"在精力、贪婪和效率方面，远远超过了以往一切以直接强制劳动为基础的生产制度"[②]。资本借由生产资料私有制，"按照自己的面貌为自己创造出一个世界"[③]，将一切与生产有关的要素"从属于自己"，在经济、政治、文化、社会层面主导着社会现代化进程，马克思、恩格斯对此总结道："资本一

---

① 《马克思恩格斯文集》（第八卷），人民出版社，2009 年，第 160 页。
② 《马克思恩格斯文集》（第五卷），人民出版社，2009 年，第 359 页。
③ 《马克思恩格斯文集》（第二卷），人民出版社，2009 年，第 36 页。

出现,就标志着社会生产过程的一个新时代"①,并进一步指出,由于资本的运动是没有限度的,因而资本"敢践踏一切人间法律……会鼓励动乱和纷争"②。除此之外,马克思、恩格斯还注意到同生产资料私有制发展相伴随的经济运行机制,资本主义自由竞争一定程度上加速了经济社会现代化中物质生产的发展,"现代的大工业、今天的信用制度以及与此二者的发展相适应的交换形式,即自由竞争"③,这意味着,在自由竞争的调节机制作用下,资本主义无论在地区内还是在地区间都逐渐确立起适合自己的发展形式,进而为资本主义经济社会现代化提供了内在推动力。

此外,资本主义经济社会现代化是以"资本—雇佣劳动关系"为轴心的,马克思、恩格斯认为,资本主义生产方式以资本和雇佣劳动的关系为基础,是全部现代社会体系所围绕旋转的轴心,其中,资本在生产过程中占据支配地位,相应地,劳动者处于被支配地位,"资本和劳动关系的这个方面正好是重要的文明因素,资本的历史的合理性就是以此为基础的,而且资本今天的力量也是以此为基础的"④。

二、资本主义现代化历史地位和作用的特殊性

现代化作为引起经济社会全面变革的世界历史进程,在马克思、恩格斯看来具有重要的历史作用,其在推动现代社会形成、提高社会生产力水平、完善国家政治职能、构建现代文明形态等方面发挥着重要作用。

首先,经济社会现代化是以农业社会向工业社会转型为基础的,经济社会现代化在生产方式、交换方式、劳动方式等层面推动着传统社会向现代社会的转变,先前自然经济条件下的生产关系被打破,"一切旧的经济形式、一

---

① 《马克思恩格斯文集》(第五卷),人民出版社,2009年,第198页。
② 《马克思恩格斯文集》(第五卷),人民出版社,2009年,第871页。
③ 《马克思恩格斯文集》(第九卷),人民出版社,2009年,第154页。
④ 《马克思恩格斯全集》(第三十卷),人民出版社,1995年,第247~248页。

切与之相适应的市民关系以及作为旧日市民社会的正式表现的政治制度都被粉碎了"①,从而为现代社会形成创造了可能。

其次,经济社会现代化与生产力水平紧密关联,马克思、恩格斯指出,经济社会现代化带来了大量的生产力,例如,蒸汽机的使用"赋予"了英国地下的煤矿层巨大的开发价值。生产力发展水平的提高,也为实现更高层次的经济社会现代化提供了物质现实基础与财富支撑。

再次,经济社会现代化促进了民族国家政治职能的完善,马克思、恩格斯对现代化进程中政治革命的积极作用进行了论述,认为"政治革命打倒了这种统治者的权力,把国家事务提升为人民事务,把政治国家组成为普遍事务,就是说,组成为现实的国家"②,并推动了现代民族国家的形成与现代国家政府及其职能的建构。更进一步,资本主义的发展又客观要求国家暴力机器对资本主义社会秩序予以维持,且伴随着资本主义现代化的发展,代表资产阶级利益的民族利益与国家政治职能也在拓展,从而使得国家成为体现资产阶级利益的暴力机器。

最后,资本主义经济社会现代化所创造的资本主义文明,也标志着人类进入了新的文明时代。马克斯、恩格斯指出,以工业化、市场化、城市化、全球化为特征的资本主义经济社会现代化,使得社会整体不可比拟地超越了以前的一切时期;当工业生产与商品经济成为现代社会主要的生产方式与交换方式时,他们认为,"'现代社会'就是存在于一切文明国度中的资本主义社会"③。因此,资本主义这一新的文明形态在一定程度上对人类摆脱人身依附关系、实现更自由而全面的发展有着不可忽视的历史积极作用。

马克思、恩格斯认为,资产阶级生产方式的特殊性,还着重体现在以资本—雇佣劳动关系为轴心的资本主义现代化创造了现代无产阶级。资本主

① 《马克思恩格斯文集》(第一卷),人民出版社,2009年,第613页。
② 《马克思恩格斯文集》(第一卷),人民出版社,2009年,第44页。
③ 《马克思恩格斯文集》(第三卷),人民出版社,2009年,第444页。

义经济社会现代化的大工业生产过程推动了工人阶级的诞生,"这些新生的人就是工人。工人也同机器本身一样,是现代的产物"①。不同于资产阶级因特殊的民族利益而最终无法推动更为现代的生产力的发展,无产阶级作为民族性已经消灭的阶级力量,没有特殊的民族利益,随着资本主义现代化的发展,无产阶级也愈发成长强大,"资产阶级把自己的工业、商业和交通发展到什么程度,它也就使无产阶级成长到什么程度"②。这为无产阶级实现革命联合、推翻资产阶级统治,创造了客观的现实条件与意识准备。更进一步,马克思、恩格斯认为,资本主义经济现代化在推动无产阶级人民群众走向联合的同时,也推动着代表整个无产阶级利益的无产阶级政党的建立与发展,使其能够在革命与建设中成为先进组织;但同时,马克思、恩格斯也指出,资本主义经济社会现代化过程中"资本和地产的自然规律"想要被"自由的联合的劳动的社会经济规律"③取代,需要经历较为漫长的过程,这意味着无产阶级及其政党要有对现代化的科学认识与对现代化发展建设规律的准确把握。

三、资本主义现代化必然被代替

马克思、恩格斯认为,资本主义经济社会发展到一定阶段,生产社会化与生产资料私人占有之间这一基本矛盾日渐激化。在私有制为基本形式的资本主义生产制度下,生产社会化的提高,使得现代生产力同资本主义生产方式对它的种种限制发生冲突,基本矛盾对立冲突性不断加强。一方面,资本对自身增殖的无限追求,使得资本不断试图突破自身的限制,以适应生产力的发展;另一方面,资本主义私有制导致了工人阶级因资本剥削而相对贫困,支付能力不断下降,生产和消费之间的矛盾难以解决,周期性爆发经济

---

① 《马克思恩格斯文集》(第二卷),人民出版社,2009年,第580页。
② 《马克思恩格斯文集》(第二卷),人民出版社,2009年,第208页。
③ 《马克思恩格斯文集》(第三卷),人民出版社,2009年,第199页。

危机难以避免，"在这种危机中，资本的这种矛盾暴风雨般地突然爆发出来，越来越威胁到作为社会基础和生产本身基础的资本本身"[①]。

资本主义经济社会现代化是以资本逻辑为主导的，这使得其经济社会现代化越发展，其背后资本主义固有弊端与矛盾就会表现得越严重，经济危机就会更猛烈地爆发出来，最终在生产力层面对资本主义现代化造成严重破坏，"社会突然发现自己回到了一时的野蛮状态"[②]。这意味着，资本逻辑为主导的现代化，终将被更高形态的现代化所取代，也即社会主义和共产主义现代化。

共产主义是马克思现代化的最终旨向，实现共产主义是现代化的必然，只有废除私有制与雇佣劳动制度，才能在形式与内容上消灭资本主义生产方式，实现生产力的解放，为真正实现人的现代化奠定根本的社会条件。具体来看，马克思、恩格认为现代化大致分为两个阶段：第一阶段是资本主义制度与生产方式主导的现代化阶段，第二阶段则是共产主义（含社会主义）制度与生产方式主导的现代化阶段。资本主义经济社会现代化虽然实现了人类历史上的一次大飞跃，但其自身在生产方式特别是生产关系上存有一些重大弊端，要克服上述弊端，就必须使现代化过渡到第二阶段——共产主义经济社会现代化阶段，其中又可进一步分为初级阶段与高级阶段两个前后具体阶段。在社会主义和共产主义运动实践中，现代化将以崭新的面目出现。

第三节　列宁等关于现代化的思想

马克思、恩格斯建立的科学世界观和方法论，为认识现代化问题提供了

---

① 《马克思恩格斯文集》（第八卷），人民出版社，2009年，第92页。
② 《马克思恩格斯文集》（第二卷），人民出版社，2009年，第37页。

指南。列宁、斯大林等人在继承马克思、恩格斯现代化思想的基础上,根据俄国与苏联具体实践,对社会主义现代化建设提出了许多新认识。

一、列宁在革命时期关于现代化的认识

列宁革命时期的现代化思想,受到马克思、恩格斯现代化多样性特别是落后国家现代化发展的深刻影响。马克思于1877年在《给〈祖国纪事〉杂志编辑部的信》中,便指出不同国家与民族社会主义道路的多样性,并不存在统一的"西欧模板",并对俄国跨越"卡夫丁峡谷"的可能性作出了肯定回答;恩格斯于1890年在《俄国沙皇政府的对外政策》中,进一步科学预测了俄国沙皇制度的必然崩溃。

列宁从俄国具体国情出发,早在十月革命之前的1917年4月,便通过《四月提纲》与《论策略书》,批驳了资产阶级政党与部分马克思主义者关于无产阶级政权必须先于资产阶级政权的错误认识。苏维埃政权建立后,面对严峻复杂的国内外形势,列宁清晰地指出:"当问题触及剥削者的经济权力的基础的时候,触及使他们可以支配千百万工农的劳动、使地主和资本家可以发财致富的私有制的时候,……他们就把自己说过的爱祖国爱独立之类的话统统忘记了。"[①]鉴于当时国内富农暴动与外部胁迫使俄国面临着战争风险,列宁与布尔什维克党推行了战时共产主义政策,这一政策以取消商品货币为主要特征,以稳定苏维埃国家政权为主要目标。截至1920年底,随着苏维埃俄国国内斗争的基本结束,战时共产主义政策有力巩固了新生苏维埃政权稳定的同时,其弊端问题开始凸显,影响了战后正常经济秩序的恢复,最终导致苏俄于1921年春发生较为严重的经济政治危机,对此,列宁在《十月革命四周年》报告中总结道:"我们计划(说我们计划欠周地设想也许较确切)用无产阶级国家直接下命令的办法在一个小农国家里按共产主义原则

---

① 《列宁全集》(第三十五卷),人民出版社,1985年,第9页。

来调整国家的产品生产和分配。现实生活说明我们错了。"①此后，以列宁为代表的苏维埃政府在和平时期对国民经济与现代化建设战略予以调整。

二、列宁在苏联社会主义建设时期关于现代化的认识

从1920年底开始，面对战时共产主义政策日益凸显的问题缺陷，列宁在1921年3月的俄共（布）第十次代表大会上，宣布实行"新经济政策"，以尝试在苏俄经济政治发展较为落后的基础上建设社会主义现代化。"新经济政策"涉及以粮食税代替余粮收集制在内的五大调整。②这一阶段，列宁通过《新经济政策和政治教育委员会的任务》《农民问题提纲初稿》《论合作社》等文章著作，进一步就苏联现代化建设进行了探索与思考，具体可总结为以下几点：

（一）和平建设时期的国民经济恢复与政策调整

在1921年10月的《新经济政策和政治教育委员会的任务》报告中，列宁回顾了苏维埃政权的建立与巩固历程，指出社会主义现代化道路探索所存在的巨大不确定性与曲折性，认为共产党人在现代化探索与建设中，应敢于接受失败并主动吸取经验，根据俄国现实国情探索新的方式方法。基于此，列宁首次提出了国家同市场的关系问题，着重指出商业贸易与货币流通对发展生产力的重要作用，并对国家资本主义主要形式进行了具体论述，强调社会主义现代化建设过程中无产阶级掌握政权的重要地位与作用。

（二）社会主义现代化建设离不开优先发展生产力

列宁始终坚持将发展生产力作为和平时期推进社会主义现代化建设的根本任务，提出通过农业社会化、现代化改造发展与工业优先建设来发展生产力，改善人民生活，论述了科学技术对生产力的重要推动作用，强调要紧跟科技前沿，强化科技人才培养。

---

① 《列宁选集》（第四卷），人民出版社，2012年，第570页。
② 《国际共产主义运动史》，人民出版社，2012年，第199页。

1.农业社会主义改造与现代化

列宁对农业社会主义改造与农业现代化的设想以农业合作社为中心，贯穿于整个现代化探索过程，并在不同时期存在着不同的看法与认识：在十月革命之前，由于无产阶级政权并未建立，列宁在这一阶段认为无产阶级工人运动不应完全依靠合作社；在战时共产主义阶段，列宁指出合作社承担组织供应与分配的重要职责与作用；在社会主义现代化建设与新经济政策实施期间，列宁主张利用国家资本主义与商品货币关系发展对农业社会主义改造与实现农业现代化，将合作社视为国家资本主义的重要形式。

一是主张用粮食税来代替余粮收集制，余粮收集制作为战时非常政策，而在和平时期的社会主义现代化建设阶段，要"采取迅速的、最坚决的、最紧急的办法来改善农民的生活状况和提高他们的生产力"①，因而用粮食税作为政策调整的必要性尤为迫切。实践证明，粮食税提高了农民的生产积极性与主动性，不仅为大工业发展提供了不可或缺的粮食保障与燃料供应，还巩固了苏维埃的工农联盟与无产阶级专政。

二是坚定走合作化的农业发展道路，列宁基于对苏联早期小农经济与农业生产分散化而导致的农业生产力落后的现实分析，提出了利用合作社将小农经济过渡到现代化农业生产而非消灭的发展路径，指出"合作制政策一旦获得成功，就会使我们把小经济发展起来……在自愿联合的基础上过渡到大生产"②。主张在平等自愿的基础上，采用多种手段鼓励农民参与合作社。

2.电气化建设与工业现代化

国家电气化作为"苏联加速推进工业化的基础和重要组成部分"③，受到

---

① 《列宁选集》(第四卷)，人民出版社，2012年，第500页。
② 《列宁选集》(第四卷)，人民出版社，2012年，第508页。
③ 高际香、刘伟、杨丽娜：《俄罗斯工业化200年：回顾与展望》，《欧亚经济》，2021年第5期。

列宁的高度关注，明确"共产主义就是苏维埃政权加全国电气化"①。在《俄罗斯苏维埃联邦社会主义共和国电气化计划》中，列宁围绕电气化建设，对苏联国民经济进行了具体规划，并把电气化作为"第二个党纲"，并主张组建"俄罗斯国家电气化委员会"监督与推动上述计划落地；在《全俄中央执行委员会和人民委员会关于对外对内政策的报告》中，列宁进一步强调了提高农民电气化水平的重要作用，指出了电气化在农业现代化建设中的基础性作用，"只有有了物质基础，只有有了技术，只有在农业中大规模地使用拖拉机和机器，只有大规模电气化，才能解决小农这个问题"②。

在推进电气化建设之外，列宁更深刻认识到工业现代化在社会主义现代化建设中的中心地位，为此，列宁在《俄国资本主义的发展》中，通过总结机器大工业生产在经济社会现代化进程中的决定作用，不仅论证了机器大工业生产是资本主义工业发展的高级阶段，也明确了"社会主义的物质基础只能是同时也能改造农业的大机器工业。但是不能停留在这个一般的原理上。必须把它具体化"③。在工业化建设中，基于苏联重工业底子薄弱的现实考虑，列宁高度重视重工业的发展，认为应将重工业置于苏联工业化与社会主义现代化建设的优先地位，主张对轻工业与重工业加以区分，并针对性地采取不同发展措施。

（三）重视科学技术与人才的推动作用

列宁同马克思、恩格斯对科学技术作为"最高意义上的革命力量"的观念一脉相承，高度重视科学技术与科技革命的强大作用，着重强调科技人才在生产力中的关键力量。在《苏维埃政权的当前任务》中，列宁指出人才特别是科技人才在社会主义经济社会现代化中所起到的核心作用，并认为科

---

① 《列宁选集》（第四卷），人民出版社，2012年，第364页。
② 《列宁选集》（第四卷），人民出版社，2012年，第447页。
③ 《列宁选集》（第四卷），人民出版社，2012年，第542页。

技人才的后备力量,主要来源于大学生和研究生[1],主张完善科技人才教育培养体系。此外,列宁还曾反驳党内关于资产阶级科学技术与管理经验的错误看法,论述借鉴与利用资本主义科学技术与先进经验的必要性与合理性,主张要以开放态度吸收国外先进技术经验。

(四)加强文化教育建设与提高人民文化素质

在推进社会主义工业化建设、发展生产力的同时,列宁十分重视教育文化等精神文明对实现社会主义现代化的重要作用,强调"劳动人民不但要识字,还要有文化,有觉悟,有学识"[2],在苏维埃人民委员会成立后第三天,列宁便领导建立了国家教育委员会,以开展国民教育工作与精神文化建设。

列宁主张提升全民现代化教育水平,为克服俄国早期落后封建农奴制所导致的高文盲、低教育的落后社会现状,列宁曾多次号召"从传统文化向现代文化转变"[3]的文化革命,其中,列宁格外注重加强青年教育,在《青年团的任务》中充分表达了学习对于青年成长成才的重要性。在其晚年的《日记摘录》中,列宁通过分析对比苏联人民识字情况的调查数据,科学分析了苏联当时的全民教育水平,就苏联教育现代化提出了多项具体举措。

三、苏联社会主义建设时期关于现代化的认识

列宁基于俄国与苏联社会主义现代化实践,形成了对社会主义现代化建设的初步认识,列宁逝世后,斯大林在领导苏联社会主义建设中,也对现代化进行了探索。

(一)关于社会主义基本经济规律的探索

对社会主义基本经济规律认识,直接关系对社会主义现代化建设方向

---

① 宋兆杰、张敏卿、严建新:《苏联科技创新体系成败的移植文化因素分析》,《科学学研究》,2012年第11期。

② 《列宁选集》(第四卷),人民出版社,2012年,第366页。

③ 张霜:《社会主义现代化思想演变与发展研究》,吉林大学,2021年。

的问题。1952年,斯大林在《苏联社会主义经济问题》一书中,明确提出社会主义基本经济规律,即通过高度技术使社会主义生产持续增长,以最大限度地满足整个社会经常增长的物质和文化的需要。这一基本经济规律的认识,体现了以下特点:一是在社会主义制度下,社会主义基本经济规律具有客观性,决定生产发展的一切方面,贯穿社会主义生产发展的全过程。二是社会主义经济规律包括社会主义生产目的和手段的统一,手段是高度技术推动,目的是最大限度满足社会不断增长的物质和文化需要。三是社会主义经济规律客观要求国民经济要按比例发展,等等。

(二)工业优先发展的发展模式

社会主义现代化建设以工业为中心、农业服务于工业的工业发展模式。一是利用计划经济体制推动工业化。斯大林时期,苏联凭借高度集中的计划体制开展国民经济五年计划方案,基本建立了完整的工业部门与体系,国家工业化取得显著发展。二是以重工业为重心。在前期推动农业恢复与发展的基础上,斯大林将重工业作为社会主义现代化建设与国民经济重心,并从工业化目标任务、国民经济工业占比与独立性等层面,构建了苏联重工业的指标任务。斯大林认为:"在资本主义国家,工业化通常都是从轻工业开始……但这是一个需要数十年之久的长期过程,在这一时期内只得等待轻工业发展并在没有重工业的情形下勉强凑合着。共产党当然不能走这条道路。"①三是高速工业化,出于改变苏联经济比先进的国家落后了五十年至一百年的艰难处境,在确立重工业优先发展的基础上,进一步确立高速工业化的现代化战略,以实现固定时间内创造更多的物质基础,从而应对当时极为严峻的地缘政治环境,斯大林指出:"我们不能知道帝国主义者究竟会在哪一天进攻苏联,打断我国的建设。他们随时都可以利用我国技术上经济上的弱点来进攻我们,这一点却是不容置疑的。"②

---

① 《斯大林选集》(下卷),人民出版社,1979年,第496页。
② 《斯大林全集》(第十三卷),人民出版社,1956年,第168页。

（三）集体化的农业发展模式

针对十月革命后复杂动荡的国际局势与复杂的国内矛盾，斯大林认为，在苏联国内存在资本主义复辟的可能性，"我们推翻了资本主义，建立了无产阶级专政，正在加速发展我们的社会主义工业，并使农民经济和我们的社会主义工业结合起来。但是，我们还没有挖掉资本主义的老根。这些老根到底藏在什么地方呢？它们藏在商品生产里，藏在城市小生产特别是农村小生产里"①。对此，在继承列宁农业合作社路线的基础上，斯大林进一步提出了农业集体化的发展模式，其具体表现为：

一是以集体化推进农业现代化与国家现代化。斯大林认为苏维埃和社会主义建设"决不能无止境地即过于长期地建立在两个不同的基础上，建立在规模最大的联合的社会主义工业的基础上和最分散最落后的小商品农民经济的基础上"②。此外，西方资本主义对苏联的绞杀与封锁决定了苏联的现代化建设与经济发展只能依靠内部解决，通过集体化引导个体农民加入集体农庄，保证了重工业建设的粮食与资金支持。

二是以集体农庄的方式推进农业集体化。斯大林在列宁新经济政策农业合作社的基础上，将农业劳动组合纳入其中改造成为集体农庄，并为集体农庄配套拖拉机站，通过国家计划分配的生产资料形式，实现在国家的统一领导下组织农业生产。

三是消灭富农。斯大林认为富农经济本质上是资本主义经济，富农经济是导致引发粮食危机的重要原因，因此于1930年在法律层面确定开展消灭富农、驱逐富农运动，并没收富农财产转至集体农庄。

苏联在社会主义经济建设实践中，逐渐建立高度集中的计划经济体制，这种体制在历史上发挥过重要作用，但随着社会生产力的不断发展，体制弊端日益暴露，越来越束缚生产力的发展。改革和完善苏联社会主义经济体

---

① 《斯大林选集》（下卷），人民出版社，1979年，第66页。
② 《斯大林全集》（第十一卷），人民出版社，1955年，第218页。

制成为历史必然，但由于改革的方向出了问题，最终导致苏联社会主义改革失败。

第二章

中国式现代化从历史中走来

深入理解中国式现代化,必须探寻既往历史中蕴含的现代化制度因素与文化传统,考察其生成条件与形成过程。本章从历史演进的角度,探究中国共产党如何在实践中破解后发现代化国家的发展之困,如何在传统与现代的古今贯通中厚植中国特色的文化自信,如何在自主与开放的内外互动中保持稳中有进的发展态势,如何在党的领导与人民至上的有机统一中葆有中国式现代化的显著优势。

第一节　新民主主义革命时期
重建现代化发展新基础

目前关于现代化已经形成一些共识,主要指从以手工劳动和自给自足为特征的传统农业社会向以机械化和社会化大生产为特征的现代工业社会的转变过程。"现代化"的一般性特征常被归结为"工业化""市场化""民主化""科学化"与"世界化"等。中国现代化的实践探索可以简要概括为两个阶段,第一个阶段是从19世纪60年代洋务运动至1949年新中国成立,称为早期现代化阶段,第二个阶段是从1949年至今,称为社会主义现代化阶段。

一、对西方学的现代化探索

自1840年鸦片战争以来,帝国主义列强入侵,中国屡遭战争失败,中华文明的存续遇到了严重危机和挑战,这使中国的现代化探索同时承载着民族独立和民族复兴的历史使命。无数仁人志士为拯救民族危亡,轮番出台各种救国方案。这些救国方案亦是中国早期现代化的探索与尝试。

(一)洋务运动

为维护清王朝统治、抵御西方侵略,清政府的开明官员开始了中国早期现代化道路的探索,即洋务运动。洋务运动的理论来源是"师夷长技以制夷"和"中学为体西学为用"。从1861年起,洋务派官僚引进西方先进技术,创办了一批军事工业。19世纪70年代中期他们又创办了一批旨在盈利的民用企业,同时放松了对民间办厂的限制,这对民族工商业的发展产生很大推动作用。随着运动开展,"师夷"之范围从枪炮、轮船扩大至电报、矿冶、纺织、火车等领域;"师夷"之主体从官员扩大到绅商;"师夷"之领域从军事、工业、交通扩大到科技、文化,从而拉开了中国早期工业化的序幕。①

由洋务运动兴起的留学热潮在现代化进程中不容忽视。从洋务运动开始,出现了中国第一批较大规模的留学生群体。由清政府直接支持的赴美幼童是中国近代官派的第一批留美学生,此后形成了留学欧美、日本等持续不断的留学运动。这些留学生在国外亲身感受到了西方现代化的成绩,了解到了中西现代化进程的差异。他们回到祖国后成为各行各业推动中国走向现代化的先驱者。

尽管如此,甲午战争的失败宣告了洋务运动的破产。不动封建根基、"只变事不变法",无法从根本上触及现代化发展的制度障碍。这提醒人们

---

① 虞和平:《中国早期现代化道路的探索》,《历史研究》,2023年第2期。

必须对现代化进行更加深入的反思,即不仅改变军事、科技等器物层面,而且要变革政治体制。

(二)维新变法

洋务运动失败后,以康有为、梁启超为代表的维新派试图以政制变革救亡图存,将中国现代化问题提升到制度变革层面。他们以日本明治维新为榜样,引入达尔文的进化论思想,组织开展广泛性的启蒙运动。在戊戌变法推行的"新政"中,"从政制、官制、吏治、军务、商务、产业,到科考、学堂、报馆、书局,都是力图消除种种制度弊端与社会危机"[①]。废除八股、变革科举、兴办新式学堂等更是培养现代化人才、传播现代化思想的有力举措。

戊戌变法遭到以慈禧为首的守旧势力反对而被血腥镇压,这意味着维新派对现代化的探索彻底失败。值得一提的是,不少学者认为戊戌变法已经冲破了"中体西用"的樊笼,但从百日维新的举措来看,他们仍是在不触动清王朝统治的前提下进行的体制内变革。这决定了它无法从根本上破除阻碍现代化发展的制度弊病。

(三)清末新政

维新变法失败后,义和团运动兴起。起义失败后,西方列强与清政府签订了丧权辱国的《辛丑条约》。该条约的种种条款使国人对清政府失望透顶、愤怒至极,各地革命活动随之风起云涌。清政府迫于内外压力推行"新政"。滑稽的是,"新政"推行的改革举措比它所压制的百日维新的力度更强、范围更广。例如,在政治制度层面,从原来的改革旧有官制拓展为推行"预备立宪";在经济发展层面,从一般性的鼓励工商业发展升级为试图建立维护私有财产的法律制度;在文化教育方面,从简单的建立以西学为主的新式学堂升级为直接废除科举制、建立与世界接轨的近代学业体制。平心而论,尽管这些举措大多数没有实施,但这些尝试对推动中国的现代化进程起

---

① 郭若平:《从近代历史进程看中国式现代化》,《历史研究》,2023年第1期。

到了积极作用。与此同时,这些举措也加速了清政府自身的解体。

(四)辛亥革命

"三民主义"是孙中山最重要的理论成果之一,集中体现了他对中国现代化发展的系统思考。民族主义的旨归是推翻封建统治,实现民族独立。民权主义的本质是废除君主专制政体,建立资产阶级民主共和制度。民生主义的核心是通过重新分配社会财富的方式"平均地权"。孙中山带领资产阶级革命派以三民主义为纲领,推翻了清王朝的统治,成立了中华民国,为中国走现代化之路奠定了一定的政治基础。这是亚洲第一个共和制国家,意义深远。

遗憾的是,辛亥革命的果实很快被袁世凯窃取。在"二次革命"和护法运动失败后,孙中山反思以往教训,思考最多的是怎样才能将中国建设成一个强大的现代国家。他于1917年至1919年先后著就《民权初步》《孙文学说》和《实业计划》,合称《建国方略》。这是一份从心理建设、物质建设、社会建设三方面完整阐述中国现代化的实施方案。习近平高度评价其历史价值,"孙中山先生的《建国方略》被称为近代中国谋求现代化的第一份蓝图"[①]。孙中山晚年积极推动国共合作,实行以联俄联共扶助农工为基础的新三民主义。但他逝世后,蒋介石、汪精卫等人先后公开叛变革命、排挤共产党,背叛了新三民主义。

辛亥革命失败的原因在于没有建立坚强有力的现代性政党,没有充分发动人民群众,没有彻底举起反帝反封建的旗帜。辛亥革命后中华民国的独裁性质,使民主共和有其名而无其实,这促使人们探索新的现代化实现之路。

(五)新文化运动

辛亥革命失败后,一些先进知识分子认为,以往救亡图存的斗争与努力

---

① 《习近平谈治国理政》(第四卷),外文出版社,2022年,第151页。

之所以成效甚微,很大程度上是因为中国国民对之"若观对岸之火,熟视而无所容心"。因此,他们决心发动一场以提高国人觉悟为目的的启蒙运动,改造中国的国民性,帮助人们从旧思想的束缚中解放出来。新文化运动提倡民主、反对专制,提倡科学、反对迷信,提倡新道德、反对旧道德,提倡新文学、反对旧文学,传播了资产阶级民主思想,动摇了封建思想的统治地位。

新文化运动号召人们"冲决过去历史之网罗,破坏陈腐学说之囹圄",在社会上掀起无法遏制的思想解放潮流。各种社会思潮由此活跃起来。无政府主义、改良主义、自由主义、社会达尔文主义、工团主义等"你方唱罢我登场",但它们都没有找到解决中国问题的前途与出路,更谈不上为中国实现现代化提供科学理论指导。

中国早期现代化经历了逐步深化的过程,从致力于推动器物层面的现代化洋务运动,到致力于制度变革的维新变法和辛亥革命,再深入到文化层面的新文化运动。这些探索都以西方现代化为榜样,呈现总体被动的特点。由于难以摆脱资本主义现代化陈旧方案的窠臼,它们最终都失败了。正如毛泽东指出的:"帝国主义的侵略打破了中国人学西方的迷梦。很奇怪,为什么先生老是侵略学生呢? 中国人向西方学得很少,但是行不通,理想总是不能实现。"[1]国人需要继续寻求现代化发展的新道路。

二、历史选择了马克思主义与中国共产党

第一次世界大战和巴黎和会的外交失败充分暴露了资本主义国家的严重弊端,中国人民开始认识到西方现代化存在难以克服的结构性矛盾。与此同时,俄国的十月革命与马克思主义在中国的早期传播则给正在寻求复兴之路的中国人以新的希望。先进知识分子意识到,中国应当走一条既能实现现代化又能避免资本主义现代化缺陷的新路。这条路应该以马克思主

---

[1]　《毛泽东选集》(第四卷),人民出版社,1991年,第1470页。

义为指导思想，以社会主义为根本方向。正如有的学者指出："从器物之学到科技之学，从制度之学到思想之学，中国早期的先进爱国人士终于找到了救国救民的思想武器——马克思主义，中国人民的精神面貌开始从被动走向主动。"①

现代化的实践探索除了要有先进的指导思想，还要有坚强有力的领导核心。中国近代历史进程中的艰难境遇使我国现代化呈现"后发外生型"的特点。这样的特点决定了中国要想加快发展现代化、尽快改变贫穷落后的状态，关键是要有目标坚定、坚强有力、组织高效的领导核心。

中国共产党的领导为中国式现代化提供了先进的领导力量。从阶级性而言，作为马克思主义政党及中国工人阶级的先锋队、中国人民和中华民族的先锋队，"中国共产党始终代表最广大人民根本利益，与人民休戚与共、生死相依，没有任何自己特殊的利益，从来不代表任何利益集团、任何权势团体、任何特权阶层的利益"②。因而中国共产党能够冲破不同阶级、宗派或团体的利益藩篱，真正做到以人民为中心。从领导力而言，中国共产党的政治领导、思想引领、组织动员，以及社会号召力，都是其他政党所不能比拟的。基于我们党各方面的优势，习近平指出："党的领导决定中国式现代化的根本性质，只有毫不动摇坚持党的领导，中国式现代化才能前景光明、繁荣兴盛；否则就会偏离航向、丧失灵魂，甚至犯颠覆性错误。"③

三、新民主主义革命时期中国共产党对现代化的探索

中国早期现代化的失败，固然有诸多内外因素，但根本原因还在于半殖

① 王树荫、王君：《以大历史观审视中国共产党百年奋斗历史定位》，《东南学术》，2022 年第 6 期。

② 习近平：《在庆祝中国共产党成立 100 周年大会上的讲话》，人民出版社，2021 年，第 11~12 页。

③ 《习近平在学习贯彻党的二十大精神研讨班开班式上发表重要讲话强调 正确理解和大力推进中国式现代化》，《人民日报》，2023 年 2 月 8 日。

民地半封建的社会性质使中国缺乏现代化建设的独立性和自主性。换言之,我国要想实现现代化,首先要结束半殖民地半封建的社会形态。中国共产党一经登上历史舞台,就提出了全新的现代化方案。这是一个以反帝反封建为目标,以新民主主义为过渡、以社会主义为方向的现代化方案,这使我国的现代化发展有了新的生机、动力与前途。

(一)创造性提出新民主主义理论

1939年底1940年初,毛泽东先后发表了《〈共产党人〉发刊词》《中国革命和中国共产党》《新民主主义论》等重要文章,在中国共产党内首次创造性地提出并阐述了新民主主义理论。在著名的《新民主主义论》中,毛泽东明确提出了新民主主义革命和新民主主义社会的理论。此后,中国共产党开始在新民主主义的旗帜下独立阐发自己的革命主张。新民主主义的提出是对当时社会性质与革命任务的正确判断。毛泽东认为,既然革命的主要敌人仍是帝国主义与封建势力,"既然中国革命的任务是为了推翻这两个主要敌人的民族革命和民主革命"[1],那么,"现阶段中国革命的性质,不是无产阶级社会主义的,而是资产阶级民主主义的"[2]。但中国共产党的目标从来都是实现社会主义与共产主义,这是自建党起就矢志不渝的理想信念。如何处理当下任务与未来目标的关系呢? 他创造性地提出"两步走"战略。第一步是民主主义的革命,但不是"旧民主主义",而是由无产阶级参与领导的以建立各革命阶级联合专政为目的新民主主义。第二步是使革命向前发展,进行社会主义革命,建立社会主义社会。这就为中国的革命道路指明了前进方向。

(二)积极探索政治现代化

根据马克思主义基本原理,人类社会发展之所以呈现五种社会形态,根本上是由生产力与生产关系、经济基础与上层建筑之间的矛盾运动决定的。

---

[1]　《毛泽东选集》(第二卷),人民出版社,1991年,第646页。
[2]　《毛泽东选集》(第二卷),人民出版社,1991年,第647页。

马克思在《哥达纲领批判》中指出，资本主义基本矛盾的激化必将使其走向灭亡。资本主义灭亡后经历一段过渡时期，人类社会将由"共产主义社会第一阶段"走向"共产主义社会高级阶段"[①]。结合苏联实践，列宁将"共产主义社会第一阶段"明确定性为"社会主义"。具体到政治方面，社会主义民主终将代替资本主义民主，这是历史发展的客观规律。陈独秀曾指出："社会主义要起来代替共和政治，也和当年共和政治起来代替封建制度一样，按诸新陈代谢底公例，都是不可逃的运命。"[②]中国共产党成立后，将民主集中制作为党的根本组织原则和领导制度。

中国共产党最早的集中性局部执政是在苏区建立的苏维埃政权。苏维埃，俄语意即"代表会议"或"委员会"，它起源于1905年俄国革命，是一种工人和农民的民主形式。早在1927年9月，中共中央就决定"在革命斗争新的高潮中应成立苏维埃"，明确提出"召集工农兵代表大会"及建立"苏维埃"的口号。1931年11月7日，中华苏维埃第一次全国代表大会通过的《中华苏维埃共和国宪法大纲》规定："中国苏维埃政权所建设的是工人和农民的民主专政的国家。苏维埃全政权是属于工人、农民、红军兵士及一切劳苦民众的。在苏维埃政权下，所有工人、农民、红军兵士及一切劳苦民众都有权选派代表掌握政权的管理。"[③]显然，这样的政权性质是以工农兵代表大会制度为基础的人民政权。具体而言，该政权首先是由公民直接选举产生乡工农兵代表大会代表，召开乡工农兵代表大会，选举产生乡苏维埃政府组成人员；在此基础上，逐级召开区、县、省和全国工农兵代表大会，选举产生区、县、省和全国苏维埃政府。各级政府的政权管理人员不再是旧式的地主官僚，而是工农群众。这就赋予了广大人民群众当家作主的权利。

---

① 马克思：《哥达纲领批判》，人民出版社，2018年，第16页。
② 《陈独秀文集》（第二卷），人民出版社，2013年，第57页。
③ 《建党以来重要文献选编（1921—1949）》（第八册），中央文献出版社，2011年，第649~650页。

抗日战争时期,党的民主建设进一步发展。我们党通过画圈法、投豆法、烧洞法、背箱法等选举方法,解决了抗日根据地群众因文化水平低而无法行使民主权利的困难。抗日政权采取的"三三制"原则,更是为实现民族团结、争取抗战胜利凝聚了坚实广泛的力量。毛泽东发表的《新民主主义论》则进一步从理论上明确了新民主主义社会的国体、政体及具体原则。抗战胜利前夕,中国共产党积极与国民党、各民主党派开展民主协商,提倡在平等合作的基础上建立联合政府。1945年7月4日,毛泽东在延安杨家岭住处的窑洞里与黄炎培进行了关于"历史周期率"的谈话。毛泽东指出:"我们已经找到新路,我们能跳出这周期率。这条新路,就是民主。只有让人民来监督政府,政府才不敢松懈。只有人人起来负责,才不会人亡政息。"[1]这些理论成果与实践探索都是中国共产党对政治现代化的有益探索。

(三)明确工业化是实现现代化的关键

在第一、二次工业革命中,欧美等西方国家之所以能引领世界现代化进程,关键在于他们实现了工业化。而同时期的中国仍是相对落后的农业大国,为此中国共产党一经成立就开始思考如何以工业化推进中国现代化。

早在1922年陈独秀在《造国论》中就提出,国民革命一旦成功,就可以"采用国家社会主义,由中央或地方(省及市)政府创造大的工业、商业、农业","采用国家社会主义开发实业"[2]。共产党人恽代英于1923年10月30日在《申报》"时论"专栏发表《中国可以不工业化乎》,指出中国作为农业国不可能脱离世界上的工业国独立存在,因而提出"中国亦必化为工业国然后乃可以自存"的主张。[3] 1934年毛泽东指出,中华苏维埃共和国在不久之后"将实行国家工业化政策"[4]。

---

① 《毛泽东年谱(1893—1949)》(中卷),中央文献出版社,2013年,第611页。
② 任建树主编:《陈独秀著作选编》(第2卷),上海人民出版社,2009年,第481~482页。
③ 李天华:《关于恽代英〈中国可以不工业化乎〉一文的考证及解读》,《中国经济史研究》,2012年第3期。
④ 《中国共产党经济思想史(1921—2021)》(第2卷),经济科学出版社,2021年,第251页。

1941年8月,毛泽东在写给博古的信中,对工业化与新民主主义社会的关系作了深入阐述:"新民主主义社会的基础是机器,不是手工。我们现在还没有获得机器,所以我们还没有胜利。如果我们永远不能获得机器,我们就永远不能胜利,我们就要灭亡。现在的农村是暂时的根据地,不是也不能是整个中国民主社会的主要基础。由农业基础到工业基础,正是我们革命的任务。"①1945年,毛泽东在党的七大上向全党郑重宣布:"在新民主主义的政治条件获得之后,中国人民及其政府必须采取切实的步骤,在若干年内逐步地建立重工业和轻工业,使中国由农业国变为工业国。"②

在党的七届二中全会上,毛泽东提出了"工业体系"问题,指出,推翻国民党政权"还没有解决建立独立的完整的工业体系问题,只有待经济上获得了广大的发展,由落后的农业国变成了先进的工业国,才算最后地解决了这个问题"③。由此可见,我们党从一开始就抓住了实现现代化的关键环节——积极实现工业化,推动中国由农业国转变为工业国。

(四)迫在眉睫的军队现代化

近代中国遭受西方列强的数次侵略,使得我国面临的迫切任务是争取民族独立和人民解放。这一需求在日本全面侵华后显得更为紧迫。革命时期中国共产党对现代化的大范围讨论,很大程度上集中于全面抗战时期的军事现代化。毕竟能否实现军事现代化是影响战争成败的重要因素。

在与装备先进的日军交战中,中国共产党切身感受到了中日的差距,明确提出要实现军事技术和装备等领域的军队现代化。1938年1月,周恩来在《怎样进行持久抗战?》中指出:"我们虽不赞成唯武器论的观点,然而军队技术的提高,装备的现代化,是迫切需要的。没有装备好的技术高的政治坚定

---

① 《毛泽东文集》(第三卷),人民出版社,1996年,第207页。
② 《毛泽东选集》(第三卷),人民出版社,1991年,第1081页。
③ 《毛泽东著作选读》(下册),人民出版社,1986年,第661页。

的现代化的几十个师,是不能最后驱逐日本帝国主义出中国的。"①1938年5月,毛泽东在《论持久战》中提出:"革新军制离不了现代化,把技术条件增强起来,没有这一点,是不能把敌人赶过鸭绿江的。"②这是毛泽东最早明确使用"现代化"一词。朱德在《论抗日游击战争》中也提到,抗日战争要取得最后胜利,"必须有政治坚定、指挥统一、装备优良的数百万正规的、现代化的国民革命军作为主力才能达到目的"③。随着抗战形势和国共关系的发展变化,中国共产党人更为注重军队的现代化建设,这既是着眼于抗战的现实需要,也是基于长远的国防规划。

军队现代化涉及诸多方面的因素,特别是交通的现代化尤为重要。早在1938年,朱德就意识到现代交通建设的重要性,提出"交通对于现代化的军队,是一个决定胜负的要素"④。1947年1月,陈毅在《一面打仗一面建设》中提出:"我军装备改善已接近现代化的水平,而交通条件、运输条件、供应组织条件则尚是手工业式的。"⑤同年5月,刘伯承提及,"马歇尔把交通问题、铁路问题,提得很高,也是为了东北。现代化没有铁路,就等于黄牛拉汽车,炮兵怎么办?吃饭怎么办?都解决不了"⑥。交通现代化也是新中国成立后中国共产党最早提出的"四个现代化"的内容之一。总而言之,革命时期中国共产党围绕军队现代化已形成了许多宝贵认识。

四、新民主主义革命时期知识界对现代化的论争

20世纪20年代前中期,社会各界还未广泛使用"现代化"(或称"近代化")的语词。30年代初"现代化"一词逐渐在国内被普遍使用。

---

① 《建党以来重要文献选编(1921—1949)》(第十五册),中央文献出版社,2011年,第8页。
② 《毛泽东选集》(第二卷),人民出版社,1991年,第511页。
③ 《建党以来重要文献选编(1921—1949)》(第十五册),中央文献出版社,2011年,第101~102页。
④ 《建党以来重要文献选编(1921—1949)》(第十五册),中央文献出版社,2011年,第118页。
⑤ 《建党以来重要文献选编(1921—1949)》(第二十四册),中央文献出版社,2011年,第58页。
⑥ 《建党以来重要文献选编(1921—1949)》(第二十四册),中央文献出版社,2011年,第198页。

　　"现代化"一词作为一个新的社会科学词汇在报刊上被广泛运用的正式开端,是1933年7月《申报月刊》关于中国现代化问题的大讨论。《申报月刊》在创刊周年纪念之际刊出"中国现代化问题号"特辑。集中讨论的重点是两个问题:第一,中国现代化先决条件;第二,中国现代化的方式。对于第一个问题,知识界有人提出,"健全之经济,清明之政治,安定之社会,适当之教育,及良好之心理"是现代化的先决条件。[1]也有人主张:"现代化的关键在普及教育"[2]。更有讨论者提出,中国"踏上现代化的道路,根本上应该打倒帝国主义……推翻现社会制度"[3]。这就与中国共产党的主张不谋而合。对于第二个问题,当时一些知识分子已然了解到资本主义国家的弊端及资本主义制度的局限,认为中国式现代化应该采用比资本主义更加先进的社会主义制度。因为"只有在社会主义的制度下,生产与分配才有合理的处置"[4]。

　　与此同时,其他刊物如《东方杂志》《独立评论》《经济建设季刊》《中国实业》及《三民半月刊》也刊发了许多文章,引发了社会人士关于"文化本位"与"西化"、"农化"与"工化"及"民主"与"独裁"等讨论。各种现代化思想相互碰撞,其中以热谈苏联和社会主义、探讨苏联"一五计划"成功的原因及表达对其的向往较为醒目。[5]同时,梁漱溟、晏阳初等人还积极进行实践探索,尝试平民教育、乡村建设、合作社经济等民间试验,希望找到理论与实践相结合的发展道路。

　　难能可贵的是,关于现代化建设的发展维度,一些知识分子已清醒地认识到,"单纯追求物质、技术层面的现代化,并不能支撑整体现代化,现代化

---

　　① 唐庆增:《中国生产之现代化应采个人主义》,《申报月刊》(第2卷第7号),1933年7月15日。

　　② 金仲华:《现代化的关键在普及教育》,《申报月刊》(第2卷第7号),1933年7月15日。

　　③ 罗吟圃:《对于中国现代化问题的我见》,《申报月刊》(第2卷第7号),1933年7月15日。

　　④ 张良辅:《中国现代化的障碍和方式》,《申报月刊》(第2卷第7号),1933年7月15日。

　　⑤ 秦正为:《萌动与选择:二十世纪三十年代中国社会的现代化走向》,《党的文献》,2010年第4期。

不仅要求物质与精神、自然与社会的协调并进,更重要的还在于实现现代思维方式与基本价值理念的有机统一"①。例如,万巨星明确指出,"现代化"不能只以物质文明程度来加以判定,也须同时注意精神文明的发展。②罗家伦不仅指出物质、组织、思想三位一体"是建立现代国家的整个一套",他还强调"思想态度的改变"是其原动力,在现代化链条中更具先导性。③

经过这些讨论,中国思想界初步形成了"现代化"的基本概念,并逐步取代"西化"的概念。实际上,用"现代化"概念取代"西化",不仅是修辞上的变化,而且是对观察现代世界的"西方中心论"的修正和突破。④知识界关于现代化的讨论为现代化的实践发展提供了丰富的理论知识。

半殖民地半封建的社会性质、传统农业与现代工业交织的时代变局,使中国早期现代化面临着救亡与启蒙并存、独立与富强共进的多重挑战。"世界上没有任何一个国家在现代化启动的前夕面临过如此严峻的形势。"⑤代表不同阶级、群体的仁人志士为此作出了积极有益的尝试。但无论是地主阶级洋务派,还是资产阶级维新派、资产阶级革命派,都未能完成时代赋予他们的使命。中国共产党以马克思主义为指导思想,坚持以人民为中心,推翻了帝国主义、封建主义、官僚资本主义三座大山,建立了中华人民共和国,实现了民族独立、人民解放,为实现中国式现代化创造了根本社会条件。

---

① 黄兴涛、陈鹏:《民国时期"现代化"概念的流播、认知与运用》,《历史研究》,2018年第6期。
② 万巨星:《何谓现代化》,《中兴周刊》,1935年第5卷第3期。
③ 罗家伦:《中国的出路:现代化》,《星期评论》,1940年第1期。
④ 罗荣渠:《现代化新论:中国的现代化之路》,华东师范大学出版社,2013年,第292、319页。
⑤ 罗荣渠:《现代化新论:中国的现代化之路》,华东师范大学出版社,2013年,第211页。

第二节　社会主义革命和建设时期
探索现代化发展新路径

在新中国成立前,由于"国家的实效统治断裂","现代化处于自发的游离状态,被挤压在一条窄缝中断续地进行"。①因而这一时期的中国现代化面临的首要问题不是经济发展,而是共和体制下的国家重建。1949年新中国成立结束了中国近百年来的内部衰败化和半边缘化,第一次实现了国家的政治统一与社会稳定。

一、"一化三改"的提出

从新中国成立时的经济水平上看,现代化建设的起点不容乐观。就当时的国民经济而言,"大约是工业占百分之十左右,农业占百分之九十左右"②,生产力水平严重落后。1949年新中国成立时,中国近代生产设备(包括工厂、铁路、矿井等)仅合人民币128亿元,中国近代工业产值仅占工农业总产值的17%。1949年一项中国、美国和印度主要工业产品产量的比较表明,美国的钢产量是中国的447.72倍,印度是中国的8.67倍;美国的生铁产量是中国的199.29倍,印度是中国的6.56倍;美国的原油产量是中国的2074.33倍,印度是中国的2.08倍;美国的原煤产量是中国的13.63倍,印度则与中国持平。③

实际上,落后国家为了赶上先进国家,在经济上大多是采取国家导向的大推进战略,这是格申克隆研究落后国家工业化提出的一个著名问题。换

---

① 罗荣渠:《现代化新论——中国的现代化之路》,华东师范大学出版社,2013年,第383页。
② 《建党以来重要文献选编(1921—1949)》(第二十六册),中央文献出版社,2011年,第206页。
③ 马洪主编:《中国工业经济问题研究》,中国社会科学出版社,1983年,第11页。

言之,一个国家的经济越落后,工业化的启动就越需要强大的国家导向与政治推动,就更需要坚强有力的领导核心和集中统一的中央政府。

在中共七届二中全会上,中共中央从我国生产力较为落后的现实条件出发,认为中国的工业化要通过发展新民主主义经济来实现。具体来说,新中国的经济类型不能单一化,而是要由国有经济、合作社经济、私人资本主义、个体经济、国家和私人合作的国家资本主义经济五种成分共同构成。与此同时,毛泽东还提出新民主主义经济应该坚持"公私兼顾、劳资两利、城乡互助、内外交流"的方针,"照顾四面八方的利益"[①]。当时预计至少要搞十几年的新民主主义,才能为过渡到社会主义创造坚实的物质条件。

但当时面临的国际环境是,以美国为首的西方国家对中国实行军事、政治、经济封锁。工农比为1∶9的现实落后条件和朝鲜战争带来的巩固国防的迫切需要,使我们没有足够的时间来实行西方发达国家所走过的自下而上的渐进式现代化发展之路。中共中央制定了以重工业为基础的"赶超式"工业战略,这对于保卫国家安全具有至关重要的作用。与之相适应的是,中共中央决定在条件适合时提前向社会主义过渡。基于此,1952年9月24日的中央书记处会议上,毛泽东改变了之前的表述,指出我们现在就要开始用10年到15年的时间完成向社会主义的过渡,而不是10年或者以后才开始过渡。1953年6月15日中央政治局会议上,中共中央提出把实现"一化三改"作为过渡时期的总路线和总任务,同年12月形成了过渡时期总路线的完整表述,即"从中华人民共和国成立,到社会主义改造基本完成,这是一个过渡时期。党在这个过渡时期的总路线和总任务,是要在一个相当长的时期内,逐步实现国家的社会主义工业化,并逐步实现国家对农业、对手工业和对资本主义工商业的社会主义改造"[②]。

---

① 《胡乔木回忆毛泽东》,人民出版社,2003年,第551页。
② 《建国以来重要文献选编》(第四册),中央文献出版社,1993年,第548页。

二、从"以苏为师"到"以苏为鉴"

1953年开始的"一化三改"反映出中国百年来刻骨铭心的追求工业化的求强意识。如何在落后的经济社会条件下迅速实现工业化，我们找到的学习榜样是苏联。苏联由于实行优先发展重工业为主的斯大林模式，迅速实现了工业化，成为当时唯一能与美国相抗衡的国家，这对我国具有很大的吸引力。1953年2月7日，毛泽东在全国政协一届四次会议的讲话中专门谈到"学习苏联的问题"，要求"在全国掀起一个学习苏联的高潮"，"一切我们用得着的，统统应该虚心地学习"①。当时社会上也流传着"苏联的今天就是我们的明天"之类的口号。但斯大林模式的弊端也非常明显，如经济体制僵化、农轻重比例失衡、集权现象严重等。

斯大林去世后，苏共二十大的召开及波匈事件的爆发，促使社会主义阵营的国家开始反思苏联模式。在此背景下，毛泽东提出马克思主义同中国实际的"第二次结合"，"最重要的是要独立思考，把马列主义的基本原理同中国革命和建设的具体实际相结合。民主革命时期，我们吃了大亏之后才成功地实现了这种结合，取得了新民主主义革命的胜利。现在是社会主义革命和建设时期，我们要进行第二次结合，找出在中国怎样建设社会主义的道路"②。为更好地开展现代化建设，1956年2月至4月间，毛泽东先后听取了国务院工业、农业、运输业、商业、财政、计划等35个部委的工作汇报。在此基础上，毛泽东逐渐形成《论十大关系》的基本思路。《论十大关系》中指出，中国工业化要在优先发展重工业的前提下，适当调整重工业和农业、轻工业的投资比例，要更多地发展农业、轻工业，避免苏联重工业畸形发展的覆辙。这是以毛泽东同志为主要代表的中国共产党人开始探索中国自己的现代化道路的标志。

---

① 《毛泽东文集》(第六卷)，人民出版社，1999年，第264页。
② 《毛泽东年谱(1949—1976)》(第二卷)，中央文献出版社，2013年，第557页。

1956年召开的中共八大作出了工作重心转移的重大决策,指出我国社会的主要矛盾是人民对于经济文化迅速发展的需要同当前经济文化不能满足人民需要的状况之间的矛盾。党和全国人民当前的主要任务是集中力量来解决这个矛盾,把我国尽快地从落后的农业国变为先进的工业国。这些都是社会主义革命与建设时期中国共产党关于现代化的积极探索。

三、从"工业化"到"四个现代化"的战略转变

在社会主义革命和建设时期,中国共产党对现代化内涵的认识不断深化,逐渐形成了从"工业化"到"四个现代化"的战略目标转变。基于生产力水平落后的现实条件,我国曾将"现代化"更多地等同于"工业化"。1949年3月召开的中共七届二中全会上,中央明确指出将我国稳步由农业国转变为工业国的目标。1953年,中国共产党正式确立了以社会主义工业化为主体的过渡时期总路线。随着我国工业体系的逐步建立与工业化水平的显著提高,中国共产党改变了过去将现代化偏重于工业化的认识,扩展与丰富了社会主义现代化的内涵。

1954年9月15日,毛泽东在一届全国人大一次会议开幕式上提出:"准备在几个五年计划之内,将我们现在这样一个经济上文化上落后的国家,建设成为一个工业化的具有高度现代文化程度的伟大的国家。"①周恩来在这次会议的政府工作报告中更为明确地指出:"我国的经济原来是很落后的;如果我们不建设起强大的现代化的工业、现代化的农业、现代化的交通运输业和现代化的国防,我们就不能摆脱落后和贫困。"②这是有关"四个现代化"的最早提法。党的八大通过的党章将其概括为:"现代化的工业、现代化的

---

① 《毛泽东文集》(第六卷),人民出版社,1999年,第350页。
② 《建国以来重要文献选编》(第五册),中央文献出版社,1993年,第584页。

农业、现代化的交通运输业和现代化的国防。"①

在"超英赶美"的赶超战略下,我们党曾对现代化建设的困难认识不足,开展了"大跃进",使我国的现代化建设遭遇重大挫折。在调整纠偏的过程中,毛泽东重新思考了现代化建设的艰巨性。1959年底、1960年初,毛泽东在读苏联《政治经济学》教科书时,第一次完整地表述了"四个现代化"的思想。1961年9月,毛泽东在会见来华访问的英国元帅蒙哥马利时提出:"建设强大的社会主义经济,在中国,五十年不行,会要一百年,或者更多的时间","在你们国家,资本主义的发展,经过了好几百年","在我国,要建设起强大的社会主义经济,我估计要花一百多年"。②毛泽东劝同志们要把困难想多一点,把时间设想长一点。

1964年12月,周恩来在三届全国人大一次会议上做的《政府工作报告》中正式提出了"四个现代化"的历史任务:"要在不太长的历史时期内,把我国建设成为一个具有现代农业、现代工业、现代国防和现代科学技术的社会主义强国,赶上和超过世界先进水平。为了实现这个伟大的历史任务,从第三个五年计划开始,我国的国民经济发展,可以按两步来考虑:第一步,建立一个独立的比较完整的工业体系和国民经济体系;第二步,全面实现农业、工业、国防和科学技术的现代化,使我国经济走在世界的前列。"③

"四个现代化"从此成为党和全国各族人民的共同奋斗目标,成为凝聚和团结全国各族人民不懈奋斗的强大精神力量。党的十二大沿用了这一提法,再次明确了党在新时期的总任务,即逐步实现工业、农业、国防和科学技术现代化,把我国建设成为高度文明、高度民主的社会主义国家。

在从"工业化"向"四个现代化"战略目标转变的过程中,我国的现代化

①　《中共中央文件选集(一九四九年十月——一九六六年五月)》(第24册),人民出版社,2013年,第224页。
②　《毛泽东文集》(第八卷),人民出版社,1999年,第301页。
③　《建国以来重要文献选编》(第十九册),中央文献出版社,1998年,第483页。

建设是卓有成效的。从1952年到1978年,中国工农业生产总值平均年增长率为8.2%,其中工业生产总值平均年增长率为11.4%。改革开放前夕,新中国在"一穷二白"基础上建立了相对独立完整的工业体系和国民经济体系。对于这些成就,美国学者莫里斯·美斯纳给予高度评价,称该时期是"中国工业革命时期",认为这个时期"为中国现代经济发展奠定了根本的基础,使中国从一个完全的农业国变成了一个以工业为主的国家",这"是世界历史上最伟大的现代化时代之一"[①]。

四、通过社会整合推进现代化建设

以往研究较为忽略的是,社会整合程度也是影响现代化水平的重要维度。这里的社会整合指的是,国家的政治主体通过一系列行为改造基层社会,将分散个人与现代国家连接在一起,建立个人对国家的高度认同。

中国共产党作为马克思主义政党,坚持以人民为中心的原则,发挥制度优势,开启了基层治理现代化的进程。中国共产党依靠忠诚、有奉献精神的党员干部,对基层社会进行了全面的纵向垂直的"单元"化组织改造,在农村表现为人民公社体制,在城市则表现为单位体制。这终结了国家政权"内卷化"的扩张,为中国现代化发展奠定了组织化的社会基础。

新中国成立后,中国共产党通过"组织起来"有效推动了新型社会整合。在各级党委的领导下,基层党组织以前所未有的方式深入人们的日常生活中。其中农业集体化起到关键性的助推作用。集体化之前,家庭是农民生活的主要场域,人们的行为选择主要受父系、宗族等传统权威的影响。集体组织摧毁了旧的社会等级与家庭结构,将人们从血缘、宗族等藩篱中解放出来,建立起现代化的社会理念。独立自主、男女平等、自由恋爱等观念深入人心。而这成为推动家庭革命的支点,推动人的现代性的普遍觉醒。集体

---

①　转引自余飘主编:《中外著名人士谈毛泽东》,大众文艺出版社,1999年,第242~243页。

组织还通过读报组、通讯员、宣传队等方式建立广泛而严密的宣传网，帮助人们了解国家时事与大政方针，提高民众的政治觉悟与政治参与。这有利于培养人民群众的现代意识，而这实际上构成了国家现代治理的一个重要部分。

不仅如此，集体化时期国家不断推进公益福利与公平正义，社会公共事业的建设水平得到显著提升。改革开放前，尽管我国人均国内生产总值（GDP）排名相对落后，但社会发展指数超过了中等收入国家水平，这与中国共产党的社会整合能力密切相关。

在社会福利方面，尽管农业集体化时期物质水平不高，但在分配方式上侧重公平公正，保障了大多数人的基本生活需要。早在合作化时期，毛泽东就提出："一切合作社有责任帮助鳏寡孤独缺乏劳动力的社员（应当吸收他们入社）和虽然有劳动力但是生活上十分困难的社员，解决他们的困难。"[①] 随着集体经济的发展，集体福利事业进一步完善。为了保障大多数人特别是鳏寡孤独、丧失劳动能力等困难人群的生存需求，公社分配时是在按劳分配为主的原则下实行基本口粮、劳动粮和照顾粮三结合。对于劳动力不足的人口给予基本口粮，再困难的则分配照顾粮。有些公社还会给孤儿和无劳动能力、无子女赡养的老人提供"五保"，即保证他们的吃、穿、住、上学（孤儿）、丧葬（老人）。[②]公社每年留下的公积金和公益金不能挪作他用，而是用来扩大再生产与发展公益福利事业。

众所周知，知识传播对于现代化建设具有重要意义。在传统中国，官方主办的教育是不下乡的。即便是在中华民国，正式学校也主要兴办于县城以上。中国大规模的普及教育是伴随着1949年之后中国共产党的义务教育和扫盲运动而展开的。各基层组织单位与人民公社利用集体资金自办学校，改变了我国数千年"正式学校不下县"的传统。普通农民有机会接受初

---

① 《毛泽东文集》（第六卷），人民出版社，1991年，第465页。
② 李怀印：《乡村中国纪事——集体化和改革的微观历程》，法律出版社，2010年，第228页。

等教育和中等教育,这有利于将个人和国家联系起来,提高民众的国家认同。在宣教方式上,为了照顾工农群众的思想风气、习惯偏好,国家通过冬学、俱乐部、剧团,以及广播电影这些喜闻乐见的方式,在政治民主、合作经济、全民卫生、普及科学、男女平等各层面,积极营造人民当家作主的氛围。在这样的教育影响下,原本目不识丁的劳苦大众逐渐转变为具有一定现代素养的社会主义新人。

在医疗卫生领域,20世纪60年代后期农村建立起合作医疗制度,使农民前所未有地享受到医疗资源。村民在卫生站看病只需付极少的挂号费。如病情严重,卫生站无法处理,可转到公社医院或者更好的医院,这"堪称集体化时代公共卫生事业方面的最大成就"[1]。公社还从社员中选拔培养赤脚医生。他们完成相关课程及医院实习后回到自己所在的大队诊所,负责群众的日常基础医疗,这提高了农民的整体健康水平。由于政府在改善公共医疗条件方面的不懈努力,瘟疫在集体化时期逐渐消失,所有病人在合作医疗制下都得到了必要的治疗。人均预期寿命从1949年的35周岁上升至1975年的65周岁左右。[2]

由此可见,在党的领导下,我国人民改变了传统社会"整而不合"的分散状态,使个人从家庭、宗族走向集体、国家,通过广泛的劳动协作与政治参与,实现了高度统一的价值整合与组织整合。正如吉尔伯特·罗兹曼所说:"中国共产党在推进社会整合方面成效很大。大部分成效显然归功其强大的领导。他们能把握住社会的杠杆,通过历次社会改组的运动,动员了越来越多的资源用于实现现代化事业。"[3]

1949年到1978年是中国式现代化的奠基时期。以毛泽东同志为主要代

---

① 李怀印:《乡村中国纪事——集体化和改革的微观历程》,法律出版社,2010年,第218页。

② 国家卫生健康委员会编:《中国卫生健康统计年鉴2018》,中国协和医科大学出版社,2018年,第235页。

③ [美]吉尔伯特·罗兹曼主编:《中国的现代化》,"比较现代化"课题组译,江苏人民出版社,1998年,第552页。

表的中国共产党人带领全党全国各族人民完成新民主主义革命，实行社会主义改造，确立社会主义基本制度，开始探索社会主义现代化道路。虽然在这个过程中，因为实行赶超战略出现了一些急躁情绪和政策偏失，但放眼世界现代化进程会发现求急求快的心理普遍存在于后起国家现代化进程的初始阶段。实际上，改革开放之后现代化建设所仰赖的物质技术基础，很大程度上是这个时期建设起来的，我国经济、文化、社会等各条战线上所依靠的骨干力量，很大程度上也是这个期间培养起来的。社会主义革命和建设时期的探索与实践为改革开放后快速发展的现代化建设提供了宝贵经验与坚实基础。

第三节　改革开放和社会主义现代化建设新时期激发现代化发展新活力

改革开放是决定当代中国命运的关键一招。它彻底结束了以阶级斗争为纲的年代，将全党的工作重心转移到社会主义现代化建设上来。改革开放以渐进式改革为基本特征，开始探索中国特色的社会主义发展道路，冲破了传统社会主义意识形态的束缚，确立了社会主义市场经济体制，使中国现代化建设迎来了广阔的发展空间。

一、邓小平构思中国现代化发展蓝图

改革开放初期，我国人均国民生产总值仍居于世界后列，生产力水平和生产社会化程度还很低。邓小平指出："社会主义的优越性归根到底要体现在它的生产力比资本主义发展得更快一些、更高一些，并且在发展生产力的基础上不断改善人民的物质文化生活"，因此"社会主义阶段的最根本任务

就是发展生产力"①,如此才能解决人民日益增长的物质文化需要同落后的社会生产之间的矛盾。结合当时的基本国情,邓小平进一步构思中国现代化蓝图,提出了"中国式的现代化"新命题。

1978年12月召开的中共十一届三中全会,既是中国改革开放的起点,也是中国式现代化全面展开的起点。从这时起,全党的工作重点真正转移到社会主义现代化建设上来,各项改革措施相继出台。1979年3月,在党的理论工作务虚会上,邓小平明确指出:"我们当前以及今后相当长一个历史时期的主要任务是什么? 一句话,就是搞现代化建设。能否实现四个现代化,决定着我们国家的命运、民族的命运……社会主义现代化建设是我们当前最大的政治,因为它代表着人民的最大的利益、最根本的利益。"②1979年3月21日,邓小平在会见英中文化协会会长麦克唐纳时首次提出:"我们定的目标是在本世纪末实现四个现代化。我们的概念与西方不同,我姑且用个新说法,叫做中国式的四个现代化。"③两天后,他在中共中央政治局会议上将"中国式的四个现代化"表述为"中国式的现代化"④。这个新提法有两方面的重大意义。一方面,向世界宣告不存在定于一尊的现代化模式,也不存在放之四海而皆准的现代化标准,我们要实现的是中国特色的社会主义现代化。另一方面,以当时中国的生产力发展水平,距离西方发达国家的现代化标准尚有差距,我国需要制定适合中国具体国情的现代化目标。

"中国式的现代化"到底要达成怎样的目标? 改革开放前,中国共产党将现代化建设的推进聚焦于"四个现代化",以此作为国家发展的整体战略目标。在此基础上,邓小平在逐步思考如何将国家的现代化建设与国民的

---

① 《邓小平文选》(第三卷),人民出版社,1993年,第63页。
② 《邓小平文选》(第二卷),人民出版社,1994年,第162~163页。
③ 中共中央文献研究室编:《邓小平年谱(1975—1997)》(上册),中央文献出版社,2004年,第496页。
④ 中共中央文献研究室编:《邓小平年谱(1975—1997)》(上册),中央文献出版社,2004年,第497页。

生活需要有机结合起来。1979年12月6日,他在会见日本首相大平正芳时首次提出"小康"的概念。他指出:"我们的四个现代化的概念,不是像你们那样的现代化的概念,而是'小康之家'。"①"小康"一词是中国传统文化特有的概念表达,将国家现代化建设和人民生活水平紧密联系在一起,成为此后一段时期中国建设社会主义现代化的具体目标。对此,习近平指出:"改革开放之初,邓小平同志首先用小康来诠释中国式现代化,明确提出到20世纪末'在中国建立一个小康社会'的奋斗目标。在全党全国各族人民共同努力下,这个目标在上世纪末如期实现,人民生活总体上达到小康水平。"②这是对邓小平为探索中国式现代化所作贡献的高度评价。

党的十三大根据邓小平的设想系统阐述了"三步走"发展战略,由此明确了我国现代化建设的大致进程。第一步,到1990年,实现国民生产总值比1980年翻一番,解决人民的温饱问题;第二步,到20世纪末,使国民生产总值再增长一倍,人民生活达到小康水平;第三步,到21世纪中叶,人均国民生产总值达到中等发达国家水平,人民生活比较富裕,基本实现现代化。20世纪末,我国顺利完成了前两步,基本实现了总体小康。但此时中国人均GDP尚处于中低收入国家水平,生产力发展呈现低水平、不全面、不平衡的特征。为此,进入21世纪,中国共产党将发展目标从"总体小康"调整为"全面小康"。党的十六大在新"三步走"战略的基础上,把未来的50年划分为两个发展阶段,指出:"根据十五大提出的到2010年、建党一百年和新中国成立一百年的发展目标,我们要在本世纪头二十年,集中力量,全面建设惠及十几亿人口的更高水平的小康社会,使经济更加发展、民主更加健全、科教更加进步、文化更加繁荣、社会更加和谐、人民生活更加殷实。"③党的十七大对实现

---

① 《邓小平文选》(第二卷),人民出版社,1994年,第237页。
② 习近平:《在党的十八届五中全会第二次全体会议上的讲话(节选)》,《求是》,2016年第1期。
③ 《江泽民文选》(第三卷),人民出版社,2006年,第542~543页。

全面建设小康社会的宏伟目标作出更加完善的部署,在经济、政治、文化、社会、生态文明五个层面提出更加细致的要求。

二、中国式现代化始终坚持社会主义方向

众所周知,20世纪80年代苏共领导人戈尔巴乔夫打出"改革"的旗帜,以"人道的民主的社会主义"的新思维推行改革,实际上是全面学习资本主义现代化发展模式,遵循的是西方新自由主义的经济模式。这从根本上动摇了苏联社会主义公有制的根基,背离了社会主义的基本方向,最终导致苏联解体。

与之不同的是,我国的现代化建设始终坚持社会主义的方向不动摇,这是以改革开放推进中国式现代化建设的根本原则。针对当时社会出现的"西化"思潮,1979年3月,邓小平在党的理论工作务虚会上发表《坚持四项基本原则》,明确指出:"为了实现四个现代化,我们必须坚持社会主义道路,坚持无产阶级专政,坚持共产党的领导,坚持马列主义、毛泽东思想。中央认为,今天必须反复强调坚持这四项基本原则,因为某些人(哪怕只是极少数人)企图动摇这些基本原则。这是决不许可的。……如果动摇了这四项基本原则中的任何一项,那就动摇了整个社会主义事业,整个现代化建设事业。"[1]此后,"西化""自由化"的思潮时隐时现,不时干扰社会主义现代化建设的正确方向。对此,邓小平指出:"整个帝国主义西方世界企图使社会主义各国都放弃社会主义道路,最终纳入国际垄断资本的统治,纳入资本主义的轨道。现在我们要顶住这股逆流,旗帜要鲜明。……只有社会主义才能救中国,只有社会主义才能发展中国。"[2] 1985年9月10日,邓小平在会见美国不列颠百科全书编委会副主席吉布尼时进一步强调:"我们坚持社会主义,我们搞的是真正的社会主义,是社会主义现代化。我们遵循两条最重要

---

①　《邓小平文选》(第二卷),人民出版社,1994年,第173页。

②　《邓小平文选》(第三卷),人民出版社,1993年,第311页。

的原则,第一,公有制经济始终占主导地位;第二,坚持走共同富裕的道路。"①这就道出了中国现代化建设的社会主义性质。实践反复证明,只有坚持现代化建设的社会主义方向,才能避免成为西方国家的附庸国,才能根本扭转当时中国的落后状态,才能在世界社会主义出现严重曲折时禁住考验、屹立不倒。

党的十三大提出的社会主义初级阶段论,是社会主义现代化建设理论的重大突破。我们党总结了历史上超越发展阶段而导致冒进错误的教训,从我国生产力发展水平低、层次多、不平衡的国情出发,明确提出了社会主义初级阶段理论。这是基于我国生产力发展水平作出的科学判断。我国是在落后的农业国基础上建立的社会主义制度,没有经历资本主义的充分发展阶段。为改变初级阶段"不发达"的状态,完成从传统社会向现代社会的转变,需要经历一个较长时期。社会主义从初级阶段向高级阶段的飞跃,并非"一个自发、被动、不用费多大气力自然而然就可以跨过的阶段"②,而是要在生产力与生产关系的矛盾运动中、在长期性与阶段性的接续中、在量变与质变的螺旋式上升中逐渐推进。社会主义初级阶段成为建设我国现代化建设的最大现实依据,使我们党在制定大政方针时始终葆有战略主动。

三、以改革开放助推中国式现代化发展

我国的经济体制改革有两个显著特点。第一是渐进式改革。我国采取的是体制外先行的增量改革,即通过不断的局部试验稳步推进,逐渐明晰下一步的改革方向,也就是邓小平所说的"摸着石头过河"。为减少改革方面的阻力、分散改革可能带来的风险、搁置不必要的争议,我国在宏观层面采

---

① 中共中央文献研究室编:《邓小平思想年谱(1975—1997)》,中央文献出版社,1998年,第333页。

② 习近平:《论把握新发展阶段、贯彻新发展理念、构建新发展格局》,中央文献出版社,2021年,第474~475页。

取双轨制的过渡性制度安排。双轨制的发展趋势即逐步减少计划经济的所占份额,增加市场调节的发展比例,从而实现从旧体制向新机制的渐进转变。

第二是在顶层设计的基础上多方主体上下互动的改革。我国的改革始终是在中国共产党领导下进行的,同时是中央与地方、城市与农村、理论界与政界等多元主体参与、上下级互相启发推进的产物。在此以农村经济体制改革为例作以阐释。家庭联产承包责任制是由农民首先提出来的。一些先行试点的地区通过局部实践,用增加产量推动领导层认可包产到户的合法性。包产到户后,解放了农村剩余劳动力,带来了大规模的人口流动,这有利于解构城乡二元体制,同时为乡镇企业的发展提供了充裕的劳动力资源。尤其是乡镇企业的发展,不仅推动了地方经济的发展,还帮助数以亿计的农村贫困人口解决了温饱问题,这超出了中央的预期。1987年6月12日,邓小平在会见外宾时说:"我们完全没有预料到的最大的收获,就是乡镇企业发展起来了,突然冒出搞多种经营,搞商品经济,搞各种小型企业,异军突起。"[①]在一定程度上,农民的选择成就了中国改革。然而,单有农民的选择,农村改革也不可能在短期内取得全国性的突破。从发展轨迹上看,农村改革是从下面先搞起来的,农民的强烈意愿与地方开明领导人相互推动,形成局部实践的小气候,然后一步步得到上层认可,最终获得政策上的合法性。由此可见,中国改革是在坚持党的领导下,地方试验和民间突破上下互动的过程。

对外开放政策为我国现代化建设带来了生机。自党的十一届三中全会后,中央决策层未经争论就达成了高度共识:中国必须实行对外开放,利用外部资源加快自己的发展。"和平与发展"的时局判断与"不结盟"的外交战略,为中国现代化建设争取了有利的外部环境。当时的开放政策主要包括

---

① 中共中央文献研究室编:《邓小平同志重要谈话》,人民出版社,1987年,第35页。

三个方面。

第一,走出去。在被封锁和自我封闭20多年后,1978年中央推动了第一次有组织的出国考察高潮。出国考察不是以意识形态眼光去挑刺,而是着眼于学习与借鉴。由中央层面组织的三路考察团尤为受到关注。它们是港澳经济贸易考察组,赴南斯拉夫、罗马尼亚考察团和西欧五国考察团。其中赴法国、瑞士、比利时、丹麦、西德考察的西欧五国考察团最引人注目。西方国家的现代化发展成果,让考察团成员亲身感受到了中国与发达国家之间的巨大差距,也使他们认识到必须学习西方的先进经验。邓小平多次强调:"关起门来搞建设是不能成功的,中国的发展离不开世界。对内经济搞活,对外经济开放,这不是短期的政策,是个长期的政策。"① 1979年至1980年持续进行的出国考察更加高涨。国家管理人员、财经管理人员,以及农业、机械、银行等各行专业人士,对美国、德国、日本、匈牙利等国家进行系统的综合考察。考察团在如何发展经济、怎样引进技术、如何培养人才等方面,吸取了许多宝贵经验,这对接下来中国的社会发展起到重要的推动作用。

第二,请进来。从1979年11月到1981年,为给经济体制改革提供理论来源,国务院在北京先后组织了60次"外国经济学讲座",希望充分了解当代西方经济学的各个领域和主要经济学家的理论。我们多次邀请国外经济专家来华讲学,应邀来访的学者涵盖德、日、美、匈、波等多个国家。我国充分借鉴其他社会主义国家的改革实践和理论。从20世纪70年代末到80年代初,中国与苏联、东欧国家经济交流活动频繁。不仅如此,我们还学习西方资本主义国家的科学技术和先进经验。邓小平认为,社会主义与资本主义并非绝对对立,有许多相通的东西。有些东西如计划、市场、股票、债券等,资本主义可以用,社会主义也可以用。他提出,社会主义要赢得比资本主义的优势,就必须大胆吸收和借鉴人类社会创造的一切文明成果……实质是

---

① 中共中央文献研究室编:《邓小平思想年谱(1975—1997)》,中央文献出版社,1998年,第295页。

利用资本主义来发展社会主义。[①]

第三,开办经济特区。在邓小平的指导下,从1979年1月中央批准在蛇口一带设立工业区到1979年7月中央确定在深圳、珠海、汕头、厦门试办"出口特区"(后改为"经济特区");从1984年5月中央批准14个沿海开放城市到1985年2月决定在长江三角洲、珠江三角洲、闽南厦(门)漳(州)泉(州)三角地区开辟沿海经济开放区,我国逐步形成了从经济特区到沿海开放城市再到沿海经济开放区这样一个多层次、有重点、点面结合的对外开放新格局。之后,我国对外开放呈现全方位、多层次、宽领域的特点。随着2001年11月中国加入世界贸易组织,我国经济建设全面接轨国际经济,中国的开放程度越来越高,中国式现代化的发展空间越来越广。

坚持以开放的姿态推进中国现代化建设,至少带来了三方面的积极作用。一是注入了增长动力。通过引进技术提升产业结构、引用外资弥补资金短缺,利用世界自由贸易秩序进入国际市场。二是引入了市场规则。我们在引进外资的同时,也引进了新的市场规则和经济制度,"对外开放把国际竞争引入中国,推动国内企业为提高效率而改革体制"[②]。三是思想更加开放多元。我们在对外交流中更能解放思想,破除以往思想框架的束缚。正如萧冬连所说:"一旦开放信息,人们就会在比较中分出优劣,产生改革的愿望,说服人们接受改革的难度就会降低,也为中国提供了具体的参照系。"[③]正是在积极地对外交流互动中,我国的现代化建设迸发出前所未有的生机与活力。

[①]　萧冬连:《探路之役——1978—1992年的中国经济改革》,社会科学文献出版社,2019年,第275页。

[②]　萧冬连:《探路之役——1978—1992年的中国经济改革》,社会科学文献出版社,2019年,第300页。

[③]　萧冬连:《探路之役——1978—1992年的中国经济改革》,社会科学文献出版社,2019年,第300页。

四、探索社会主义与市场经济的关系

在传统社会主义的发展模式中,普遍认为社会主义经济体制以公有制、计划经济、按劳分配为根本特征。但实践证明,在不同发展阶段,如何发展社会主义是一个需要探索的问题。我国实行高度集中的计划经济体制,束缚了生产力的发展。探索社会主义与市场经济的结合就成为历史的必然。改革开放以来,中国共产党逐渐摒弃了以往根深蒂固的计划经济观念,对市场经济的认识逐渐深入。1978年7月至9月,李先念在国务院务虚会做总结时最早提出"计划经济与市场经济相结合"的说法。1979年3月8日,陈云撰写了一份《计划与市场问题》的讲话提纲,提出计划经济与市场调节相结合的观点,强调发挥市场的调节作用。1979年11月26日,邓小平提出:"我们是计划经济为主,也结合市场经济,但这是社会主义的市场经济。"[1]显然,邓小平对市场经济的看法更具开放性。[2] 1982年,陈云在参加全国人大五届五次会议上海代表团讨论时提出"笼子与鸟"的比喻,也即是说"在计划经济指导下发挥市场调节的辅助作用"。1982年,党的十二大提出"计划经济为主,市场调节为辅"。1984年10月,中共十二届三中全会通过《关于经济体制改革的决定》,其中明确指出:"要突破把计划经济同商品经济对立起来的传统观念,明确认识社会主义计划经济必须自觉依据和运用价值规律,是在公有制基础上的有计划的商品经济。商品经济的充分发展,是社会经济发展的不可逾越的阶段,是实现我国经济现代化的必要条件。"[3] 1987年,党的十三大报告中指出:"社会主义有计划商品经济的体制,应该是计划与市场内在统一的体制","总体上来说应当是'国家调节市场,市场引导企业'的机制"。[4]

---

① 《中共十一届三中全会以来大事记》,人民出版社,1998年,第30页。
② 萧冬连:《探路之役——1978—1992年的中国经济改革》,社会科学文献出版社,2019年,第126、128页。
③ 《中共中央关于经济体制改革的决定》,人民出版社,1984年,第17页。
④ 《十三大以来重要文献选编》(上),人民出版社,1991年,第26~27页。

　　尽管党中央关于市场经济的理论认识不断深入,但在实践层面上如何把握依然是个难题,长期以来,关于姓"社"还是姓"资"的争论一直存在。正是在上述背景下,邓小平在南方谈话中提出了社会主义的本质,即"解放生产力,发展生产力,消灭剥削,消除两极分化,最终达到共同富裕"①。他还创造性地提出"三个是否有利于",以此作为判断各方面工作的是非得失标准。针对计划与市场关系这个焦点问题,邓小平强调:"计划经济不等于社会主义,资本主义也有计划;市场经济不等于资本主义,社会主义也有市场。计划和市场都是经济手段。"②邓小平的南方谈话打破了人们对于传统社会主义认识的思想限制,化解了姓"社"还是姓"资"的关键问题,促使市场经济越过临界点,推动了计划经济向市场经济的顺利转轨。1992年,党的十四大报告明确指出:"我国经济体制改革的目标是建立社会主义市场经济体制,以利于进一步解放和发展生产力。"③当时有人质疑"社会主义市场经济"这个提法,江泽民强调:"我们搞的是社会主义市场经济,'社会主义'这几个字是不能没有的,这并非多余,并非'画蛇添足',而恰恰相反,这是'画龙点睛'。所谓'点睛',就是点明我们市场经济的性质。"④

　　此后,社会主义市场经济体制不断完善。2013年11月,党的十八届三中全会全面明确指出:"经济体制改革是全面深化改革的重点,核心问题是处理好政府和市场的关系,使市场在资源配置中起决定性作用和更好发挥政府作用。"⑤将市场经济在资源配置中的"基础性作用"改为"决定性作用",要求发挥好"有效市场"和"有为政府"两方面的优势,无疑是一个重大的理论突破,标志着社会主义市场经济发展进入了一个新阶段。

　　改革开放以来,我国现代化建设实现了从高度集中的计划经济体制到

---

① 《邓小平文选》(第三卷),人民出版社,1993年,第373页。
② 《邓小平文选》(第三卷),人民出版社,1993年,第373页。
③ 《十四大以来重要文献选编》(上),人民出版社,1996年,第18~19页。
④ 《江泽民论有中国特色社会主义(专题摘编)》,中央文献出版社,2002年,第69页。
⑤ 《中共中央关于全面深化改革若干重大问题的决定》,人民出版社,2013年,第5页。

生机活力的社会主义市场经济体制、从封闭半封闭的发展环境到全方位开放格局的历史性转变。经过几十年社会经济的快速发展,我国实现了从生产力相对落后的状况到经济总量跃居世界第二的历史性突破,实现了人民生活从温饱不足到总体小康、奔向全面小康的历史性跨越,推进了中华民族从站起来到富起来的伟大飞跃。这为接下来的社会主义现代化建设提供了坚实的物质基础与充满活力的体制保证。

第四节　新时代以中国式现代化全面推进中华民族伟大复兴

党的十八大以来,中国特色社会主义进入新时代。中国式现代化建设也随之进入一个新阶段,即"两个一百年"奋斗目标的"历史交汇期"。全面建成小康社会后,面对中华民族伟大复兴的战略全局、世界百年未有之大变局,党的二十大强调,新时代新征程中国共产党的中心任务是团结带领全国各族人民全面建成社会主义现代化强国、实现第二个百年奋斗目标,以中国式现代化全面推进中华民族伟大复兴。

一、明确提出全面建成小康社会与中国式现代化

党的十八大以来,中国特色社会主义进入新时代。我们党面临的主要任务是,实现第一个百年奋斗目标,开启实现第二个百年奋斗目标新征程,朝着实现中华民族伟大复兴的宏伟目标继续前进。[①]

为确保2021年落后地区和贫困群众同全国一道全面建成小康社会,中共中央将脱贫攻坚作为全面建成小康社会的底线任务和标志性指标,组织

---

① 《中共中央关于党的百年奋斗重大成就和历史经验的决议》,人民出版社,2021年,第23页。

实施了人类历史上规模最大、力度最强的脱贫攻坚战。2021年2月25日,在全国脱贫攻坚总结表彰大会上,中共中央总书记、国家主席、中央军委主席习近平宣告:"经过全党全国各族人民共同努力,在迎来中国共产党成立一百周年的重要时刻,我国脱贫攻坚战取得了全面胜利,现行标准下9899万农村贫困人口全部脱贫,832个贫困县全部摘帽,12.8万个贫困村全部出列,区域性整体贫困得到解决,完成了消除绝对贫困的艰巨任务,创造了又一个彪炳史册的人间奇迹!"①

第一个百年奋斗目标的完成,使我国站在了一个新的历史起点,主要表现在三个方面。其一,中国已经成为世界第二大经济体,人均国民生产总值超过1万美元,拥有超过4亿人口的超大规模中等收入群体,建立了世界上规模最大的社会保障体系,解决了困扰中华民族几千年的绝对贫困问题。国民经济彰显的强大实力,为我国开启现代化新征程夯实了发展根基。其二,党的十八大以来,中共中央不断完善以根本制度、基本制度、重要制度为"四梁八柱"的中国特色社会主义制度体系,为我国现代化建设提供了更加完备、更加成熟的制度保证。其三,在习近平新时代中国特色社会主义思想指导下,我们党带领全国人民自信自强、守正创新,以更加昂扬的奋斗姿态迈向第二个百年奋斗目标。以伟大建党精神为核心的中国共产党人的精神谱系,也为中国特色社会主义事业提供着充盈持久的精神滋养。全面建成小康社会后,我国开启了全面建设社会主义现代化国家新征程。

党的十九大提出我国现代化建设的新战略,决定用两个15年、分两个阶段实现中国式现代化,即从2020年到2035年在全面建成小康社会的基础上再奋斗15年,基本实现社会主义现代化;从2035年到21世纪中叶在基本实现现代化的基础上再奋斗15年,把我国建设成为富强、民主、文明、和谐、美丽的社会主义现代化强国。为实现第一个15年奋斗目标,党的十九届五中

---

① 本书编写组:《脱贫——中国为什么能》,人民出版社,2022年,第9页。

全会从9个方面明确了2035年基本实现社会主义现代化的远景目标。习近平在会上特别强调："我国现代化是人口规模巨大的现代化，是全体人民共同富裕的现代化，是物质文明和精神文明相协调的现代化，是人与自然和谐共生的现代化，是走和平发展道路的现代化。"[①]党的十九届六中全会明确了"中国式现代化"的概念表达，从"中华民族伟大复兴"和"人类文明新形态"的层面深化了对现代化建设的认识。2022年10月召开党的二十大，将"中国式现代化"写入党章，成为习近平新时代中国特色社会主义思想的重要组成部分。2024年7月召开了党的二十届三中全会，会议围绕推进中国式现代化这个主题系统部署了进一步全面深化改革的各项要求。全会审议通过了《中共中央关于进一步全面深化改革　推进中国式现代化的决定》，明确了进一步全面深化改革的指导思想、总目标、原则，还对政治、经济、文化、社会、生态、国家安全、国防和军队等方面进行了系统部署，是指导新征程上进一步全面深化改革的纲领性文件。

追溯历史，中国共产党基于我国特有的历史基础、内外条件、动力机制，将现代化的宏伟目标依次具象为工业化、四个现代化、总体小康、全面小康、基本现代化、现代化强国等不同阶段，体现了中国特色的发展历程，走出了一条不同于西方现代化的新道路。

二、中国式现代化相比于西方现代化的鲜明特征

现代化是人类社会发展的方向和目标。各国由于历史条件、政治制度和发展水平的多样性，决定了各国有不同的现代化实现之路。正如习近平指出的：我国要实现的社会主义现代化，"既有各国现代化的共同特征，更有

---

① 习近平：《论把握新发展阶段、贯彻新发展理念、构建新发展格局》，中央文献出版社，2021年，第474页。

基于国情的中国特色"①。

中国式现代化是对西方现代化发展模式的反思与扬弃。其一,坚持中国共产党的坚强领导,是对西方政党个人主义与资本逻辑的超越。执政党的性质、属性及特点深刻影响着一个国家的历史进程。一些西方政党为资本逻辑所驱动,为权势集团所左右,以党派拉踩为手段,以谋取权力为目的,打着为民服务的口号却将民众利益抛诸脑后。相比之下,中国共产党坚持全心全意为人民服务的根本宗旨,将人民对美好生活的向往作为奋斗目标,带领中国人民推动实现以人民至上为价值旨趣的现代化、以人的自由全面发展为根本目的的现代化,这从根本上避免了西方现代化模式造成的对人的异化。中国共产党以人民为中心的发展理念,使中国式现代化更加关注人的自身发展。正如习近平强调的:"现代化的本质是人的现代化。"②建设中国式现代化的过程,即是人向其本质回归及不断促进其全面发展的过程,这就避免了西方现代化造成的人的物化、异化与分化倾向。

其二,"五位一体"总体布局与"四个全面"战略布局,是对西方现代文明线性思维的超越。这两大布局从系统思维的角度,勾勒了社会主义现代化建设的宏伟蓝图。推动物质文明、政治文明、精神文明、社会文明、生态文明协调发展,贯通生产力与生产关系、经济基础与上层建筑的各个方面,是中国式现代化的总体样态。全面建设社会主义现代化国家、全面深化改革、全面依法治国、全面从严治党的战略布局,直接明确了新发展阶段的战略举措。除此之外,中共中央还创造性地提出"国家治理体系和治理能力现代化"。这是因为随着改革的深入,政府治理能力取得了很大突破,但社会建设、社会治理明显滞后,行政干预过多、一刀切现象比较突出。党的十九届

---

① 习近平:《论把握新发展阶段、贯彻新发展理念、构建新发展格局》,中央文献出版社,2021年,第9页。

② 中共中央文献研究室编:《习近平关于社会主义经济建设论述摘编》,中央文献出版社,2017年,第164页。

四中全会通过的《关于坚持和完善中国特色社会主义制度，推进国家治理体系和治理能力现代化若干重大问题的决定》，明确了推进国家治理体系和治理能力现代化的总体目标和具体任务。党的二十大进一步强调了到2035年基本实现国家治理体系和治理能力现代化的要求。

这些体现系统性思维的顶层设计，有效克服了西方式现代化的形而上学思维的发展观，是对西方国家单纯经济主义或物质中心论的摒弃、对西方国家金钱政治或形式民主的超越、对西方国家"先污染后治理"甚至不治理发展思路的矫正。

其三，走和平发展道路的现代化，是对西方发达国家走霸权崛起之路的超越。中国式现代化新道路深刻蕴含"和平、发展、公平、正义、民主、自由的全人类共同价值"[①]，是对中华五千多年和谐文明基因的传承，也是对近代中国经历的种种动荡的历史反思，更是对人类命运发展趋势的深刻思考。而西方列强走的则是"对外掠夺、对内剥削"的崛起之路，信奉的是弱肉强食的丛林法则。中国始终高举和平、发展、合作、共赢旗帜，坚持以自身发展维护世界和平，积极推动构建人类命运共同体，这从根本上超越了西方现代化所走的强权政治和霸权主义道路，使"国强必霸论"和"中国威胁论"等谣言不攻自破。

其四，以共同富裕为中国式现代化的发展目标，是对西方现代化国家两极分化的超越。脱贫攻坚取得全面胜利后，共同富裕成为我国更加突出的奋斗目标，这是社会主义的本质要求，也是人民群众的共同期盼，更是我们党的庄严承诺。在新发展阶段，我国采取多项措施，包括但不限于加强城乡之间、区域之间和行业之间发展的协调性，调节不同收入群体比例，促进基本公共服务均等化，推进共同富裕取得实质性进展。正如习近平指出的："我们不能等实现了现代化再来解决共同富裕问题，而是要始终把满足人民

---

① 中共中央宣传部：《中国共产党的历史使命与行动价值》，人民出版社，2021年，第75页。

对美好生活的新期待作为发展的出发点和落脚点,在实现现代化过程中不断地、逐步地解决好这个问题。"①反观一些西方国家以私有制为基础,以个人利益最大化为旨归,社会财富、资源与权力总是集聚于少数人手中,造成社会撕裂、中产阶层危机、民粹主义泛滥,这些与"中国之治"形成鲜明对比。

三、新征程上坚持高质量发展

在社会主义现代化建设新征程中,发展依然是解决我国一切问题的关键。我国要实现的发展是贯彻新发展理念下的高质量发展。正如习近平指出的:"高质量发展是'十四五'乃至更长时期我国经济社会发展的主题,关系我国社会主义现代化建设全局。"②我们要从"两个大局"中厘清当前我国面临的机遇与挑战,从"危"中寻"机",推动新征程的高质量发展。

为深刻理解高质量发展的必要性,需要立足"两个大局",从国内外联动的角度认识我国面临的发展环境。从国际上看,世界百年未有之大变局正加速演进,一些国家的贸易保护主义、单边主义、霸权主义有所抬头。世界进入动荡变革期。而这种动荡变革的经济根源在于发达国家与发展中国家在发展中的结构性矛盾。以美国为例,由于向发展中国家转移中低端产业,凭借金融垄断资本在世界范围内进行剥削,致使美国出现产业空心化趋势,实体经济严重衰退,"脱实向虚"的问题突出,其结果是2007年爆发了"次贷危机"进而引发了世界经济危机。为摆脱危机,美国一方面制造贸易摩擦,构筑贸易壁垒,作出一系列逆全球化行为;另一方面利用其科技、金融垄断优势打压发展中国家的高端产业发展。在这种环境下,我国的发展思路必须转变。正如习近平指出的:"过去我们发展水平低,同别人的互补性就多

---

① 习近平:《论把握新发展阶段、贯彻新发展理念、构建新发展格局》,中央文献出版社,2021年,第503页。
② 习近平:《论把握新发展阶段、贯彻新发展理念、构建新发展格局》,中央文献出版社,2021年,第533页。

一些;现在我们发展水平提高了,同别人的竞争性就多起来了。"[1]为适应新的国际形势,形成新的大国竞争优势,我国必须走高质量发展之路。

从国内条件看,我国社会的主要矛盾已从"人民日益增长的物质文化需要同落后的社会生产之间的矛盾"转化为"人民日益增长的美好生活需要和不平衡不充分的发展之间的矛盾"。"不平衡"体现在区域之间、行业之间、城乡之间、群体之间存在较大差距,这不利于推动社会整体发展水平的提高。"不充分"体现在人力资源红利和后发优势不断消失、改革增长潜能日趋放缓,创新能力不强、体制机制不完善、动力活力不足等方面,这些制约了满足人民美好生活需要的发展目的。针对这些问题,习近平一针见血地指出:"不平衡不充分的发展就是发展质量不高的表现。"[2]可见,将高质量发展摆在更加突出的位置,增强解决发展问题的系统性和针对性,是中央准确分析我国发展面临的时与势、危与机、利与弊之后作出的主动选择。

如何通过高质量发展推动实现中国式现代化,关键在于把握好以下五个方面:

第一,以创新驱动代替要素驱动,赢得大国博弈主动权。当今世界进入数字技术和数字经济时代,单纯依靠传统的劳力、资本、土地、自然资源等要素驱动来推动发展已经不具有可持续性,必须通过创新引领实现高质量发展。在党的十九届五中全会通过的《中共中央关于制定国民经济和社会发展第十四个五年规划和二〇三五年远景目标的建议》中,将"坚持创新驱动发展,全面塑造发展新优势"放在12项重大任务之首,可见创新驱动的重要地位。在新发展阶段,我国要坚定走自主创新之路,发挥新型举国体制优势,提前布局新兴产业,加快攻克"卡脖子"核心技术,积极推动科技成果转

---

[1] 习近平:《论把握新发展阶段、贯彻新发展理念、构建新发展格局》,中央文献出版社,2021年,第5页。

[2] 习近平:《论把握新发展阶段、贯彻新发展理念、构建新发展格局》,中央文献出版社,2021年,第215页。

化,健全产学研融合体制,尽快实现创新引领下的高质量发展。

第二,在贯彻新发展理念中推动高质量发展。创新、协调、绿色、开放、共享五大新发展理念是我们党在总结国内外发展经验和教训的基础上,结合我国经济社会发展实际,提出的对我国发展规律的新认识。创新是为解决发展的动力问题,协调是为解决发展的平衡问题,绿色是为解决人与自然的关系问题,开放是为解决国内外的联动问题,共享是为解决社会公平正义问题。贯彻新发展理念,要在根本宗旨上坚持以人民为中心,在实践方式中坚持问题导向,在思想观念中常怀忧患意识,将新发展理念统一部署、系统推进,贯穿至发展全过程和各领域。

第三,以深化供给侧结构性改革为主线,推动供求关系在更高水平上的动态平衡。目前,我国存在产能过剩和低端消费品过剩的"双过剩"问题,又造成了生产和消费的"双不足"问题。为解决这些难题,需要准确把握矛盾的主要方面。从我国出现的供求矛盾来看,矛盾的主要方面在于供给侧。比如"消费不足"不是因为人们没有需求或需求不旺,而是有效供给和高端供给能力不足。为此,要加强供给侧结构性改革,加快产业升级,补齐技术短板,提高供给质量,增强供给结构对市场需求结构的适配性和灵活性。需要明确的是,供给的目的是满足需求,正如习近平指出的:"高质量发展应该不断满足人民群众个性化、多样化、不断升级的需求。"[①]这就要求同时加强需求侧管理。在需求方面,除"有效供给不足"造成"需求外溢"的问题外,收入分配差距、公共服务与社会保障体系不健全等也一定程度限制了人们的消费。新冠疫情时期也影响了人们的消费需求,尤其是饮食、旅游等即时性消费。为解决这些问题,可以通过调节税收、财政支出、货币信贷等手段来提高人们的消费能力;通过健全收入分配格局,壮大中等收入群体,改善公共服务与社会保障体系等举措以提振国内消费市场。总之,高质量发展要

---

① 习近平:《论把握新发展阶段、贯彻新发展理念、构建新发展格局》,中央文献出版社,2021年,第215页。

在"需求牵引供给、供给创造需求"的动态平衡中稳步推进。

第四，推动有效市场和有为政府更好结合，全面深化经济体制改革。在社会主义市场经济中，要使市场在资源配置中起决定性作用，发挥价值规律的积极作用。为此，在新发展阶段要加快建立统一开放、竞争有序的现代市场体系，建立公平公开透明的市场规则，打破行业垄断、地方保护，激发各类市场主体活力。同时，新发展阶段要更好发挥政府作用。市场起决定性作用但不是起全部作用。在社会主义市场经济中，要不断加强党对经济工作的全面领导，提高政府驾驭市场的能力，矫正市场经济固有弊病，限制资本无序扩张，让市场经济的手段服务于社会主义生产的根本目的。

第五，在构建新发展格局中激发我国经济发展的新活力。每个国家在不同发展时期，都会因为国内外环境和发展目标的变化在发展格局上有所调整。改革开放以前，我国经济是以国内循环为主，进出口比重很低。改革开放以后，我们抓住经济全球化的机遇，充分利用国外资源和市场，成就了我国经济的高速增长，同时也形成了较高的对外依存度。2007年美国爆发"次贷危机"进而引发国际金融危机以来，我国经济发展的环境发生了重要变化。尤其是近年来，以美国为首的发达国家出现逆全球化行为，加之新冠疫情的影响，我国经济发展的供应链、产业链、价值链的安全性和稳定性受到冲击，以往市场和资源"两头在外"的循环模式已经不能适应新的国际国内形势。为主动适应新形势，习近平高瞻远瞩地提出构建"以国内大循环为主体、国内国际双循环相互促进"的新发展格局。新发展格局要求我们以扩大内需为战略基点，发挥我国超大规模市场和制造业部门齐全的优势，打通影响资源要素顺畅流动的堵点、预防断点、解决难点，促进国民经济良性循环。新发展格局并不是实行分隔封闭、自给自足的单循环。对此，习近平明确指出："中国开放的大门不会关闭，只会越开越大。"[1]为实现更加开放、更

---

① 习近平：《论把握新发展阶段、贯彻新发展理念、构建新发展格局》，中央文献出版社，2021年，第362页。

高水平、更加稳定的国际循环,我国要积极稳妥解决大国贸易争端,推动新兴国家战略合作,加强自由贸易区贸易港建设,高质量共建"一带一路",深化构建人类命运共同体。

第三章

中国式现代化的理论缘起

中国式现代化道路从历史实践中走来,与这一进程相伴随,中国的现代化理论也在与实践互动中不断丰富和扩展。到党的二十大,中国共产党对中国式现代化作出全面深刻阐释,初步构建了中国式现代化的理论体系。这一理论体系的形成是近代以来历次思想解放运动和中国共产党长期理论探索的逻辑发展,体现了中国共产党对中华文明的传承转化及对社会运行规律的科学把握。回溯中国式现代化的理论缘起,有助于全景式展现中国式现代化理论体系生成的历史过程,进而使今人在充分理论自觉的基础上,坚定沿着中国式现代化道路推进实现中华民族伟大复兴。

第一节　现代化意识的发端与西化思路的演绎

虽然近代中国真正意义上的现代化实践始于洋务运动,但在鸦片战争前后,中国人已经开始有意识层面的觉醒与反思。在国家蒙辱、人民蒙难、文明蒙尘的劫难面前,中国人的现代化意识逐渐萌芽,"从那时起,实现中华民族伟大复兴,就成为中国人民和中华民族最伟大的梦想"①。在梦想的感召、现实实践的接力探索,以及对西方文明的吸收借鉴中,中华民族的现代化理论探索渐次展开。

一、现代化意识的萌芽

在农耕时代,中国因地大物博的自然条件、勤劳互助的伦理文化等因素,发展出在多方面领先的物质与精神文明,"为人类文明进步作出了不可磨灭的贡献"②。直到新航路开辟、世界政治经济格局开始发生历史性变化之时,中国在经济、文化等方面仍居于世界领先地位。长期的优势地位及对世界的无知带来心态与行为上的因循守旧,即使在西方开启现代化进程并不断与中国产生联系之后,中国社会在很长一段时期内也没有激发出追求现代化的内生动力,而是继续做着天朝上国的迷梦,忽视对世界形势的认识,更缺乏对历史发展大势的洞察。

1840年爆发的鸦片战争轰开了清政府封闭的大门,应战失利及不平等条约的签订显示了清王朝的脆弱和不堪一击。在外力冲撞下,中国几乎在毫无准备的状态下被卷进由传统向现代转型的历史潮流,极其被动地开启了融入世界历史的发展阶段,在一定程度上成为马克思、恩格斯在《共产党宣言》中指出的"农民的民族从属于资产阶级的民族""东方从属于西方"③发展态势的一个例证。而与此同时,域外文明的强势冲击,也使中国人激发出现代化意识的萌芽。

鸦片战争前后,现代化意识的萌芽主要表现在对西方人文地理知识的认知以及对中西发展差距的揭露上,涌现了以林则徐、魏源为代表的最早"睁眼看世界"的人。林则徐是当时改革派的重要成员,早在广州主持禁烟

---

① 习近平:《在庆祝中国共产党成立100周年大会上的讲话》,人民出版社,2021年,第2页。
② 习近平:《在庆祝中国共产党成立100周年大会上的讲话》,人民出版社,2021年,第2页。
③ 《马克思恩格斯文集》(第二卷),人民出版社,2009年,第36页。

时期,他就着手"日日使人刺探西事,翻译西书"①,主持编译了《四洲志》等大量文献,对世界各地的地理历史和政治情形进行了详细介绍。由魏源所编撰完成的《海国图志》一百卷,更是近代中国知识分子全面了解世界的重要参考资料。在《海国图志》中,魏源提出了"师夷长技以制夷"这一影响深远的主张,他认为应该学习西方的造舰、制炮、练兵等"长技",以有效抵抗西方的入侵。非但如此,魏源还注意到西方不同的制度风俗具有的独特优势,将"不立王侯"的瑞士誉为"西土乐郊"和"西土之桃花源"②。

　　以林则徐、魏源为代表的知识分子顺应历史潮流,通过对西方社会的介绍启发了民智,在推进国人关注西方社会独特性与进步性的同时,帮助打破了中国人对自身优越性的狭隘偏执,在农业文明与工业文明的冲突中认识到推进技术变革的重要意义。但由于其认识基本停留于普及人文常识和主张"长技"的"器物"表面,"所谓'睁眼看世界',其实只是从一个窄缝中远远望几眼而已"③。

二、西化意识的表露

　　洋务运动是近代以来中国历史上第一次真正意义上的大规模现代化实践,也在实质上将中国人的现代化意识推进到主动向西方学习的阶段。事实上,在经历鸦片战争及此后一系列事件之后,摆在中国人面前的已经不再是要不要迈向现代化的选择题,而是在历史现实的逼迫下不得不就实现现代化的方式进行理论思考和实际探索的必答题。由于现代化在西方资本主义国家发源和展开,西方的资本主义现代化是当时世界上唯一的现代化模式;同时中国是在与西方列强的短兵相接中沦为殖民地和半殖民地的,对西方列强在科学技术层面的先进性有真切体会。因此,近代中国向现代转型

---

①　魏源:《圣武记:附夷艘寇海记》,岳麓书社,2010年,第460页。
②　魏源:《海国图志》,岳麓书社,1998年,第1337页。
③　罗荣渠:《现代化新论:中国的现代化之路》,华东师范大学出版社,2012年,第306页。

自然地以西方为仿效对象,并且这种仿效开始于最直接最实用的器物层面。

第二次鸦片战争之后,清朝统治者经过多番打击已经确切感受到了中国与列强之间存在的明显差距,但这种认识所激发出来的是对统治地位的担忧及对维护这种地位的急切需求。因此,虽然清政府愿意接受外来新技术,但首要目的在于强化国防,也正因此,洋务运动前期的核心是发展军事工业。只是到了后期,由于经费等因素,其发展方向才由最初的军事工业转为民用工业。正如晚清思想家冯桂芬所认为的,应"以中国之伦常名教为原本,辅以诸国富强之术"①,"中学为体,西学为用"成为洋务运动的指导思想。这一理论基础背后的含义是,中国在深层的伦理制度方面远胜于西方,只是器物这一表层不如人而已,因此可以学习西方的坚船利炮以为功用,但封建纲常丝毫不能动摇。

受制于文化传统、历史条件及认知上的浅薄,洋务运动的局限性十分突出。它不仅未涉及自身的制度改革,甚至在器物学习方面也只是简单的"拿来主义",而未曾深入到对人才的系统培养及穷究事物之理方面。孙中山曾在《上李鸿章书》中直言自己对洋务运动局限性的观察:

> 窃尝深维欧洲富强之本,不尽在于船坚炮利、垒固兵强,而在于人能尽其才,地能尽其利,物能尽其用,货能畅其流——此四事者,富强之大经,治国之大本也。我国家欲恢扩宏图,勤求远略,仿行西法以筹自强,而不急于此四者,徒惟坚船利炮之是务,是舍本而图末也。②

由于清朝末期政治的极端专制与腐败,清政府早已丧失了自我改造与更新的能力,只追求"西化其表"的洋务运动只能以失败收场。但无论如何,洋务运动是中国现代化意识发展史中的一个重要环节,它真正开启了由表

---

① 冯桂芬:《校邠庐抗议》,中州古籍出版社,1998年,第211页。
② 《孙中山全集》(第1卷),中华书局,2011年,第9页。

及里向西方学习的认识进程。其"中体西用"的主张及其实践,使中国社会大范围引进了西方先进技术,"快舰、飞车、电邮、火械,昔日西人之所恃以凌我者,我今亦已有之"①,这不仅为中国现代化的进一步发展作了器物上的准备,而且通过官办企业示范并带动民间资本主义工商业的产生和发展,逐渐改变了中国社会重农抑商的传统,而社会阶级关系的变化,也为现代化意识的进一步发展创造了条件。

三、西化意识的深入

甲午战败与《马关条约》的签订成为中国现代化进程的一个重要转折点,在事实上推动了中华民族的大觉醒。正如梁启超所言:"四千余年之大梦之唤醒,实自甲午战败,割台湾、偿二百兆以后始也。"②被"蕞尔小国"日本击败,刺激了自清廷政府至乡间士绅的神经,在悲愤交加的心态及严峻形势的压迫下,中国人的西化意识由器物层面向制度层面深入。

维新变法运动的发生意味着先进知识分子已经体认到对治政治上的病症对于推进现代化建设的重要意义。面对甲午战争失败的结局,人们痛感仅向西方学习先进技术已经难以改变落后局面,中国政治上的腐朽已成为阻碍现代化进程的显明因素。因此,戊戌变法既是对西方政治制度和思想文化的一次集中借鉴和学习,也是对本国封建专制制度的一次全面检视。对君主专制制度的攻击和批判反映了一批知识分子对推进政治现代化的强烈诉求。

> 君也者,为民办事者也;臣也者,助办民事者也。赋税之取于民,所以为民办事之资也。如此而事犹不办,事不办而易其人,亦天下之通义也。观夫乡社赛会,必择举一长,使治会事,用人理财之权咸隶焉。长

---

①《孙中山全集》(第1卷),中华书局,2011年,第8页。

②《梁启超全集》(第1集),中国人民大学出版社,2018年,第478页。

不足以长则易之,虽愚夫愿农,犹知其然矣,何独于君而不然? 岂谓举之戴之,乃以竭天下之身命膏血,供其盘乐怠傲,骄奢而淫杀乎? 供一身之不足,又滥纵其百官,又欲传之世世万代子孙,一切酷毒不可思议之法,由此其繁兴矣。民之俯首帖耳,恬然坐受其鼎镬刀锯,不以为怪,固已大可怪矣,而君之亡犹欲为之死节! 故夫死节之说,未有如是之大悖者矣。[①]

谭嗣同在《仁学》一著中,通过对"仁"这一核心价值理念的分析,渐次引向对君权假借孔教之虚名以行专制之实的批判。与此相配合,维新派知识分子采取的一系列举措都使革新政治之风在大江南北蔓延。但任何变法都不可避免会触动既有利益格局,必然招致某些既得利益者的抵制,进而引发激烈斗争。

维新派与守旧派的思想冲突是近代中国一次群体意识层面的交锋,两方的争论实质上是资产阶级政治理念与封建主义思想的碰撞与较量,虽然封建思想因其强大的政权力量和历史惯性而暂时取得了优胜地位,但毕竟已经落后于时代发展趋势,进入了苟延残喘的历史阶段。这次论战逐步冲决了封建纲常网罗对人们思想的束缚,西方的自由民主思想得以进一步传播,就连顽固的当权者也认识到变革政治制度的必要性,为清朝末年的预备立宪埋下了伏笔,这都预示着一种新的政治形态在中国的孕育和生长。立足实现现代化的整体视野,戊戌变法是鸦片战争以来中国人争取实现政治现代化的一次社会动员,一定程度上表明中国人对现代化有了群体性的认知和自觉。

---

① 谭嗣同:《仁学:谭嗣同集》,加润国选注,辽宁人民出版社,1994年,第73页。

四、西化意识的全面渗透

洋务运动、戊戌变法及至清末新政的接连失败意味着清朝政府不仅承担不了推动中国走向现代化的历史使命，而且已经成为中国走向现代化的直接障碍。尤其是在中国民族资本主义得到一定发展的情况下，民族资产阶级力量有了明显增强，他们所体现的资产阶级意识与腐朽的封建专制思想形成了根本对立。此外，留洋的学生们在广泛接触了西方的政治思想和切身体会了民主政体的运行机理之后，对世界大势与国内民族危机有了更加敏锐的认识。此番社会形势的发展及社会力量的凝聚都宣告着资产阶级革命时代的到来。

实际上，早在甲午战争前后，孙中山就形成了比较成熟的革命意识，在民族危亡之际，"自进为革命之先驱，而以应时势之要求"[①]，他不仅首先发出"振兴中华"的呐喊，而且先后组建成立兴中会、同盟会等革命组织，逐渐形成并系统阐述了"民族、民权、民生"三大主义。"三民主义"构成一个较为完整的体系，代表了当时最进步的思想。民族主义指通过革命手段推翻清政府统治，这在当时是最紧要之事；民权主义则是"政治革命的根本"[②]，孙中山认为，只有通过政治革命才能改变历史上王朝治乱兴衰循环往复的局面，真正经由平民革命建立国民政府，确立良政善治。民生主义既集中体现了孙中山等革命党人心系民众的博大情怀，也反映了其所具有的远见卓识，尽管民生问题"不象民族、民权两问题是燃眉之急"[③]，但他们却能以长远眼光，以防患于未然的心态构思社会建设的前途。为了避免出现欧美社会那样贫富分化积重难返的局面，提出了平均地权、节制资本等有意义的设想。民族、

① 《孙中山全集》（第1卷），中华书局，2011年，第183页。
② 《孙中山全集》（第1卷），中华书局，2011年，第344页。
③ 《孙中山全集》（第1卷），中华书局，2011年，第345页。

民权、民生三大主义汇聚为革命的唯一目的即"为众生谋幸福"[1]。

三民主义的提出是中国现代化理论的进一步发展,也意味着"西化"意识在中国思想文化领域的全面渗透。三民主义不仅吸收了西方天赋人权的价值理念、学习了美欧国家的政权组织形式、借鉴了西式法律制度,而且以资本主义社会为蓝本提出了振兴商务、改良经济的举措。但正如孙中山在《建国方略》中所言:"发展之权,操之在我则存,操之在人则亡"[2],三民主义不是西方意识形态和政治组织形式的简单模仿,而是结合中国自身情况有选择吸收的结果,如在社会发展上注意吸取西方社会贫富不均的教训;在政治上,孙中山也进一步思考美式三权分立架构的不足,提出了五权分立的设想等。

在三民主义等革命思想影响及历次武装起义事件推动下爆发的辛亥革命是中国人民和中国先进分子为推进现代化进行的一次伟大而艰辛的探索。它推翻了几千年君主专制制度,建立了中国历史上第一个资产阶级共和政府。"近代以来中国发生的深刻社会变革由此拉开了序幕。"[3]此外,辛亥革命带来了民主精神的高涨和思想的大解放,是中国走向现代民主国家进程中的重要一步。尽管后来的历史事实表明,民主共和在当时已然成为一些政治投机分子的摆设和托词,但是民主共和的观念从此深入人心则是无可置疑的。

尽管历史意义重大,但三民主义这一纲领的局限已经预示了革命失败的结果。三民主义强调民族独立,但将矛头仅指向国内封建势力,在帝国主义已经与封建政权相勾结的历史情境下,不仅没有提出明确的反帝口号,而且在一定程度上仰仗或寄希望于帝国主义国家的支持;它主张民权主义,追求民主共和,但又不敢或无意于激发工农群众的力量;它主张民生主义,但

---

① 《孙中山全集》(第1卷),中华书局,2011年,第348页。
② 《孙中山全集》(第6卷),中华书局,2011年,第253页。
③ 习近平:《在纪念辛亥革命110周年大会上的讲话》,人民出版社,2021年,第1页。

又不曾设想通过发动广大贫苦农民，经由自下而上的斗争解决土地问题。因此，辛亥革命并没有从根本上推翻帝国主义和封建势力的统治，中国半殖民地半封建社会性质和中国人民的悲惨境遇并没有得到改变。

从19世纪中叶到20世纪初，面对西方列强的文攻武吓，中国被迫展开了对自身生产力水平和政治文化的反思，在救亡图存的道路上付出种种努力，虽然逐步深化了中国人的现代化意识，但始终没能将中国的现代化建设引入正轨。正如毛泽东在《论人民民主专政》一文中所言："中国人向西方学得很不少，但是行不通，理想总是不能实现。多次奋斗，包括辛亥革命那样全国规模的运动，都失败了。国家的情况一天一天坏，环境迫使人们活不下去。怀疑产生了，增长了，发展了。"①中国向何处去？中国的现代化理论在对这一问题的摸索中继续向前发展。

第二节　现代化道路的论争及基本共识的凝聚

辛亥革命之后，归国的仁人志士与国内开明学人一起发起的延及五四运动前后的新文化运动起到了启发民智、促进理性觉醒的作用，不仅"以磅礴之力鼓动了中国人民和中华民族实现民族复兴的志向和信心"②，而且引发了一场范围广泛的传统文化与西方文化孰优孰劣、农业立国抑或工业立国等涉及现代化道路的论争，这些论争促使中国人进一步思考现代化进程中的主体性问题，并最终汇聚为中国共产党经由新民主主义到达社会主义的理论构想。

---

① 《毛泽东选集》（第四卷），人民出版社，1991年，第1470页。
② 习近平：《在纪念五四运动100周年大会上的讲话》，人民出版社，2019年，第2页。

一、"西化"思潮的兴起与挑战

辛亥革命的失败不仅意味着资产阶级革命在现实中遭遇挫折,而且对国民心态产生了普遍冲击,在知识分子群体中弥漫着一种悲观失望的情绪。人们发现,"虽然有了中华民国的招牌,但占统治地位的仍旧是封建的经济、封建的政治;在思想领域内占统治地位的也还是封建的思想。"①革命后封建性继续占统治地位的事实也促使一部分知识分子从更加深刻的层面思考中国前进的方向,并最终将目光投向国民性的改造上。他们认为,以往历次救亡图存的斗争都是由少数先觉者发起和参与的,中国国民则对之"若观对岸之火,熟视而无所容心"②,而缺乏民众的普遍支持和积极参与,任何斗争都是难以真正取得成效的。因此他们得出要改造中国必须首先改造国民性的结论,并以发动一场新的启蒙运动为实际举措,目的在于唤起人们的理性自觉,冲决封建思想的束缚。

近代以来,为了扭转颓势,在国民的思想层面一直存在革新的意识及不同主张间的论争,但从来没有像新文化运动这样就思想文化主题进行如此集中和长期的讨论,不仅参与群体广泛、论域广博、积极运用现代传播技术,而且触及深层的价值观念领域。新文化运动以"打倒孔家店"为价值标识,展开了对儒学价值观的猛烈攻击,与此同时,西方现代文明在中国思想文化舞台上肆意铺展,民主与科学理性的精神得以传播开来,并在第一次世界大战期间和五四运动前后形成了现代思想启蒙运动的高潮。五四新文化运动是近代以来国人思想意识由僵化到解冻再到吸收西方文明的逻辑发展,它把对资本主义现代化的学习推进到文化和价值理念阶段,对促进人格的现代转型及政治文化的现代化产生了深刻影响。

在五四新文化运动时期,反传统与"西化"一度发展成为一种主义,深得

① 胡绳:《从鸦片战争到五四运动》(下),人民出版社,2010年,第842页。
② 《陈独秀文集》(第一卷),人民出版社,2013年,第135页。

人心，涌现出陈独秀和胡适等代表人物。陈独秀在坚决反对"孔教"的同时，积极宣传资本主义文化，认为"倘以新输入之欧化为是，则不得不以旧有之孔教为非"，二者"绝无调和两存之余地"。①他从儒家文化所产生的政治土壤出发，认为"孔教"作为中国文化的主干，适应于中国旧有的封建宗法制度，两者更相缠结，而在辛亥革命之后，中国已在名义上建立"共和"，这消除了"孔教"赖以存在的制度依据。而因为"共和"制度从欧洲而来，在文化上相应地也应实行"欧化"，即推进代表欧洲文明最高成果的科学与民主，只有这样才能使中国赶上时代步伐。他反对洋务运动以来的"中体西用"说，认为其自相矛盾，并不可行。

胡适作为贯通中西的学问大家，是"西化"论的一位突出代表。他从中西现实对比出发，认为"我们必须承认我们自己百事不如人，不但物质机械上不如人，不但政治制度不如人，并且道德不如人，知识不如人，文学不如人，音乐不如人，艺术不如人，身体不如人"②。虽然胡适的极端论断带有激发国人奋起自新的用意，但也将其西化的主张表露无遗。他认为应该打破东西方有所谓"精神文明"与"物质文明"对立的偏见认识，西方社会不仅有先进的物质技艺，而且有先进的政治制度和伦理思想，进而对西方文明的估价从器物层面上升到制度层面，及至最终上升到精神领域。

以陈独秀和胡适等为代表的西化论以输入西方的民主与科学精神为主流认识，并主张通过激进的文化革命来彻底改造中国旧文化。正如"改造旧文化"这一目的所表明的，陈独秀、胡适等人所言"西化"很难被冠以"全盘西化"之名。但在当时的时代背景下，他们的主张确实张扬了中西文化之间的差异，并将这种差异看作是"传统"与"现代"之间的矛盾，在有意无意间掩盖了传统文化中的精华，也夸大了西方文化的优越性，一定程度上忽视了西方文化在中国的适应性。毋庸讳言，后发国家在实现现代化的过程中需要积

---

① 《陈独秀文集》(第1卷)，人民出版社，2013年，第220页。
② 胡适：《胡适自述》，北京大学出版社，2013年，第219页。

极学习借鉴西方现代文明,但由于民族性格、文化背景的不同,后发现代化国家并不能亦步亦趋采用西方现代化国家的模式,更不可能完全抛弃自己的文化传统而一股脑儿西化,只能走自己的路,而新文化运动并没能完成这一历史使命。但它毕竟在社会上掀起了思想解放的潮流,冲决了禁锢人们思想的闸门,为各种新思想的涌流尤其是马克思主义的传播创造了条件,中国的现代化意识正逐渐走向独立自主。

二、现代化道路的论争

早在《建国方略》中,孙中山就曾指出:"此后中国存亡之关键,则在此实业发展之一事也"①,这反映了推进生产力进步对改变社会现实的根本性作用。实际上,自洋务运动开始,中国实业就得到了不同程度的发展,但没有成为思想层面讨论的焦点。而随着对中国前进方向的深入讨论,以及国际贸易往来的增加,思想界对中国出路的讨论逐渐从文化领域扩展至经济领域,发起了一场从20世纪20年代持续到40年代的"以何立国"的论战。以何立国问题的实质是在确认中国必须走向现代化的前提下对具体应该走何种道路的探索,出于对这一问题的不同回应,该场论战主要分为"以农立国"派与"以工立国"派等阵营。"物有本末,事有终始"(《大学》),这些阵营即在何为立国之本上存在分歧。

"以农立国"派主张将发展农业作为立国的根基。1923年8月,章士钊在《业治与农》一文中提出:"吾国当确定国是,以农立国,文化治制,一切使基于农。"②章士钊基于对欧战爆发原因的分析及在欧洲的游历感悟,认识到资本主义工商业的弊端,赞美产生于农业经济基础之上的传统伦理原则与精神美德,因此主张中国应复兴农村,把农业作为发展的根基。紧接着,董时

---

① 《孙中山全集》(第6卷),中华书局,2011年,第253页。
② 罗荣渠主编:《从"西化"到现代化——五四以来有关中国的文化趋向和发展道路论争文选》(下册),黄山书社,2008年,第741页。

进发表《论中国不宜工业化》一文,以工业发展依赖农业提供生产资料为由,认为世界工业化的发展会导致对农业需求加大,而工业产品则会过剩,产品过剩则各种病象丛生;以农立国不仅生活稳定,而且没有贫富悬殊的弊端,在伦理和生活趣味方面也具有优越性,此外,他认为农业社会组织不像工业社会那样系统细密,后者"一部生事牵动全局"①。

"以工立国"的观点实际上在维新变法时期就已经出现,康有为就曾在上奏的《请厉工艺奖创新折》中提议将我国定位为"工国",认为"国尚农则守旧日愚,国尚工则日新日智"②。这一派观点从20世纪20年代开始得到集中阐述并占据思想主流地位。杨明斋就章士钊的《农国辨》一文分条提出了针对性的批评意见,认为坚守农国的观点不仅没看到落后的农业生产所导致的生活贫乏状况,也没认识到中国走向工业化已是不可阻挡的历史大势。贺岳僧将主张复兴农村一派称为"向后倒退派",将主张开发工业一派称为"向前推进派"③,认为通过开发工业来扭转中国经济衰落的境况"是走上近代化的惟一直道"④。许涤新基于马克思主义生产力和生产关系之间辩证关系的原理,认为"以农立国"论违背社会发展规律,在本质上是企图保存封建社会的生产方法和生产关系,而即使要使农业科学化,也"只有以高度工业化作它的基础"⑤才行,因此,中国要想"立国",必须实现高度工业化。

事实上,不管是农业立国还是工业立国,两者都看到西方国家在科学技术方面的优越性,主张引进先进技术,但是在农业和工业谁为立国之本这个关键问题上存在根本分歧。前者主要看到西方工业化导致的贫富悬殊、风

---

① 罗荣渠主编:《从"西化"到现代化——五四以来有关中国的文化趋向和发展道路论争文选》(下册),黄山书社,2008年,第770页。

② 《康有为全集》(第4集),中国人民大学出版社,2020年,第302页。

③ 罗荣渠主编:《从"西化"到现代化——五四以来有关中国的文化趋向和发展道路论争文选》(下册),黄山书社,2008年,第832页。

④ 罗荣渠主编:《从"西化"到现代化——五四以来有关中国的文化趋向和发展道路论争文选》(下册),黄山书社,2008年,第837页。

⑤ 罗荣渠主编:《从"西化"到现代化——五四以来有关中国的文化趋向和发展道路论争文选》(下册),黄山书社,2008年,第1001页。

俗衰颓的弊端,因此寄希望于通过农业发展维持良风善俗;后者则清楚认识到工业化是不可阻挡的历史潮流,代表着生产力发展的趋势。因为后者有对社会主义学说的吸收,甚至有马克思主义者的直接参与,他们关于工业化发展弊病原因的分析及就克服这些弊病所给出的方案都更加具有说服力,使得前者相形见绌,但是这并不代表前者针对工业化所进行的思考和批判就丧失了警示作用。总之,这些观点对于中国如何开启自己的现代经济道路提出了有建设性的建议,最终汇聚为中国共产党人对新民主主义经济道路的理论构想。

三、"现代化"意识的凝聚

中国知识界集中使用"现代化"这个称谓是从20世纪30年代开始的。1933年7月,《申报月刊》刊出《中国现代化问题号》特辑,将现代化作为一个专门话题进行了系统讨论。特辑征集了各方知名人士所撰写的专题论文共26篇,就中国实现现代化面临的困难和挑战、推进现代化所需要的内外条件,以及应该采取何种方式方法推进现代化等问题进行了系统讨论,从理论上对中国的现代化进行了一次全面检视和展望。因为这是首次"把中国的现代化问题作为当代中国发展的总问题提出来进行讨论"[1],参与者对"现代化"的概念尚缺乏统一界定,主要是针对中国发展的前途问题表述各自的意见。这些学者大都认识到阻碍现代化的基本因素是帝国主义与封建势力,但就解决之道而言,有的仅重视推进"工业化"或"经济构造的转变",而避开社会制度和政治问题不谈;有的则给出走"非资本主义路线"的模糊答案;还有学者基于对资本主义没落性的认识,提出反帝反封和走向社会主义的主张。[2]

---

① 罗荣渠主编:《从"西化"到现代化——五四以来有关中国的文化趋向和发展道路论争文选》(上册),黄山书社,2008年,第217页。

② 罗荣渠主编:《从"西化"到现代化——五四以来有关中国的文化趋向和发展道路论争文选》(上册),黄山书社,2008年,第227、225、241、257页。

在这次现代化专题讨论之后，思想文化界又开展了一场继五四新文化运动之后的大争论，即"中国本位"与"全盘西化"论之间的论战。1935年1月10日，为配合国民政府推行新生活运动，王新命等十位教授在《文化建设》第1卷第4期发表了《中国本位的文化建设宣言》。《宣言》申称："要使中国能在文化的领域中抬头，要使中国的政治、社会和思想都具有中国的特征，必须从事于中国本位的文化建设。"[①]所谓本位文化建设，指的是本位文化在受到客位文化严重冲击之后所引起的自立自新效应，以"此时此地的需要"为基础，保留、恢复和更新传统政治、伦理法则中的精英，淘汰其中的渣滓，同时吸收西方文化中所当吸收的，以实现新的创造。他们将"复古"喻为"拼命钻进古人的坟墓"，将"全盘西化"喻为"抱着欧美传教士的脚"，强调既反对纵向（时间）的全盘复古，也反对横向（空间）的全盘西化。

与"十教授宣言"的"中国本位文化"论相对立的是"全盘西化"论。"全盘西化"论是这次论争之前陈序经在《中国文化的出路》一书中提出的。陈序经认为，西洋文化在思想、艺术、科学、政治等各方面都优于当时的中国，"西洋文化是世界文化的趋势"[②]。他以日本为例，说明积极西化后的日本走上了富强的道路，而不愿意西化的结果就是被历史所淘汰。陈序经批评"十教授宣言"是张之洞"中学为体、西学为用"说的翻版，实为折中调和的论调，本质还在于复古与守旧。他认为，中国的文化问题不在于吸收了西方的渣滓，而恰恰在于对西方文化的精髓还吸收得很不够。对于中国文化本位性的问题，陈序经认为文化是人类共有共享的东西，文化亡并不意味着民族亡。在这次文化论争中，胡适也参与进来，表示为了冲破传统文化的惰性，知识分子理应走极端，因此"完全赞成陈序经先生的全盘西化论"[③]。

　　① 罗荣渠主编：《从"西化"到现代化——五四以来有关中国的文化趋向和发展道路论争文选》（中册），黄山书社，2008年，第418页。
　　② 陈序经：《中国文化的出路》，岳麓书社，2009年，第100页。
　　③ 罗荣渠主编：《从"西化"到现代化——五四以来有关中国的文化趋向和发展道路论争文选》（中册），黄山书社，2008年，第446页。

　　"十教授宣言"与陈序经的"全盘西化"论对立起来以后,受到学术界的极大关注。就发扬文化主体性和激活传统文化活力而言,"文化本位"论的主张无疑具有认识上的进步性,但因其与国民政府官方意识形态的联结,实有驯服民众而维护专制统治、打压共产主义革命运动之嫌。而"全盘西化"论者虽然在以西方文化激荡国人思想意识、改变传统文化的封闭性和惰性等方面起到了振聋发聩的作用,但因其极端的态度,在亮出旗帜之际就遭到了批评与责难,自这次讨论之后,"全盘西化"这个口号在中国的思想界几乎无人再提。这样,"西化派放弃了'全盘'的提法,而本位派也不断充实对'本位'的阐释,提出建立'中国本位意识'的观点"①。两个对立的派别在讨论过程中互相借鉴,逐步接近,中国思想界开始跳出东西地域之分,进入对人类文明发展趋势的整体性探讨。随着学界对马克思主义理解的加深,一种超越农耕文明与资本主义文明的新型文明形态正在引起更多人的重视,这种新的理念将在充分吸收历次文化论争成果的基础上,将中国的现代化道路引向更加光明的未来。

四、中国共产党对现代化道路的理论探索

　　就在全国思想文化界针对中国现代化道路进行争论的同时,中国共产党人也就如何在中国实现现代化进行了理论探索。这一探索肇始于向俄国学习。1917年的十月革命使中国的先进知识分子意识到,"俄国式的革命,是无可如何的山穷水尽诸路皆走不通了的一个变计"②。在本国封建制度已走入穷途末路而西方资本主义社会的弊端也已充分暴露之时,"走俄国人的路"实际上成为当时先进知识分子找寻中国现代化道路的确定结论。

　　自成立之日起,中国共产党就扛起了在中国实现现代化的大旗,同时为了实现这一目标,首先需要经由反帝反封建的武装斗争实现民族独立、人民

---

①　谢万里:《二十世纪中国现代化思潮之演变》,《人文杂志》,1999年第6期。
②　《毛泽东书信选集》,人民出版社,1983年,第5~6页。

解放，为中国的现代化建设创造根本社会条件。因此，中国共产党人对现代化的明确表述主要始于军事发展的迫切需要。如周恩来在1938年1月8日的《怎样进行持久抗战？》一文中明确使用了"现代化的军事工业""装备的现代化""现代化的几十个师""军队现代化"等提法[①]；毛泽东在1938年5月撰写的《论持久战》中也提出"革新军制离不了现代化"[②]的判断。这说明，以军事现代化为切口，中国共产党人逐步展开了对现代化建设的理论推进。

抗日战争进入相持阶段以后，中国共产党开始从理论上思考更加全面的现代化建设方案。以《新民主主义论》的发表为标志，中国共产党第一次提出了一个包含政治、经济、文化等诸方面的较为完整的现代化构想。这一构想以"建设一个中华民族的新社会和新国家"为目标，[③]在政治上要求建立各革命阶级联合专政的民主共和国，以民主集中制为政权组织形式；在经济上强调"节制资本"和"平均地权"；在文化上则以建设"民族的科学的大众的文化"为根本追求。[④]这实际上指引了中国未来政治、经济，以及文化现代化的方向。

基于国内外条件的发展变化，中国共产党开始结合中国实际情况，更加细致和务实地设计中国的现代化蓝图。1944年5月22日，毛泽东在中共中央办公厅为陕甘宁边区工厂厂长及职工代表会议举行的招待会上指出："要打倒日本帝国主义，必需有工业；要中国的民族独立有巩固的保障，就必需工业化。我们共产党是要努力于中国的工业化的。"[⑤]工业化虽然不能完全等同于现代化，但推进工业化是现代化主要且具有根本性意义的方面。1945年党的七大报告明确提出："中国工人阶级的任务，不但是为着建立新

---

① 《周恩来军事文选》（第二卷），人民出版社，1997年，第85~86页。
② 《毛泽东选集》（第二卷），人民出版社，1991年，第511页。
③ 《毛泽东选集》（第二卷），人民出版社，1991年，第663页。
④ 《毛泽东选集》（第二卷），人民出版社，1991年，第708页。
⑤ 《建党以来重要文献选编（1921—1949）》（第二十一册），人民出版社，2011年，第272页。

民主主义的国家而斗争,而且是为着中国的工业化和农业近代化而斗争。"①这里实际上指的就是要推进中国的工业和农业实现现代化。新中国成立前夕,毛泽东在党的七届二中全会上再次强调:"在革命胜利以后,迅速地恢复和发展生产,对付国外的帝国主义,使中国稳步地由农业国转变为工业国,把中国建设成一个伟大的社会主义国家。"②由传统农耕文明向现代工业文明转型,实际上把握住了"现代化"的核心要义及历史发展的必然趋势。

总之,在新民主主义革命时期,经历实际斗争的历程,中国共产党既积极向苏联学习,又逐渐认识到中国与苏联之间存在的差异性,在对苏俄道路和我国国情的双向认知过程中,萌生了关于中国式的现代化的初步意识,在将马克思主义基本原理同中国具体实际相结合的认识指导下,找到了经由新民主主义革命走向社会主义的正确道路。这一探索标志着中国人挺立起了推进现代化的主体身份,为新中国成立后"四个现代化"理论的形成奠定了基础。

第三节　"四个现代化"理论的形成与发展

中华人民共和国的成立意味着中国人民从此站立起来了,近代以来"中华民族任人宰割、饱受欺凌的时代一去不复返了"③。在中国共产党领导下,新中国的建设事业蒸蒸日上。不过,在中国这样一个人口众多和经济文化落后的东方大国进行现代化建设,决定了我们只能走自己的路。以毛泽东同志为主要代表的中国共产党人创造性地提出了"四个现代化"理论,为社会主义现代化建设奠定了坚实基础。

---

① 《毛泽东选集》(第三卷),人民出版社,1991年,第1081页。
② 《毛泽东选集》(第四卷),人民出版社,1991年,第1437页。
③ 习近平:《在庆祝中国共产党成立100周年大会上的讲话》,人民出版社,2021年,第4页。

一、"建设现代化国防"的理论探索

1950年10月开始的抗美援朝战争使人民军队经受了现代战争的洗礼，也使党和国家领导人深切感受到加快国防现代化建设的重要性和紧迫性。1951年12月颁布的《军委总政治部关于部队整编工作的政治指示》强调："为了继续争取抗美援朝战争的胜利，为了保卫祖国的和平建设和东方与世界的持久和平，我们当前的中心任务，就是建设强大的现代化、正规化的国防军。"①1952年1月1日出版的《人民日报》社论进一步指出："我们的一切建设工作都应当以国防为中心"，"我们如果没有现代化的强大的国防，我们就不能保卫自己，而我们的一切建设遇到敌人的袭击就会化为乌有"。②新中国成立之初，虽然国家同时在为大规模经济建设作准备，但是在国外有强敌压境，国内有肃清帝国主义、封建主义和官僚资本主义现实需要的历史情境下，中国共产党将国防现代化建设置于中心地位进行谋划和部署，具有鲜明的时代特征，也反映出国防建设相较于其他建设所具有的前提性意义。

抗美援朝战争结束以后，为了继续推进军队建设正规化、现代化，中国共产党探索建立薪金制、军衔制、义务兵役制等制度。1954年11月，《中国人民解放军薪金、津贴暂行办法》公布，次年1月开始，解放军开始以薪金制代替长期实行的供给制。1955年2月，《中国人民解放军军官服役条例》公布，条例规定人民解放军实行军衔制，军衔等级分为4等14级。条例还就军官分类、军官来源、各种军官的军衔区分、授予军官军衔的条件、现役军官军衔晋级的期限、授予军官军衔的权限及军官的权利和义务等作出了清晰的说明，"它的颁布和实施，对于中国人民解放军逐步走上法制化的轨道、加强军官队伍的管理以及促进军队正规化、现代化建设具有特别重要的意义"③。

---

① 《建国以来重要文献选编》(第二册)，中央文献出版社，1992年，第428页。
② 《建国以来重要文献选编》(第三册)，中央文献出版社，1992年，第5页。
③ 《建国以来重要文献选编》(第六册)，中央文献出版社，1992年，第52页。

同年7月,《中华人民共和国兵役法》公布,中国人民解放军从1956年开始由志愿兵役制改为义务兵役制。该法就服役期限、兵役的征集、军士和兵的预备役、军官的现役和预备役、现役军人和预备役军人的权利和义务等进行了具体的规定。定期征集和定期退伍制度的设立为推进军事和国防现代化奠定了坚实的基础。

除了上述制度建设,保证党对军队的领导、重视士兵政治素质、进行诸军兵种协同作战、合理安排国防支出等探索都丰富和扩展了国防现代化建设的具体内容。推进国防现代化是新中国成立之初中国共产党面临的一项崭新课题,这一时期的实践和理论探索充实了中国共产党对国防重要性、国防建设方式方法、军队人员素质现代化的认识。

二、从"工业化"到"四个现代化"

到1953年,国民经济已经基本恢复,国内局势也趋于稳定,中国共产党开始积极探索推进社会主义工业化的方式方法。1953年1月1日,党和政府通过《人民日报》社论宣告,"一九五三年将是我国进入大规模建设的第一年","国家建设包括经济建设、国防建设和文化建设,而以经济建设为基础。经济建设的总任务就是要使中国由落后的农业国逐步变为强大的工业国"。[①] 1954年9月,在第一届全国人民代表大会第一次会议上,毛泽东提出准备用几个五年计划将中国现在这样一个经济上文化上落后的国家"建设成为一个工业化的具有高度现代文化程度的伟大的国家"[②]。周恩来在《政府工作报告》中第一次明确提出,我们要建设的现代化是"强大的现代化的工业、现代化的农业、现代化的交通运输业和现代化的国防"[③]。在1956年6月第一届全国人大三次会议上,李先念将现代化表述为"完全现代化的、富

---

① 《建国以来重要文献选编》(第四册),中央文献出版社,2011年,第2页。
② 《毛泽东年谱(一九四九——一九七六)》(第2卷),中央文献出版社,2013年,第283页。
③ 《建国以来重要文献选编》(第五册),中央文献出版社,2011年,第503页。

强的社会主义的工业国"①。1957年2月,毛泽东在最高国务会议第十一次(扩大)会议上将科学文化纳入现代化的体系,即"将我国建设成为一个具有现代工业、现代农业和现代科学文化的社会主义国家"②。1957年6月26日,在一届全国人大四次会议上,周恩来在《政府工作报告》中提醒了"把我国建设成为一个具有现代化工业和现代化农业的社会主义国家"的艰巨性,"取得这场斗争的胜利,不是几年而是需要几十年的时间"。③1959年12月至1960年2月,在读苏联《政治经济学教科书》时,毛泽东明确了四个现代化的全部方面,即"建设社会主义,原来要求是工业现代化,农业现代化,科学文化现代化,现在要加上国防现代化"④。1964年12月,在第三届全国人民代表大会第一次会议上所做的《政府工作报告》中,周恩来正式宣告:"要在不太长的历史时期内,把我国建设成为一个具有现代农业、现代工业、现代国防和现代科学技术的社会主义强国,赶上和超过世界先进水平。"⑤

在毛泽东、周恩来等人的设想中,四个现代化并不是孤立的四个方面,而是有着明确内在逻辑联系的整体。

(一)工业化是根本

人类进入工业社会以后,工业发展水平就成为衡量一个国家生产力发展水平的最主要标志,并且对其他国民经济领域具有很强的辐射、支撑和带动作用。可以说,没有工业现代化,就很难有其他领域的现代化,因此"四个现代化"始终以工业化为统领。在推进工业化过程中,重工业又居于优先发展的地位。周恩来在1953年明确指出:"第一个五年建设计划的基本任务是:首先集中主要力量发展重工业,建立国家工业化和国防现代化的基

---

① 《建国以来重要文献选编》(第八册),中央文献出版社,2011年,第298页。
② 《毛泽东文集》(第七卷),人民出版社,1999年,第207页。
③ 《建国以来重要文献选编》(第十册),中央文献出版社,2011年,第298页。
④ 《毛泽东文集》(第八卷),人民出版社,1999年,第116页。
⑤ 《周恩来选集》(下卷),人民出版社,1984年,第439页。

础。"①这既是对苏联建设经验的借鉴,也是结合我国国情的现实考虑。新中国虽然有一点重工业的底子,但是作为工业化的基础是很不够的,因此在很长一段时间内,国家都要集中主要力量加速发展重工业。不过,优先发展重工业,绝不意味着忽视其他方面的发展。1952年12月,中共中央在《关于编制一九五三年计划及五年建设计划纲要的指示》中清楚地说明,"集中力量保证重工业的建设",但"决不能理解为可以忽视轻工业的发展、农业和地方工业的发展、贸易合作事业和运输事业的发展及文化教育卫生事业的发展,以至放松对这些事业的领导。如果那样,显然也是错误的"②。对国民经济各个部门统筹兼顾,体现了综合平衡和按比例发展的指导思想。

（二）农业现代化是基础

中国长期以来是一个农业国家,农民占据国内人口的主要部分,实现现代化不能离开农业的现代化。党中央提出把我国从落后的农业国变成先进工业国的要求,这并不是忽视农业,而是要转变农业发展方式,真正实现农业的现代化。毛泽东指出,在优先发展重工业的条件下,"必须实行工业与农业同时并举,逐步建立现代化的工业和现代化的农业"③。建立现代化的农业,既可以为销售工业品提供市场,又能够为开展大规模工业建设提供粮食、资金等保障。后者尤为重要,因为我国工业化在一穷二白条件下起步,农业现代化程度越高,意味着其对工业建设的支撑力度越强。因此,对工业化的追求不能以牺牲农业为代价。鉴于片面强调工业化在经济实践中带来的负面影响,在1962年9月召开的党的八届十中全会上,毛泽东进一步提出"以农业为基础、以工业为主导"的发展国民经济的总方针,要求"把发展农业放在首要地位,正确地处理工业和农业的关系,坚决地把工业部门的工作

① 《周恩来选集》(下卷),人民出版社,1984年,第109页。
② 《建国以来重要文献选编》(第三册),中央文献出版社,2011年,第399页。
③ 《建国以来重要文献选编》(第十册),中央文献出版社,2011年,第533页。

转移到以农业为基础的轨道上来"①。这些认识深化了对农业现代化重要性的认识，为推进农业与工业协调发展提供了理论指导。

(三)科学技术现代化是支撑

采用先进科学技术进行生产是实现现代化的一个基本标志，就此而言，建立现代化的工业、农业和国防都离不开先进技术的支持，这就要求重视科技研发水平，通过完善教育体系培养足够数量的技术干部。1954年周恩来在《政府工作报告》中指出："没有现代化的技术，就没有现代化的工业。我国工业中原有的技术力量很弱，我们现有的高等学校所能培养出来的技术干部，在数量上、门类上和质量上都还不能在短时期内满足工业和基本建设的需要。"②1956年中共中央专门就知识分子问题作出指示，要求"必须培养出在数量上和质量上都足以独立地解决我国现代化的工业、农业、交通运输业、国防、卫生事业和其他各个部门的技术问题的专家"③。基于中国的科技水平远远落后于世界先进国家水平的现实，党中央发出向科技大进军的号召，我国不断加大对教育事业的投入，并在多个领域取得科技上的突破。

(四)国防现代化是保障

国防现代化涉及国家政治、经济、军事、科技、文化、外交等各个领域的建设，是国家综合力量的体现。中华民族近代以来的历史充分证明，如果没有现代化的强大国防，不仅不能保卫领土和主权完整，而且一切建设成就都会化为乌有；也只有具有必要的国防力量，才能助力推进世界和平事业。此外，我国领土面积大，周边关系复杂，国防任务繁重。基于对国防重要性的认识及对客观形势的分析，我国在国防建设方面投入巨大精力，在军种建设、部队训练、装备配备与研发、军事工业发展、军事制度建设、国防工程修

①　《中华人民共和国简史》，人民出版社、当代中国出版社，2021年，第91页。
②　《建国以来重要文献选编》(第五册)，中央文献出版社，2011年，第510页。
③　《中共中央文件选集(一九四九年十月——一九六六年五月)》(第22册)，人民出版社，2013年，第289页。

筑等方面取得长足进步。经过一系列努力,我国围绕国防建设的必要性、推进方式等方面系统丰富了国防现代化建设理论。

作为一项整体性战略规划,社会主义现代化不仅涵盖工业、农业、科学技术和国防四个方面,事实上,在同时期文献中,还可以看到现代化企业、通信事业现代化、教育现代化等表述。之所以集中提出四个现代化,是因为工业、农业、科学技术和国防在国民经济中具有举足轻重的地位,关系到我国生产生活的全局,在综合国力相对薄弱的历史情境下,必须集中力量进行重点建设。此外,我国的现代化建设也强调分阶段、有计划进行。1964年12月至1965年1月召开的三届全国人大一次会议正式提出分两步实现四个现代化的设计,即从第三个五年计划开始,"第一步,建立一个独立的比较完整的工业体系和国民经济体系;第二步,全面实现农业、工业、国防和科学技术的现代化,使我国经济走在世界的前列"①。在1975年1月召开的四届全国人大一次会议上,周恩来在《政府工作报告》中重申了1964年末提出的"两步走方案",即"第一步,用十五年时间,即在一九八〇年以前,建成一个独立的比较完整的工业体系和国民经济体系;第二步,在本世纪内,全面实现农业、工业、国防和科学技术的现代化,使我国国民经济走在世界的前列"②。这些探索进一步积累了经验,为改革开放后我国现代化建设理论的深化奠定了基础。

第四节　中国式的现代化的理论探索

党的十一届三中全会作出将党和国家的工作中心转移到经济建设上来的历史性决策,吹响了改革开放的嘹亮号角。改革开放开启了中国社会主义现代化建设的新篇章,与此同时,中国特色社会主义现代化理论也得以系

---

① 《建国以来重要文献选编》(第十九册),中央文献出版社,2011年,第423~424页。
② 《周恩来年谱(1949—1976)》(下卷),中央文献出版社,1997年,第691页。

统和全面地展开。

一、"中国式的现代化"概念的提出

1979年3月,在《坚持四项基本原则》的讲话中,邓小平明确提出"中国式的现代化"的概念。1979年10月4日,在与省、自治区、直辖市委员会第一书记的座谈中,邓小平对这个概念作出了解释:"我们开了大口,本世纪末实现四个现代化。后来改了个口,叫中国式的现代化,就是把标准放低一点。特别是国民生产总值,按人口平均来说不会很高。"①1979年12月6日,在会见日本首相大平正芳时,邓小平讲道:"我们要实现的四个现代化,是中国式的四个现代化。我们的四个现代化的概念,不是像你们那样的现代化的概念,而是'小康之家'。"②基于中国的发展实际,中国共产党务实地提出现代化的中国版本,尽管此时"中国式的现代化"不是一个成熟概念,但是经过长期的实践探索,已为其注入了独特的时代内涵。

中国式的现代化要求从中国国情出发谋划发展。邓小平多次强调,中国有着自己特殊的国情,其中至少两个重要特点应该看到:一是底子薄;二是人口多,耕地少。因此,"过去搞民主革命,要适合中国情况,走毛泽东同志开辟的农村包围城市的道路。现在搞建设,也要适合中国情况"③。在党的十二大的开幕词中,邓小平再次强调:"我们的现代化建设,必须从中国的实际出发。无论是革命还是建设,都要注意学习和借鉴外国经验。但是,照抄照搬别国经验、别国模式,从来不能得到成功。"④这些讲话反映了实事求是的态度,表达了独立自主探索中国发展道路的决心。正是坚持把马克思主义基本原理同中国具体实际相结合,使得毛泽东等老一辈领导人能够探

---

① 《邓小平文选》(第二卷),人民出版社,1994年,第194页。
② 《邓小平文选》(第二卷),人民出版社,1994年,第237页。
③ 《邓小平文选》(第二卷),人民出版社,1994年,第163页。
④ 《邓小平文选》(第三卷),人民出版社,1993年,第2页。

索出一条适合中国国情的革命道路,也使得以邓小平同志为主要代表的中国共产党人能够真正探索出一条适合中国国情的中国式现代化道路。

值得注意的是,新时期我们党对现代化理论的探索并不是无源之水、无本之木,这种探索既根植于社会主义中国的伟大实践,也渊源于马克思主义尤其是毛泽东思想。在改革开放起步之初,无论是中国共产党内还是社会上都出现了一些政治上、思想上的不安定因素,尤其是极少数人极端夸大党在社会主义建设时期所犯的错误,怀疑和否定社会主义、无产阶级专政、党的领导、马列主义和毛泽东思想。针对这些错误倾向,1979年3月30日,邓小平在党的理论工作务虚会上明确指出:"要在中国实现四个现代化,必须在思想政治上坚持四项基本原则。这是实现四个现代化的根本前提。"[①]这一讲话澄清了当时全党工作特别是思想理论战线的一些根本性问题。

首先,我们所追求的现代化是社会主义的现代化,而不是别的什么现代化。社会主义是优于资本主义的制度形态,这种优越性还有待通过实践进一步彰显,这一过程尤其需要保持战略定力,不容许倒退。其次,搞四个现代化必须坚持人民民主专政。民主不仅是社会主义社会人民当家作主的内在之义,也是保持社会发展活力的必要条件;同时,"只有人民内部的民主,而没有对破坏分子的专政,社会就不可能保持安定团结的政治局面,就不可能把现代化建设搞成功"[②]。再次,中国共产党是中国现代化事业最坚强的领导力量,只有坚持党的领导,才能保证中国的现代化事业沿着正确的方向前进。最后,马列主义、毛泽东思想是我们行动的指南。毛泽东思想不仅是中国革命的旗帜,也是中国社会主义事业和反霸权主义事业的旗帜。总之,为了实现四个现代化,必须坚持四项基本原则。

除了强调思想立场的坚定性,邓小平还十分看重人民的精神文明情况。改革开放在扩大国内外经济交往的同时,外来腐朽思想也在不断侵蚀着人

---

① 《邓小平文选》(第二卷),人民出版社,1994年,第164页。
② 《邓小平文选》(第三卷),人民出版社,1993年,第154页。

民的精神生活,资产阶级生活方式有在我国泛滥的趋势,邓小平对此有着清楚认知。为此他多次提醒大家,发展中国的现代化,"一定要坚持发展物质文明和精神文明,坚持五讲四美三热爱,教育全国人民做到有理想、有道德、有文化、有纪律"①。坚持物质文明和精神文明相协调,这是邓小平在探索中国式的现代化过程中留给我们的宝贵经验。

考虑到当时中国的实际发展阶段和发展速度,邓小平在1987年4月提出基本实现现代化的"三步走"战略,同年10月党的十三大确定了该发展战略。第一步,20世纪80年代实现国民生产总值比1980年翻一番,解决人民温饱问题;第二步,到20世纪末,国民生产总值再翻一番,人民生活达到小康水平;第三步,到21世纪中叶,人均国民生产总值达到中等发达国家水平,人民生活比较富裕,基本实现现代化。②"三步走"战略规定了中国现代化建设的目标和任务,并提出了明确的时间表和路线图,之后的历届中央领导集体在此基础上不断完善和细化中国的现代化建设目标,稳步推进中国的现代化进程。

鉴于"文化大革命"严重破坏民主和法制并由此带来沉重后果的教训,中共中央在改革开放伊始就提出健全民主集中制、加强社会主义法制等要求。党的十一届三中全会公报强调:"为了保障人民民主,必须加强社会主义法制,使民主制度化、法律化,使这种制度和法律具有稳定性、连续性和极大的权威。"③此后,中国共产党提出政治体制改革的目标,并就建设社会主义民主政治进行了系统具体的设计。邓小平指出:"没有民主就没有社会主义,就没有社会主义的现代化"④,"搞四个现代化一定要有两手,只有一手是不行的。所谓两手,即一手抓建设,一手抓法制"。⑤民主和法治都是实现四

①　《邓小平文选》(第三卷),人民出版社,1993年,第110页。
②　《十三大以来重要文献选编》(上),中央文献出版社,2011年,第14页。
③　《三中全会以来重要文献选编》(上),中央文献出版社,2011年,第9页。
④　《邓小平文选》(第二卷),人民出版社,1994年,第168页。
⑤　《邓小平文选》(第三卷),人民出版社,1993年,第154页。

个现代化的重要保证,这要求在推进社会主义经济制度改革和完善的同时,高度重视社会主义政治制度的发展与完善。当然,实行民主和法制,同实现四个现代化一样,一定要有步骤、有领导,以实事求是的态度稳步推进。

这一时期,中国共产党在实践中不断加深对什么是社会主义及怎样建设社会主义的理解,通过总结经验教训,深刻认识到我国处于并将长期处于社会主义初级阶段的基本国情,提出了社会主义初级阶段理论。社会主义初级阶段的判断为我国谋划发展提供了基本依据,并由此产生了党在社会主义初级阶段的基本路线,即"领导和团结全国各族人民,以经济建设为中心,坚持四项基本原则,坚持改革开放,自力更生,艰苦创业,为把我国建设成为富强、民主、文明的社会主义现代化国家而奋斗"①。"一个中心、两个基本点",是这条路线的简明概括。社会主义初级阶段的基本路线,其实就是我国社会主义现代化建设的基本路线。

二、现代化建设理论的不断丰富

20世纪末期,随着东欧剧变、苏联解体,世界社会主义发展遭遇严重挫折;与此同时,我国经济生活和社会关系发生深刻变化。在这样的时代背景下,以江泽民同志为主要代表的中国共产党人经受住了历史考验,在坚持社会主义道路的前提下,丰富了对社会主义现代化建设理论的认识。江泽民指出:"党的领导、党的建设是经济建设和改革开放取得成功的根本保证,越是改革开放、发展经济,越要加强党的领导、抓好党的建设。这一条任何时候都是绝对不能忽视、不能放松的,否则就会犯历史性的错误。"②党的领导是实现社会主义现代化建设的根本政治保证,党的自身建设决定着党能否胜任领导社会主义现代化建设的艰巨任务。基于这种认识,中国共产党将党的建设提到新的伟大工程的高度,提出了明确的目标和任务,并在实践中

---

① 《十三大以来重要文献选编》(上),中央文献出版社,2011年,第13页。
② 《十四大以来重要文献选编》(上),中央文献出版社,2011年,第284页。

形成"三个代表"重要思想,即我们党必须始终代表中国先进生产力的发展要求,代表中国先进文化的前进方向,代表中国最广大人民的根本利益。

经济建设是社会主义现代化建设的重点工作,决定着现代化建设的成败。改革的一个核心问题,就是要从根本上改变束缚生产力发展的原有经济体制,建立充满生机与活力的新经济体制。1992年6月9日,江泽民在中共中央党校省部级干部进修班上发表讲话,提出我国社会主义的新经济体制使用"社会主义市场经济体制"①的提法。同年10月,党的十四大报告明确提出我国经济体制改革的目标是建立社会主义市场经济,同时相应地改革政治体制和其他方面的体制,以实现中国的社会主义现代化。在江泽民看来,社会主义市场经济"是要使市场在社会主义国家的宏观调控下对资源配置起基础性作用","这是科学社会主义实践的一个伟大创造"。②社会主义市场经济体制的形成和确立,对我国解放和发展生产力产生了极其深远的影响。

社会主义现代化既要求高度的物质文明,也要求高度的精神文明。邓小平指出:"贫穷不是社会主义。"③江泽民在此基础上进一步强调:"贫穷不是社会主义;精神生活空虚,社会风气败坏,也不是社会主义。"④越是集中力量发展经济,越是加快改革开放的步伐,就越是需要加强社会主义精神文明建设。其一,重视精神动力价值。江泽民十分强调先进精神对于社会主义现代化建设的重要促进作用,他曾在不同场合先后提及并要求发扬延安精神、爱国主义精神、自力更生精神、大庆精神、新时期创业精神、革命精神,等等。其二,重视文化繁荣发展。党的十五大报告明确指出:"社会主义现代化应该有繁荣的经济,也应该有繁荣的文化。我国现代化建设的进程,在很

---

① 《江泽民文选》(第一卷),人民出版社,2006年,第202页。
② 《十四大以来重要文献选编》(上),中央文献出版社,2011年,第289~290页。
③ 《邓小平文选》(第三卷),人民出版社,1993年,第64页。
④ 《社会主义精神文明建设文献选编》,中央文献出版社,1996年,第473页。

大程度上取决于国民素质的提高和人才资源的开发。"①其三,重视思想政治工作。人民群众的理想信念和精神状态最终决定中国特色社会主义事业的成败。随着经济不断发展,思想政治领域的情况和斗争也日趋复杂。中国共产党始终重视思想政治工作,将其看作是"在现代化建设实践中把两个文明建设统一起来的中心环节"②。

改革开放在迅速扩大经济规模的同时,人口、资源和环境的约束作用也逐渐突显出来。党逐渐意识到,"建设有中国特色的社会主义,实现现代化,包括保护和创造良好的生态环境"③,从而进一步丰富了保护环境和推进可持续发展的理念。江泽民多次强调,在社会主义现代化建设中,必须始终把贯彻实施可持续发展战略作为一件大事来抓。要求在保持经济增长的同时,控制人口增长,保护自然资源,保持良好的生态环境。为此,中国努力使人口增长与社会生产力发展相适应,使经济建设与资源、环境相协调,为社会主义生态文明建设奠定了重要基础。

三、现代化建设理论在21世纪的扩展和深化

党的十六大以后,我国进入全面建设小康社会、加快推进社会主义现代化建设的新阶段。一方面,我国取得了举世瞩目的发展成就;另一方面,我国前进道路上也出现了影响进一步可持续发展的诸多问题。我们要实现什么样的发展、怎样进一步发展成为摆在中国共产党面前的时代命题。胡锦涛指出:"一个国家坚持什么样的发展观,对这个国家发展会产生重大影响,不同的发展观往往会导致不同的发展结果。"④在此认识指导下,中国共产党形成了科学发展观这一新的理论成果,"反映了我们党对发展问题的新

---

① 《江泽民文选》(第二卷),人民出版社,2006年,第33页。
② 《江泽民文选》(第一卷),人民出版社,2006年,第583页。
③ 《十四大以来重要文献选编》(下),中央文献出版社,2011年,第72页。
④ 《胡锦涛文选》(第二卷),人民出版社,2016年,第166页。

认识"①。

现代化本质上是一个依靠经济发展带动社会全方位转型的过程,现代化进程中出现的问题也只有依靠进一步发展才能获得解决。科学发展观坚持发展是第一要义,要求必须坚持把发展作为党执政兴国的第一要务,牢牢抓住经济建设这个中心,聚精会神搞建设,一心一意谋发展,扎实推进转变经济发展方式。基于我国处于并将长期处于社会主义初级阶段的基本国情,以及对国际综合国力竞争日益激烈的形势判断,中国共产党强调,大力解放和发展生产力对我们这样一个发展中大国加快实现现代化具有重大战略意义,必须紧紧抓住和切实用好重要战略机遇期,实现又好又快发展。

中国的现代化归根到底是人的现代化,科学发展观坚持以人为本这一核心价值立场,将实现好、维护好、发展好最广大人民群众的根本利益作为一切工作的出发点和落脚点。"以人为本,体现了马克思主义历史唯物论的基本原理,体现了我们党全心全意为人民服务的根本宗旨和我们推动经济社会发展的根本目的。"②在以人为本理念的指导下,中国共产党积极探索正确处理公平和效率关系的方式方法,丰富发展加强社会保障的思想理念。为了促进人的全面发展,中国共产党强调既要不断满足人民群众日益增长的物质文化需要,切实保障人民群众经济、政治、文化权益;同时强调提升教育水平的重要意义,要求全面实施科教兴国战略和人才强国战略,把教育摆在优先发展的战略地位。

这一时期,推动现代化的基本着力点体现为科学发展观的基本要求,即全面协调可持续。中国共产党基于马克思主义经典作家对未来社会的构想及社会物质条件的积累,强调要在推进全面协调可持续发展上有更大作为。为了贯彻这一理念,中国共产党继续丰富中国特色社会主义事业的总体布局,要求全面推进经济建设、政治建设、文化建设和社会建设,促进现代化建

---

① 《十六大以来重要文献选编》(中),中央文献出版社,2011年,第61页。
② 《十七大以来重要文献选编》(上),中央文献出版社,2009年,第107页。

设各个环节、各个方面相协调,促进生产关系与生产力、上层建筑与经济基础相协调。同时强调必须坚持生产发展、生活富裕、生态良好的文明发展道路,建设资源节约型、环境友好型社会,"使人民在良好生态环境中生产生活,实现经济社会永续发展"①。

实现现代化是一项具有历时性、动态性特征的系统工程,要求坚持统筹兼顾的根本方法。统筹兼顾的方法强调"必须正确认识和妥善处理中国特色社会主义事业中的重大关系"②,这包括统筹城乡发展、区域发展、经济社会发展、人与自然和谐发展、国内发展和对外开放,统筹中央和地方关系,统筹个人利益和集体利益、局部利益和整体利益、当前利益和长远利益,充分调动各方面积极性。此外还包括统筹经济建设和国防建设,统筹国内国际两个大局。

进入21世纪之后,日新月异的科技发展既锻造了党,给党的建设注入了强大生机活力,也使党面临许多前所未有的新课题新考验,特别是党面临的执政考验、改革开放考验、市场经济考验既是长期的、持续的,"也是复杂的、严峻的"③。为了切实应对这些重大问题,党中央强调党必须以改革创新精神加强自身建设,确保党始终成为中国特色社会主义事业的坚强领导核心。在这一认识指导下,中国共产党对党的建设作出总体部署,要求把党的执政能力建设和先进性建设作为主线,坚持党要管党、从严治党,全面推进党的建设新的伟大工程,致力于"使党始终成为立党为公、执政为民,求真务实、改革创新,艰苦奋斗、清正廉洁,富有活力、团结和谐的马克思主义执政党"④。

经过新中国成立以来特别是改革开放以来的持续奋斗,我国在推进实

---

①　《十七大以来重要文献选编》(上),中央文献出版社,2009年,第109页。
②　《胡锦涛文选》(第三卷),人民出版社,2016年,第8页。
③　《胡锦涛文选》(第三卷),人民出版社,2016年,第10页。
④　《胡锦涛文选》(第三卷),人民出版社,2016年,第17~18页。

现现代化的过程中取得了举世瞩目的发展成就,带来了从生产力到生产关系、从经济基础到上层建筑一系列具有深远意义的重大变化。在这一过程中,我国积累了充足的现代化建设经验,并且围绕社会主义现代化这一主题进行了不懈的理论探索和理论建构。党的十八大以来,国内外环境发生了深刻复杂变化,世界面临百年未有之大变局,中华民族前所未有接近实现伟大复兴,如何科学把握国内外发展大势、实现社会主义现代化强国建设的目标,既考验着新一代中央领导集体的实践智慧,也呼唤着系统完整的中国式现代化理论体系的出场。

第四章

中国式现代化的理论体系

党的十八大以来,中国特色社会主义进入新时代,在习近平新时代中国特色社会主义思想指导下,社会主义现代化建设进入新阶段、开启新征程。我们党不断推进和拓展了中国式现代化的理论,党的二十大报告初步构建中国式现代化的理论体系,为全面推进中国式现代化提供了理论支撑和行动指南。

第一节　中国式现代化的重要特征

特征指的是一事物异于其他事物的特点,可以作为事物特点的象征、标志。中国式现代化是中国共产党领导的社会主义现代化,既有各国现代化的一般特征,更有基于自身国情的中国特色。

一、中国式现代化是人口规模巨大的现代化

"人口规模巨大"是继续推进中国式现代化的历史既定条件,为推进中国式现代化带来诸多优势和机遇,也为推进中国式现代化带来了困难和挑

战。完成人口规模如此巨大的现代化事业,将在世界历史上留下浓墨重彩的一笔,在世界民族之林中续写经济发展和社会进步的中国奇迹,也将大大加速世界现代化的历史进程。

(一)"人口规模巨大"是继续推进中国式现代化的历史既定条件

人是社会生产力中最活跃的因素。人民是中国式现代化的推进主体,也是中国式现代化的目标主体。我国巨大的人口规模是在中华民族漫长的文明演进历程和独特的现代化进程中形成的,这是中国式现代化最直接的特征。马克思指出:"人们自己创造自己的历史,但是他们并不是随心所欲地创造,并不是在他们自己选定的条件下创造,而是在直接碰到的、既定的、从过去承继下来的条件下创造。"①因此,党带领人民继续推进现代化,是在"人口规模巨大"这个现实条件下推进的。如果处理得当,巨大的人口规模就会对现代化事业产生巨大资源优势和推进动力,反之就会成为巨大的前进阻力和掣肘因素。为了将中国式现代化推向深入,必须认真总结和研判我国发展进程中人口发展和现代化的互动关系与作用机制,形成规律性认识,探索实现人口高质量发展的有效路径,把中国式现代化真正建设成为"人的现代化"。

(二)"人口规模巨大"为推进中国式现代化带来诸多优势和机遇

从人口的量来看,尽管我国人口的增长速率放缓,劳动年龄人口呈下降趋势,但巨大的人口基数使得劳动年龄人口的数量和比例较之发达国家仍存在较大优势,充裕的劳动力供给是中国式现代化的重要支撑。此外,巨大的人口规模直接形成了超大的市场规模,为构建新发展格局奠定了重要基础,亿万家庭生活品质的提升、消费模式的革新可以带来消费总量的提升和消费结构的变化。巨大的市场容量,不断增加的个性化消费需求,可以支撑细分行业的发展和创新,为产业发展提供巨大的成长空间。从人口的质量

---

① 《马克思恩格斯文集》(第二卷),人民出版社,2009年,第470~471页。

来看,随着我国物质生活水平的提高和医疗卫生事业的进步,人口的人均寿命显著提高,身体素质不断增强。教育和文化事业的快速发展也让我国公民的受教育水平、精神素质和技能水平得到显著提升,人才红利成为推进现代化的新动力。2023年,我国劳动年龄人口超过8.6亿人,劳动年龄人口平均受教育年限达11.05年,具有大学文化程度人口超过2.5亿人,人才资源总量、科技人力资源、研发人员总量均居全球首位。[①]从人口的流动来看,推进以人为核心的新型城镇化将释放巨大制度红利。当前我国人口迁移潜力仍然巨大,以户籍人口城镇化率在2030年达到65%计算,还将有2亿人要实现生活、工作地的永久性迁移,城镇化带来的经济效应将更加凸显。

（三）"人口规模巨大"为推进中国式现代化带来诸多困难与挑战

"人口规模巨大"为推进中国式现代化带来诸多困难与挑战。第一,巨大的人口基数对经济社会和资源环境造成的压力长期存在。由于人口规模巨大,社会系统内部必然充满了差异性和多样性,社会的层次和运转呈现复杂特征,使治理的难度大大提升,人们在实现富裕的速度上也会出现差异。因此,必须提供充足的教育、医疗、住房等资源,以及完备的基础设施体系才能有效满足巨大规模人口的巨量需求。目前,我国人口对经济社会发展的压力仍然较大,人口与资源环境仍保持着较为紧张的关系。第二,持续低迷的生育态势成为推进现代化事业的制约因素。2022年我国的人口自然增长率自1960年以来首次出现了负数,为-0.60‰,到2023年这一数字继续下降为-1.48‰。[②]"新生儿赤字"长期发展下去会对从事生产性活动的劳动力供给产生严重的负面影响,从而不利于现代化事业的推进。第三,人口结构失衡为现代化事业带来全局性和战略性挑战。人口老龄化、高龄化的速度加快,整体加重了社会保障的负担。性别比例也出现失调的现象,适婚年龄男

---

① 陈江生:《以超大规模经济优势为高质量发展赋能续航》,《国家治理》,2023年第6期。

② 《中华人民共和国2022年国民经济和社会发展统计公报》,国家统计局官网,http://www.stats.gov.cn/sj/zxfb/202302/t20230228_1919011.hhml。

性相对较多。从区域分布来看,人口的增减分化也日趋严重。第四,区域、城乡发展不平衡不充分给人的现代化带来挑战。不同区域之间城镇化的水平和速度差距较大,体现为不平衡的城镇化;城镇化的质量有待进一步夯实和提高,体现为不充分的城镇化;此外,城市与乡村之间发展仍不平衡。

二、中国式现代化是全体人民共同富裕的现代化

共同富裕是中国特色社会主义的本质要求,中国式现代化必须实现全体人民的共同富裕。马克思主义经典理论为共同富裕理论提供了思想源泉,中华优秀传统文化中蕴含着共同富裕的文化根基,中国共产党的百年探索为实现共同富裕奠定了坚实的理论和实践基础。

(一)马克思主义经典理论为共同富裕提供了思想源泉

马克思、恩格斯创立的历史唯物主义揭示了人类社会历史的规律和本质,阐发了历史的动力机制,论证了共同富裕作为一种历史前景到来的必然。人类社会在社会基本矛盾的推动下,文明结构从简单到复杂,文明程度从低级逐渐跃升到更高一级。马克思用生命的大部分时间开展了对资本、资本主义的政治经济学批判,他指出了资本主义社会中对立、冲突、贫困和压迫的根源,并强调随着生产力的进一步发展,资本主义要被社会主义和共产主义所取代的逻辑必然。社会主义社会是一个致力于实现共同富裕的社会,共产主义是人类共同富裕彻底实现的阶段。马克思的思想超越了空想社会主义,通过揭示历史规律指出了共产主义和共同富裕到来的必然性。同时,马克思对实现共同富裕的实现路径进行了根本提示。共同富裕既要求"富裕",更强调富裕的"共同"。在生产力层面,共同富裕首先要通过发展生产力以达到"富裕"状态,使全体人民"共同地和有计划地利用生产力"[1],"尽可能快地增加生产力的总量"[2]。同时,共同富裕还必须不断调整生产关

---

[1] 《马克思恩格斯文集》(第一卷),人民出版社,2009年,第689页。
[2] 《马克思恩格斯文集》(第二卷),人民出版社,2009年,第52页。

系,要求通过"对所有权和资产阶级生产关系实行强制性的干涉"①,以结束产品对生产者的统治及社会生产的"无政府状态"。马克思还勾勒了实现共同富裕的阶段性图景,在《哥达纲领批判》中,马克思区分了"共产主义社会第一阶段"和"共产主义社会高级阶段"。

(二)中华优秀传统文化中孕育着共同富裕的文化根基

马克思主义是中国共产党人推动共同富裕实践的根本指导思想,它之所以能够在中国落地生根,与中华民族在几千年历史中积淀的文化底蕴存在着紧密联系。在源远流长、博大精深的中华传统文化中,充盈着丰富的共同富裕思想,这是中国特色社会主义共同富裕的文化根基。"民惟邦本,本固邦宁。"②"凡治国之道,必先富民。"③"不富无以养民情"④等思想深刻体现了"富民"的重要性。同时也有许多关于共同富裕的思想,经济领域的"均地分力,使民知时也"⑤意在均分田地、分户经营;"天下均平"是中华民族关于分配方面的初步思考,也映射了中华民族对于共同富裕的朴素追求。古代先人对社会的构想主要体现在对"小康"与"大同"的阐述中,"大同社会"主张天下公有、社会平等和谐,"小康社会"则强调天下为家、以仁义为依托,"大同小康"的理想成为历代中国人的思想共识。共同富裕在当代成为将科学社会主义原则和中华优秀传统文化的一个结合点,是"两个结合"的具体表征之一,共同富裕的实现在中国式现代化的过程中得以扎实推进。

(三)中国共产党的百年探索为共同富裕奠定了坚实的理论和实践基础

中国共产党的百年奋斗史就是一部带领人民摆脱贫困、消除贫困、推动富裕、创造富裕,消除贫富分化的宏伟历史,以往的现代化实践为共同富裕打下了坚实的物质和制度基础,提供了宝贵的经验。以毛泽东同志为主要

---

①　《马克思恩格斯文集》(第二卷),人民出版社,2009年,第52页

②　《尚书》,王世舜、王翠叶译注,中华书局,2012年,第369页。

③　管仲:《管子》,房玄龄、刘绩注,上海古籍出版社,2015年,第323页。

④　荀况:《荀子》,方勇、李波译注,中华书局,2015年,第446页。

⑤　管仲:《管子》,房玄龄、刘绩注,上海古籍出版社,2015年,第27页。

代表的中国共产党人,领导全国人民开展土地革命,确立了共同富裕的社会主义制度基础,在集体式发展中初步奠定了我国工业化和国防现代化的发展基础,实现了对马克思恩格斯共同富裕思想的坚守。改革开放以来,社会主义制度的优越性在"守正创新"中深化发展。一是坚持以改革打破平均主义,逐步发展出多种分配方式,为共同富裕提供发展动力。二是立足社会生产力、国家综合国力、人民生活水平三个层面,为改革开放以来的共同富裕提供了宏观发展方向。三是邓小平作出的"两个大局"战略构想,初步对我国区域协调发展进行布局,以适应改革开放新时期的共同富裕新要求。党的十三届四中全会以来,"三个代表"重要思想加深了什么是社会主义,以及怎样建设社会主义的认识,实质上也是对实现"什么样的共同富裕"的认识深化。同时,在世界社会主义曲折发展的国际形势下,我国确立了社会主义初级阶段的基本经济制度,首次提出了"效率优先、兼顾公平"论断,为改革开放和推进共同富裕开创新局面。党的十六大以后,中国共产党人又以科学发展观,回应了共同富裕中如何发展的问题,并以"全面协调可持续"拓展了共同富裕的内容和领域,成功地在世纪之交坚持和发展了中国特色的共同富裕之路。

党的十八大以来,以习近平同志为核心的党中央,把扎实推进共同富裕作为推动高质量发展、推进中国式现代化的重要内容。习近平进一步发展了共同富裕理论,明确提出共同富裕是社会主义的本质要求,是中国式现代化的重要特征。我们说的共同富裕是全体人民共同富裕,是人民群众物质生活和精神生活都富裕,不是少数人的富裕,也不是整齐划一的平均主义。提出促进共同富裕,要把握好以下原则,包括:坚持勤劳创新致富、坚持基本经济制度、尽力而为量力而行、坚持循序渐进。提出推进共同富裕的总的思路是,坚持以人民为中心的发展思想,在高质量发展中促进共同富裕,正确处理效率和公平的关系,构建初次分配、再分配、三次分配协调配套的基础性制度安排,加大税收、社保、转移支付等调节力度并提高精准性,扩大中等收入群体比重,增加低收入群体收入,合理调节高收入,取缔非法收入,形成中间大、两头小的橄榄型分配结构,促进社会公平正义,促进人的全面发展,使全体人民朝着共同富裕目标扎实迈进。[①]

三、中国式现代化是物质文明和精神文明相协调的现代化

中国共产党是马克思主义政党,以马克思主义为指导的中国式现代化事业是推进人自由而全面发展的伟大事业,中国式现代化不仅要大力推动经济发展以满足广大人民群众多元多样的物质需要,还要促进人民精神世界的丰富。

(一)把握物质和精神的辩证关系是马克思主义重要的理论内涵

根据马克思主义唯物辩证法的观点,物质与精神之间是对立统一的关系,物质是第一性的,精神是第二性的,但是精神又会反作用于物质,二者彼此依存、互相联动。物质与精神的辩证法是我们理解现代化进程中物质文明和精神文明关系的哲学基础。人类在长期的历史实践中,既塑造出丰富多彩的物质文明,也创造出绚烂多姿的精神文明,它们都是人类的宝贵财富。文明的创造必须建立在一定的物质基础上,物质生产实践是人类诸多实践的核心,生产力和生产关系的矛盾推动着历史不断向前发展,物质文明是一个社会文明的核心内容,影响着包括精神文明在内的其他文明维度的状态,物质生产的规模和性质深刻影响着精神文化创造的深刻性、层次性和多样性。同时,精神文明的发展也有其内在的规律,体现了人类作为历史主体的能动性,它并非完全是物质文明的派生物,也可直接继承和转化之前的精神文明。实践证明,只有将两个文明协调起来,才能扎实推进现代化事业的进步。

[①] 习近平:《扎实推动共同富裕》,《求是》,2021年第20期。

(二)社会主义是以实现人的自由而全面发展为目标的社会

中国式现代化是社会主义的现代化,社会主义致力于实现人的解放,致力于在社会主义实践中促进人的全面发展。社会主义追求的解放不仅包含物质世界的解放,也包含精神世界的解放;社会主义追求的发展不是单一维度的物质层面的发展,人民精神层面的发展也是其应有之义,它所追求的是一种全面的发展。中国特色社会主义塑造出的人类文明新形态不仅通过大力发展公有制经济、驾驭资本等经济实践塑造出新的物质文明,超越了资本主义的物质文明,而且将精神文明的建设放在文明架构中的重要位置,以文明的全面进步推动人民群众自由而全面的发展。在推进现代化的过程中,高度重视思想道德教育,不断提高人民群众的科学文化素养,以社会主义核心价值观感召人民、激励人民、凝聚人民,大力推动精神文明建设,展现出精神文明的新形态。

四、中国式现代化是人与自然和谐共生的现代化

中国式现代化坚持了马克思主义生态思想的精髓要义,同步推进人的发展和生态的保护,开辟了一条崭新的生态文明发展的现代化模式。中国式现代化具有鲜明的"并联式"特点,它摒弃了对自然环境先破坏再修复的旧模式,平衡了经济发展与生态保护,营造了人与自然和谐共生的现代化图景。

(一)科学社会主义强调人与自然的和谐共生

中国式现代化是具有中国特色、彰显中国优势的社会主义现代化,是奔向共产主义的现代化,是在科学社会主义理论指导下的现代化,科学社会主义强调人与自然和谐共生。马克思在实践的基础上理解人类社会系统与自然生态系统的关系,并从生态维度展开了对资本主义的批判,揭示了资本主义生产方式的反自然本性,资本在追求价值增殖的过程中持续贪婪地汲取"自然力",不断破坏和干扰人与自然的物质交换过程。在此基础上,马克思

展望了未来共产主义社会中人与自然和谐关系的未来图景。马克思始终将人与人之间的关系和人与自然的关系统筹起来进行考察和把握,认为人类彻底解放的实现同人与自然和谐关系的达成是同步推进和实现的。

(二)人与自然和谐共生是新时代生态文明伟大变革的鲜明特征

党的十八大以来,以习近平同志为核心的党中央将生态文明建设作为全党工作的重要任务,系统谋划、统一部署、整体推进,全国上下以前所未有的力度推进生态环境保护,创造了新时代生态文明的伟大变革,为世界的生态文明建设树立了榜样和标杆。新时代以来,人民享受到越来越多的生态福祉,自然生态系统内部得到质的修复和优化,人与自然的关系变得更为和谐。通过科学把握经济发展和生态保护的辩证关系,塑造出一种新的、绿色的发展态势,在这一过程中,我国的产业结构不断升级优化,能源结构得到深度调整,资源利用率不断提升,为高质量发展开拓出有效的发展路径。新时代以来,中国在生态文明取得的丰硕成果,是在习近平生态文明思想指导下取得的,生动践行了马克思主义的自然观和生态观,并进一步开拓创新了马克思的生产力理论,强调不仅要解放生产力、发展生产力,还要注重保护生产力。正是在生态理论和生态实践的联动互促中,中国式现代化彰显出亮丽的生态底色。

(三)构建人与自然生命共同体是中国式现代化的应有之义

党的十八大以来,习近平多次运用"共同体"这一生动表述,"共同体"的思维和理念丰富了中国特色社会主义理论体系的术语表达,是对马克思"共同体"思想的继承与发展。习近平运用"共同体"方法来考察人与自然的辩证关系,提出构建人与自然生命共同体的重大命题,是中国式现代化必须遵循的原则要义。构建人与自然生命共同体,既是一个现代化的目标,也是中国目前重点关切和扎实推进的宏大事业。随着现代化的推进,人们不仅对物质生活提出了更高的要求,也对生态环境有了更高的期望。中国式现代化作为致力于满足人民需要的现代化,是一种真正"为了人"的现代化,必须对人民群众日益强烈的生态需求及时作出回应,并将其纳入发展现代化事业的顶层设计和具体实践之中。正如习近平指出的:"我们要建设的现代化是人与自然和谐共生的现代化,既要创造更多物质财富和精神财富以满足人民日益增长的美好生活需要,也要提供更多优质生态产品以满足人民日益增长的优美生态环境需要。"[①]构建人与自然生命共同体也是为推进中国式现代化的重要动力,生产力的发展是现代化进程向前推进的基础和前提,生产力中的许多要素来自自然界,健康有序的自然生态是使生产力诸要素达到最佳协同状态的重要条件。构建人与自然生命共同体就是要使人类社会系统和自然生态系统两个系统达成一种和谐状态,这种和谐状态能够有利于形成和培育新质生产力,从而为现代化开辟更广阔的发展空间。

五、中国式现代化是走和平发展道路的现代化

习近平明确指出:"中国式现代化不走殖民掠夺的老路,不走国强必霸的歪路,走的是和平发展的人间正道。"[②]中国式现代化在倡导和平理念、践行和平实践中推动自身与世界的发展,并运用自身的发展优势和成就塑造出合作共赢的国际关系,以自身的现代化建设进一步促进世界和平与发展。

(一)走和平发展道路的现代化具有深刻的现实背景

历史发展到现在,无论是世界的现代化进程还是中国的现代化进程都到了一个重要的转折节点。从国际来看,世界面临经济复苏缓慢、政治交锋日趋激烈、文化思潮激荡、生态环境日益严峻等一系列问题,逆全球化的趋势愈演愈烈。但从人类社会的长远历史图景来看,全球化是必然趋势,和平发展、合作共赢的潮流不可阻挡。目前国际社会亟须一股强大的力量来推

---

① 习近平:《决胜全面建成小康社会 夺取新时代中国特色社会主义伟大胜利——在中国共产党第十九次全国代表大会上的报告》,人民出版社,2017年,第50页。

② 习近平:《携手同行现代化之路——在中国共产党与世界政党高层对话会上的主旨讲话》,《人民日报》,2023年3月16日。

动这一进程,确保世界历史朝着正确的方向演进。从国内来看,社会主要矛盾发生了深刻转变,城乡之间、区域之间的发展差距逐渐增大,经济增速放缓,解决这一切问题的关键在于发展,而推动发展就需要一个稳定的环境。中国的发展不会以损害它国的发展利益为代价,而是通过走和平发展道路塑造一个稳定的国际环境,为自身和其他各国的发展开辟更为广阔的空间。中国作为世界上最大的社会主义国家和发展中国家,在世界现代化进程的十字路口,主动承担起相应的大国责任,以和平发展的原则推进自身的现代化事业,带动其他各国参与到促进世界和平、推动世界发展的伟大事业之中。

(二)走和平发展道路的现代化彰显独特的文明特质

中华民族自古以来爱好和平、珍视和平,追求稳定与和谐,倡导"天下大同、协和万邦"的理念,体现了中华民族对人类社会的美好憧憬。"天下大同"强调的是世界的和谐与统一,体现了我们对世界各民族各国家和平共处、共同发展的期待;"协和万邦"是对国际关系的一种理想状态的描述,即各国之间应该相互尊重、平等相待、和睦共处。古代中国即使国力强盛,也不肆意侵略和攻击他国。反观西方国家的现代化,经常伴随着战争和殖民的非正义行径,将自身的发展建立在其他国家的贫困和落后的基础上。"和"文化深深根植于中华民族的精神血脉之中。在五千多年的悠久历史中锤炼出来中华民族向往和平、追求和睦与和谐的民族特质和文化品格,在长期的交往中形成了亲仁善邻的交往准则,高度推崇正义,反对霸道行径,主张以德服人、推己及人和仁爱待人,坚持胸怀天下的理念。中国式现代化从中华优秀传统文化的交往理念中汲取了养料和精华,并在现代化的国际交往实践中使其焕发出新的生机活力。走和平发展道路的中国式现代化深刻体现出中华民族深厚的历史底蕴、负责任的大国态度及独特的文明特质,这些从悠久历史中形塑出的理念与马克思主义展望的共产主义未来社会图景不谋而合,二者结合在一起,增强了中国式现代化走和平道路的信心和决心。

（三）走和平发展道路的现代化具有重要的世界意义

中国共产党在新时代促进和平与发展的重大战略实践就是推动构建人类命运共同体，这一伟大实践将中华民族的命运和全世界人民的命运联系在一起进行系统的考察和把握。秉持双赢多赢共赢的理念，以和平的模式和路径推进现代化，是对西式现代化实现方式的超越。中国一贯奉行开放政策，自觉遵守和维持国际经贸规则与秩序，把自身的经济发展同世界发展大局结合起来。开拓出一条适合自己的和平发展之路，这在世界历史上具有重大的突破性和开创性意义。走和平发展道路的中国式现代化，推动了当前全球经济的整体复苏，从长远来看还有利于塑造更为均衡的世界发展格局。中国在共建"一带一路"等倡议中，积极倡导互惠互利、双赢共赢理念，并以此为指导塑造出新的国际交往和经济发展模式，为世界经济的持续发展注入强劲的推动力。走和平发展道路的中国式现代化，使国际秩序呈现更为公平、更为合理的态势。中国在国际社会的实践中始终呼吁反对霸权主义、强权政治，不断为维护世界和平助力，始终与广大发展中国家站在一起，充分考量和关切世界整体的安全和利益，自觉肩负起与大国身份地位相匹配的历史使命，引领塑造更加公正合理的国际秩序。①

第二节　中国式现代化的本质要求

中国式现代化的本质要求有九个方面内容，是马克思主义中国化时代化的又一重大创新和突破，是二十一世纪马克思主义对中国现代化认识的新突破。

---

① 沈尤佳：《和平发展的中国式现代化：内涵、根源与意义》，《当代世界》，2023年第5期。

一、中国式现代化的本质要求

（一）坚持中国共产党领导

中国共产党的坚强领导关系着推进中国式现代化的向心力和凝聚力，我们要充分和深刻认识到坚持中国共产党领导的必然性和必要性。

党的领导确保中国式现代化锚定奋斗目标行稳致远。我们党始终坚守初心使命，矢志为中国人民谋幸福、为中华民族谋复兴，坚持把远大理想和阶段性目标统一起来，一旦确定目标，就咬定青山不放松，接续奋斗、艰苦奋斗、不懈奋斗。改革开放以来，我们建设社会主义现代化国家的奋斗目标都是循序渐进、一以贯之的，并随着实践的发展而不断丰富完善。在总结改革开放和新时代实践成就和经验基础上，党的二十大更加清晰擘画了到2035年我国发展的目标要求，科学描绘了全面建成社会主义现代化强国、全面推进中华民族伟大复兴的宏伟蓝图。在这些历史进程中，我们可以清楚地看到，建设社会主义现代化国家是我们党一以贯之的奋斗目标，一代一代地接力推进，并不断取得举世瞩目、彪炳史册的辉煌业绩。

党的领导激发建设中国式现代化的强劲动力。改革开放是决定当代中国命运的关键一招，也是决定中国式现代化成败的关键一招。改革开放以后，我们党以伟大历史主动精神不断变革生产关系和生产力之间、上层建筑和经济基础之间不相适应的方面，不断推进各领域体制改革，形成和发展符合当代中国国情、充满生机活力的体制机制，让一切劳动、知识、技术、管理和资本的活力竞相迸发，让一切创造社会财富的源泉充分涌流。党的十八大以来，我们党以巨大的政治勇气全面深化改革，突出问题导向，敢于突进深水区，敢于啃硬骨头，敢于涉险滩，敢于面对新矛盾新挑战，冲破思想观念束缚，突破利益固化藩篱，坚决破除各方面体制机制弊端，改革由局部探索、破冰突围到系统集成、全面深化，许多领域实现历史性变革、系统性重塑、整体性重构，为中国式现代化注入不竭动力源泉。

党的领导凝聚建设中国式现代化的磅礴力量。我们党深刻认识到中国式现代化是亿万人民自己的事业，人民是中国式现代化的主体，必须紧紧依靠人民，尊重人民创造精神，汇集全体人民的智慧和力量，才能推动中国式现代化不断向前发展。我们坚持党的群众路线，想问题、作决策、办事情注重把准人民脉搏、回应人民关切、体现人民愿望、增进人民福祉，努力使党的理论和路线方针政策得到人民群众衷心拥护。我们坚持把人民对美好生活的向往作为奋斗目标，坚持以人民为中心的发展思想，着力保障和改善民生，着力解决人民急难愁盼问题，让中国式现代化建设成果更多更公平地惠及全体人民。我们党发展全过程人民民主，拓展民主渠道，丰富民主形式，扩大人民有序政治参与，确保人民依法通过各种途径和形式管理国家事务，管理经济和文化事业，管理社会事务，以主人翁精神满怀热忱地投入现代化建设中来。我们党以中国式现代化的美好愿景激励人、鼓舞人、感召人，有效促进政党关系、民族关系、宗教关系、阶层关系、海内外同胞关系和谐，促进海内外中华儿女团结奋斗，凝聚起全面建设社会主义现代化国家的磅礴伟力。①

（二）坚持中国特色社会主义

中国共产党在带领人民开展波澜壮阔的中国特色社会主义伟大实践过程中，开辟并不断拓展中国特色社会主义道路、创造并不断发展中国特色社会主义理论、构建并不断完善中国特色社会主义制度、形成并不断丰富中国特色社会主义文化，彰显中国式现代化的鲜明特征和独特优势。首先，中国特色社会主义道路是实现中国式现代化的康庄大道。"现代化道路并没有固定模式，适合自己的才是最好的，不能削足适履。"②党领导人民在长期实践探索中，开辟了一条适合自己的中国特色社会主义道路，找准了现代化事业的奋进方向，为化解现代化征程中的一系列难题提供了强大动力。其次，中

---

① 习近平：《中国式现代化是中国共产党领导的社会主义现代化》，《求是》，2023年第11期。
② 《习近平谈治国理政》（第四卷），外文出版社，2022年，第427页。

国特色社会主义理论体系为中国式现代化提供理论指引。"中国共产党为什么能，中国特色社会主义为什么好，归根到底是马克思主义行，是中国化时代化的马克思主义行。"[1]党带领人民不断奋进的历史，是一场斗争实践史，是一场理论创新史，是一场实践和理论相互催生、联动互促不断推进马克思主义中国化时代化的宏伟历史，凝练出的中国特色社会主义理论体系成为继续推进现代化实践的理论先导，为中国式现代化提供了前进遵循。最后，中国特色社会主义制度为中国式现代化提供根本保障。在长期的现代化实践中，党带领人民建立起一整套符合中国式现代化的制度体系，从制度的内容来看涵盖了经济、政治、文化、社会等各个领域，从制度的层次来看包含了根本制度、基本制度、重要制度等多种类型。中国特色社会主义制度对中国式现代化的助推是带有根本性、长远性的，为其提供了全方位、多层次的制度支撑。中国特色社会主义文化为中国式现代化顺利向前推进提供了强大的精神力量，前进道路上不断从中华优秀传统文化、革命文化和社会主义先进文化中汲取养料，激发中国人民奋勇前进的强大精神力量。[2]

(三)实现高质量发展

高质量发展是全面建设社会主义现代化国家的首要任务。第一，高质量发展是新时代经济社会发展的必然要求。实现从高速度发展向高质量发展的转变具有深刻的必然性，这是在国际环境变化、社会主要矛盾转化等一系列深刻变革下的必然选择。高质量发展是一个系统和全面的过程，从狭义来看，在这个过程中要实现经济发展模式的全面转型、经济结构的深度调整、经济增长动力的根本优化、经济风险的有效控制；从广义来看，包括了经济、政治、文化、社会和生态等诸多方面的协调发展，各个领域都要实现高质

---

①　习近平：《高举中国特色社会主义伟大旗帜　为全面建设社会主义现代化国家而团结奋斗——在中国共产党第二十次全国代表大会上的报告》，人民出版社，2022年，第16页。

②　王伟光：《中国式现代化是中国特色社会主义的现代化》，《南开学报》(哲学社会科学版)，2023年第2期。

量发展。第二,高质量发展要把握好绝对和相对的辩证关系。高质量发展不是一句口号,而是要在技术水平、产业体系、资源利用率等方面达到一定标准,使人民需要的满足程度真正得以提升。但也要认识到,高质量发展的标准又是相对的,并且是与发展阶段相适应的,我们要站在社会主义初级阶段的基本国情上考虑问题,超越发展阶段提出过高要求反而会带来各种负面效应,不能起到引领发展的作用。[①]第三,高质量发展要把握质量和数量的辩证关系。高质量发展必须建立在量的合理增长的基础上。如果 GDP 增速大幅下降,或者出现负增长,那么其他领域的建设和发展都会受到影响,甚至会影响社会稳定,提升经济质量的基础就会遭到破坏。但同时,只有提高质量才是保持经济持续增长、规模持续扩大的根本之策。

(四)发展全过程人民民主

全过程人民民主是党带领人民在政治领域的伟大创造,它扬弃超越了以往的民主形式,塑造了中国式现代化和人类文明新形态的政治之维。一是全过程人民民主实现了直接民主和间接民主的统一。二是全过程人民民主实现了人民民主和国家意志相统一。全过程人民民主在人民代表大会制度及其他国家制度的制度载体下得以充分体现,实现了依靠人民对国家进行治理。[②]三是全过程人民民主是全链条、全方位、全覆盖的民主。全过程人民民主覆盖关系人民群众权力行使和切身利益的各个方面,涵盖国计民生的各个领域,是一种全覆盖的民主。四是全过程人民民主是最广泛、最真实、最管用的社会主义民主。全过程人民民主的主体是全体人民,既注重民主的程序和过程,又注重实质的结果。它不是装饰品和摆设,而是切切实实解决人民问题的民主。

---

① 张军扩、侯永志、刘培林等:《高质量发展的目标要求和战略路径》,《管理世界》,2019年第7期。

② 赵剑波、史丹、邓洲:《高质量发展的内涵研究》,《经济与管理研究》,2019年第11期。

(五)丰富人民精神世界

中国式现代化不仅致力于促进人民物质财富的充裕,也致力于关照人民的精神世界,从而促进人的全面发展。丰富人民精神世界有着丰富的内涵:一是人民精神世界的丰富意味着精神的追求、享受和创造实现充分的协同,人们拥有更为高尚的精神追求、更为丰富的精神享受,以及更为自主的精神创造。二是人民精神世界的丰富意味着获得感、幸福感的逐渐提升,这与扎实推进精神生活共同富裕紧密联系在一起。充足的获得感、更有保障的幸福感是个体价值和精神享受的满足感,也是人民昂扬向上精神状态和奋发有为精神风貌的实践感。[①]三是人民精神世界的丰富意味着人民拥有了更为强烈的归属感,体现为对历史认可的历史归属感、生发中华民族命运共同体意识,以及政治归属感,即对中国共产党领导的衷心拥护和支持,对中国特色社会主义道路的坚定认同。[②]

(六)实现全体人民共同富裕

中国式现代化不是什么别的现代化,而是社会主义的现代化,社会主义国家必须致力于实现人民的共同富裕,要全面准确理解实现全体人民共同富裕的科学内涵。首先,共同富裕是全体人民的共同富裕。通过推动经济持续健康发展,把"蛋糕"做大,不断调动广大人民群众的积极性。通过创新制度安排,努力把"蛋糕"分好,扎实推动全体人民共同富裕。其次,共同富裕是物质和精神的全面富裕。共产主义社会将会实现每个人自由而全面的发展,到那时,人们共享物质财富和精神财富。进入新时代,人民物质生活水平显著提升,对于精神生活的需求也日益增长,这要求在满足人民物质需要的同时,也要丰富人民的精神文化生活,从而促进人的全面发展。最后,共同富裕既是目标,也是过程。党的十八大以来,习近平更加强调共同富裕问题,就实现共同富裕作出一系列重要论述,提出一系列重要指示和要求。

①　王友建:《丰富人民精神世界的时代内涵与实践进路》,《南京社会科学》,2022年第12期。
②　王友建:《丰富人民精神世界的时代内涵与实践进路》,《南京社会科学》,2022年第12期。

在十八届中央政治局第一次集体学习时，习近平指出："共同富裕是中国特色社会主义的根本原则，所以必须使发展成果更多更公平惠及全体人民，朝着共同富裕方向稳步前进。"[①]在全面建成小康社会、消除绝对贫困的基础上，我们党提出了"全体人民共同富裕取得更为明显的实质性进展"的目标。[②]习近平强调："共同富裕本身就是社会主义现代化的一个重要目标。我们要始终把满足人民对美好生活的新期待作为发展的出发点和落脚点，在实现现代化过程中不断地、逐步地解决好这个问题。"[③]可见，共同富裕既是目标，也是过程，因此，促进全体人民共同富裕是一项长期任务，也是一项现实任务。不能把共同富裕只看作是个目标，就有等靠要的思想；也不能因为要推进共同富裕有实质性进展，就急于求成。必须脚踏实地，久久为功，在目标和过程的辩证统一中作出更加积极有为的努力。[④]

（七）促进人与自然和谐共生

中国式现代化不以破坏生态环境为发展代价，它将人类社会和自然看作一个整体，是营造人与自然和谐共生的现代化。促进人与自然和谐共生是一个重大命题，要充分理解其内涵和要义。一是人与自然是生命共同体。人与自然是生命共同体强调了人与自然彼此之间相互依赖、相互影响的紧密关系。人作为自然存在物，其生存和发展依赖于自然界，人类活动必须尊重自然、顺应自然；人类必须与自然和谐共生，人要保护自己赖以生存的自然，忽视人与自然的生命共同体关系，无休止地索取必然会引来自然的报复。二是绿水青山就是金山银山。二者是辩证统一的关系，以牺牲"绿水青山"去换"金山银山"的现代化是畸形的现代化。中国式现代化既要"金山银山"更要"绿水青山"，而且"绿水青山"就是"金山银山"。三是良好的生态环

---

① 《十八大以来重要文献选编》（上），中央文献出版社，2014年，第78~79页。
② 习近平：《扎实推动共同富裕》，《求是》，2021年第20期。
③ 《完整准确全面贯彻新发展理念 确保"十四五"时期我国发展开好局起好步》，《人民日报》，2021年1月30日。
④ 刘凤义：《扎实促进共同富裕要把握好几种辩证关系》，《天津日报》，2021年8月30日。

境是最普惠的民生福祉。以中国式现代化推进人与自然和谐共生，就是要
不断满足人民日益增长的对美好生态环境的需要。生态环境关系着人民的
生产和生活、幸福感与获得感。发展经济是为了民生，保护生态环境、推进
人与自然和谐共生同样也是为了民生。推进中国式现代化，要实现人民对
良好生态环境的向往和期待。

（八）推动构建人类命运共同体

推动构建人类命运共同体，体现了中国作为世界上最大的发展中国家
和最大社会主义国家的高度责任感和主动担当精神，是以中国式现代化带
动世界各国共同推进现代化进程的开创性伟大创举。

第一，坚持对话协商，建立一个持久和平的世界。和平始终是中华民族
与世界各民族人民的共同愿望，人类命运共同体理念主张从世界的共同利
益出发，推动国家之间平等的对话交流。

第二，坚持共建共享，建立一个普遍安全的世界。在全球化与多极化的
时代，安全是共同的，不存在一个国家能够在世界的动荡中"独善其身"，因
此，需要世界各国共同发挥作用，应对政治安全、经济安全、网络安全等多种
安全，以普遍安全的基本形式推动人类命运共同体的构建。

第三，坚持合作共赢，建立一个共同繁荣的世界。共同富裕不仅是中国
式现代化的推进目标，也是世界各国人民的共同夙愿。人类命运共同体强
调开放创新、包容互惠，共同创造世界的繁荣，强调整体进步、共享人类社会
发展的成果，在妥善协调不同行为体之间的利益关系中，塑造出一个利益最
大化的格局。

第四，坚持交流互鉴，建立一个开放包容的世界。世界的发展不可能仅
依靠一种文明，现代社会之所以呈现鲜明性与复杂性的特点，其重要原因在
于文明多样性的深化和发展。几千年的世界历史塑造出多种多样的文明类
型，这是历史演进的必然结果。文明只有在交流互鉴中才能进步发展、焕发
出新的生机。不同类型的文明之间应该和谐共处，共同推动世界历史的进

步和人类社会文明的发展。

第五，坚持绿色低碳，建设一个清洁美丽的世界。自人类社会迈入工业时代以来，在技术和资本的操纵下，人类与自然的关系异常紧张。人类命运共同体理念强调将经济社会发展与自然生态保护协调统一起来，将生态环境的发展与人类的发展高度统一，共同将世界建设成为一个人与自然和谐共生的生命系统。

（九）创造人类文明新形态

中国式现代化积极借鉴人类文明一切优秀成果，塑造出一种新质态的文明，即人类文明新形态，我们可以从四个方面来深刻理解人类文明新形态的内涵。一是生产力和生产关系基本适应的人类文明新形态。新一轮科技革命、产业革命带来生产力的突飞猛进及经济社会建设的巨大成就，为文明新形态的塑造提供了丰富的物质基础，是文明形态进步的重要标志。同时，人类文明新形态不仅追求"富裕"，更追求"共同富裕"，这是中国共产党的价值追求和社会主义本质要求。二是经济基础和上层建筑相协调的人类文明新形态。人类文明新形态是公有制占主导地位的文明，始终坚持和完善基本经济制度，通过坚持"两个毫不动摇"为社会文明进步筑牢物质基础，夯实文明根基。同时人类文明新形态不断推进国家制度和治理体系的完善，通过调整上层建筑推动生产关系变革。三是人与自然和谐共生的人类文明新形态。人类文明新形态之"新"的一个重要方面在于人对自然的新态度，以及人与自然关系的新境界。生产力的进步是文明进步的基础和前提，坚持人与自然和谐共生的人类文明新形态，不仅强调解放生产力和发展生产力，为了不断开辟文明的进步空间，还高度重视通过维护生态平衡实现对生产力的保护，这关系着文明的永续发展和持久进步。中国式现代化致力于构建现代化的生态文明体系，以"两山论"科学把握生态保护和经济发展的辩证关系，创造具有鲜明绿色底色的文明新形态。四是世界文明交流互鉴的人类文明新形态。"中华文明是在同其他文明不断交流互鉴中形成的开放体系。"①中国共产党始终坚持兼收并蓄,不断深化对文明的认识和实践,根据中国的具体国情积极吸收和转化来自世界各种文明类型的智慧结晶和优秀成果,塑造和生发出独一无二的文明特质。始终坚持国与国之间、文明与文明之间的友好交流和互学互鉴,在文明的交流中推进现代化事业,并以自身现代化事业的成果辐射和带动世界其他文明的现代化进程。

二、中国式现代化本质要求的内在关系

中国式现代化九个方面的本质要求是一个有机整体,是推进中国式现代化的规律性认识,必须深刻理解和把握。

(一)中国式现代化的本质要求体现了我国现代化的内在规定性

全面建成社会主义现代化强国,实现中华民族伟大复兴,是中国共产党人矢志不渝的奋斗目标。在新中国成立特别是改革开放以来长期探索和实践基础上,经过党的十八大以来在理论和实践上的创新突破,我们党成功推进和拓展了中国式现代化。党的二十大报告提出:"中国式现代化,是中国共产党领导的社会主义现代化,既有各国现代化的共同特征,更有基于自己国情的中国特色。"②这揭示了中国式现代化的内在规定性。

中国式现代化是中国共产党领导的社会主义现代化。领导力量决定道路方向,中国共产党领导与社会主义现代化之间具有内在必然联系,这是中国式现代化区别于西方现代化的根本标志。因此,坚持中国共产党领导,坚持中国特色社会主义,被纳入中国式现代化的本质要求。中国式现代化有各国现代化的共同特征。这表明我国的现代化不是故步自封的现代化,而是符合人类社会发展内在要求和发展趋势的现代化,以海纳百川的宽阔胸襟借鉴吸收人类一切优秀文明成果。中国式现代化更有基于自己国情的中

---

① 《习近平谈治国理政》(第三卷),外文出版社,2020年,第471页。
② 习近平:《高举中国特色社会主义伟大旗帜　为全面建设社会主义现代化国家而团结奋斗》,人民出版社,2022年,第22页。

国特色。这表明中国式现代化不是简单延续我国历史文化的母版，不是简单套用马克思主义经典作家设想的模板，不是其他国家社会主义实践的再版，也不是国外现代化发展的翻版，而是我们党坚持把马克思主义基本原理同中国具体实际相结合、同中华优秀传统文化相结合的成果，是党团结带领人民独立自主探索开辟出来的新道路。

（二）中国式现代化的本质要求体现了我国现代化的本质属性

中国式现代化是人口规模巨大的现代化，是全体人民共同富裕的现代化，是物质文明和精神文明相协调的现代化，是人与自然和谐共生的现代化，是走和平发展道路的现代化。这是中国式现代化的显著特征，这些特征共同指向了我国现代化的本质属性——以人民为中心，这决定了中国式现代化的本质要求必然体现以人民为中心。

从领导力量上看，必须坚持中国共产党领导。中国共产党是为中国人民谋幸福、为中华民族谋复兴的党。我们党始终坚持维护人民根本利益，增进民生福祉，不断实现发展为了人民、发展依靠人民、发展成果由人民共享，让现代化建设成果更多更公平惠及全体人民。从制度属性上看，必须坚持中国特色社会主义。中国特色社会主义不是从天上掉下来的，而是党和人民历经千辛万苦、付出各种代价取得的宝贵成果。中国特色社会主义在中国取得巨大成功，必须一以贯之进行下去。从现代化内容上看，中国式现代化的本质要求涵盖经济建设、政治建设、文化建设、社会建设、生态文明建设，体现了中国特色社会主义事业总体布局。为此，党的二十大报告作出一系列重要部署，提出：高质量发展是全面建设社会主义现代化国家的首要任务；全过程人民民主是社会主义民主政治的本质属性，是最广泛、最真实、最管用的民主；满足人民日益增长的精神文化需求；全体人民共同富裕取得更为明显的实质性进展；尊重自然、顺应自然、保护自然，是全面建设社会主义现代化国家的内在要求。从世界贡献上看，要拓展世界眼光，深刻洞察人类发展进步潮流，积极回应各国人民普遍关切，为解决人类面临的共同问题作出贡献。这些都表明,中国式现代化不仅造福中国人民,而且造福世界人民,是以人民为中心的现代化。

(三)中国式现代化的本质要求体现了我国现代化的合规律性

中国式现代化既有各国现代化的共同特征,更有基于自己国情的中国特色。这体现出人类社会现代化进程中矛盾的普遍性和特殊性辩证关系。现代化作为一个系统,是一个矛盾的统一体,既要抓住主要矛盾,又要抓住矛盾的主要方面,这也是把握现代化发展规律的要求。

唯物辩证法认为,矛盾具有普遍性和特殊性。从对现代化的要求这个角度来看,可以划分为"一般要求"和"本质要求",前者体现普遍性特征,后者体现特殊性特征。现代化"一般要求",是指只有具备了一些基本标准才能称一国为现代化国家。目前,关于现代化的标准尚没有统一认识,人们衡量现代化国家有不同分类。例如,从发达程度上分,可分为发达国家、中等发达国家、发展中国家等。对衡量现代化的指标体系,人们也有不同观点。例如,有的提出从人均GDP、农业增加值占GDP的比重、服务业增加值占GDP的比重、城镇化率等指标来衡量,有的提出以人口发展指标、经济发展指标、社会发展指标等来衡量。尽管各种衡量现代化的指标体系不完全一致,但依然能反映出一些共性。从这个意义上说,我国的现代化指标体系需与已有的现代化指标体系进行对标。同时,要把握好中国式现代化的"本质要求"。中国式现代化的本质要求包含九方面内容,体现了我国现代化的内在规定性和本质属性,应该在把握矛盾的普遍性和特殊性辩证关系中构建我国的现代化指标体系。

唯物辩证法认为,一切存在的事物都由既相互对立又相互统一的矛盾组合而成。我国现代化进程中要善于运用对立统一论,坚持两点论和重点论的统一。在不同发展阶段,一个国家实现现代化要解决的主要矛盾和矛盾的主要方面也是不同的。我国社会主要矛盾是人民日益增长的美好生活需要和不平衡不充分的发展之间的矛盾,需紧紧围绕这个社会主要矛盾推进各项工作。人民美好生活需要日益广泛，不仅对物质文化生活提出了更高要求，而且在民主、法治、公平、正义、安全、环境等方面的要求日益增长。因此，中国式现代化的本质要求中必然包括实现高质量发展、发展全过程人民民主、丰富人民精神世界、实现全体人民共同富裕、促进人与自然和谐共生等内容。其中，高质量发展作为全面建设社会主义现代化国家的首要任务，是推动中国式现代化的主要方面，必须完整、准确、全面贯彻新发展理念，坚持社会主义市场经济改革方向，坚持高水平对外开放，加快构建以国内大循环为主体、国内国际双循环相互促进的新发展格局。可见，中国式现代化的本质要求体现了抓主要矛盾和矛盾的主要方面的规律要求。[①]

三、实现中国式现代化本质要求的路径

在形成对中国式现代化的规律性认识之后，要以具体的实践举措体现出中国式现代化的本质要求，扎实推进社会主义现代化事业的宏伟蓝图顺利实现。

（一）坚持中国共产党领导

坚持党的领导需要从领导制度、领导方式和领导能力多维发力，充分确保、巩固和发挥党在推进中国式现代化中的坚强领导作用。一是要完善党的领导制度与体制。要在坚持民主集中制这一根本组织原则与领导制度基础上，健全完善党的领导制度体系。[②]秉持科学的思路、建立合理的制度、规范相应的程序，从而充分加强党的全面领导。二是要充分发挥党的领导的各种方式的作用。坚持和加强党的政治领导、思想领导、组织领导，制定与贯彻正确的路线方针政策。坚持依法治国、依法执政、依法行政等，在党的领导下，人大、政府、政协、人民团体等依法有效履行法定职责。三是要切实

---

① 刘凤义：《深刻理解中国式现代化本质要求》，《经济日报》，2023年1月3日。

② 万里鹏：《党的组织法规视域下民主集中制的理论基础与内涵逻辑研究》，《河南社会科学》，2023年第4期。

提升党的领导能力与执政水平。提高把准方向、谋划大局、制定政策和促进改革的能力,秉持战略定力和系统观念,切实提高党的领导能力;通过强化法治思维、运用法治方式,与时俱进地借助现代科技,善于运用群众力量来全面提高党的执政水平。要构建与中国式现代化宏伟目标相匹配的国家治理体系,锻造与中国式现代化宏伟目标相匹配的国家治理能力。

(二)坚持中国特色社会主义

坚持中国特色社会主义需要把握好理想与实干、国内与国外两个大局、守正与创新的辩证关系。首先,坚持中国特色社会主义要把握好树立远大理想与扎实干好事业的辩证关系。要高举中国特色社会主义伟大旗帜,树立中国特色社会主义共同理想和共产主义远大理想,而理想的实现要在切实解决中国的实际问题中,在开展执政为民的具体实践中稳步实现,坚持中国特色社会主义要扎实推进共同富裕,不断满足人民群众的需要。其次,坚持中国特色社会主义要把握好国内国际两个大局的辩证关系。中国特色社会主义根植于中华民族鲜明的民族特色,也主张文明交流互鉴,共同推动世界历史和人类文明的进步。[①]中国共产党把中国人民对美好生活的向往作为奋斗目标,又坚持推动构建人类命运共同体,这既彰显了以人民为中心的中国特色,又体现了为全人类贡献中国智慧的责任担当和世界格局。最后,坚持中国特色社会主义要把握好守正和创新的辩证关系。要积极弘扬优秀传统文化,正视我们走过的路,凝聚起民族复兴的强大合力。同时要树立创新思维,不断推进思想解放,敢于摒弃陈旧观念、破除制度障碍,不断开拓出中国特色社会主义的新境界。

(三)实现高质量发展

实现高质量发展既需要先进理念的引领,也需要完备制度的支撑,还需要坚实物质基础的保障。一是贯彻新发展理念,全面完整地理解和落实推

---

①　董慧、胡澜予:《习近平关于文明交流互鉴重要论述及其启示》,《思想理论教育导刊》,2024年第1期。

进高质量发展的原则要义。依靠创新激发发展的持久动力,以协调强化发展的均衡性,以绿色厚植发展的生态底色,以开放为发展增添更大活力,以共享不断提升发展的惠民水平。[①]二是完善社会主义基本经济制度,筑牢实现高质量发展的制度基础。坚持"两个毫不动摇",通过大力发展公有制经济,在关系国计民生的重要领域和关键行业充分体现其主体地位,夯实中国式现代化的社会主义根基,同时推动公有制经济和非公有制的协调发展,提升中国式现代化的资源配置效率和经济活力;通过完善社会主义分配制度有效推进共同富裕,凸显中国式现代化的特色和本质;完善社会主义市场经济体制,科学处理政府与市场的关系。三是构建新发展格局,夯实高质量发展的物质基础。要加快构建国内大循环,发挥其在两个循环中的主体地位,确保中国式现代化的行稳致远。持续深化供给侧结构性改革,提高全要素生产率,同时努力扩大内需,充分发挥需求侧的规模优势,使供给侧与需求侧形成良性循环。以相互促进的国内国外双循环推进共同富裕,不断提升对外开放的广度、深度,提高"引进来"和"走出去"的水平,统筹协调好国内国际两个大局。

(四)发展全过程人民民主

全过程人民民主作为一种新形式的民主,是一个重大的理论和实践课题,既需要在未来的现代化政治实践中继续巩固、发展和深化,又需要在理论层面上作出话语的建构和传播,以支持中国式现代化的推进。一是要发挥社会主义核心价值观和中华优秀传统文化的鼓舞、激励、凝聚和感召作用,巩固和发展最广泛的爱国统一战线。二是让全过程人民民主在基层真正落地。一个政体的基层治理体系与能力既能看出这个政体所实施的民主

---

① 李彬、金梦迪、段雨晨:《新发展阶段、新发展理念与新发展格局研究》,《政治经济学评论》,2023年第2期。

形式的微观样态,也是这种民主形式的基础支撑。①基层治理的现代化水平是国家治理现代化水平的重要体现,要在基层场域中不断丰富全过程人民民主的实现形式,以其高效的治理效能深化中国民主的发展。三是构建中国民主话语体系。加强政治哲学和政治学的研究,发掘中国传统文化中的政治智慧,关照重大理论和现实问题,在比较的视角中探寻中西政治哲学思维的共性与差异,基于全球化的视角使民主理论在世界范围内进行良性交流与互动。②要加强对政治研究人才的培养,推动中华民族现代政治文明研究发展。要增强全过程人民民主在世界范围内的传播力,不断提高中国民主话语体系的影响力、传播力和公信力。

(五)丰富人民精神世界

丰富人民精神世界既是一个重大理论课题,也是一个重大实践课题。首先,坚持文化的赓续传承和开拓创新。坚持以习近平文化思想为指导,从中华优秀传统文化中汲取丰富的养料,"深入挖掘中华优秀传统文化蕴含的思想观念、人文精神、道德规范"③,并结合新时代的实践推动其创造性转化和创新性发展。革命文化锻造于党领导人民的艰苦卓绝斗争中,必须予以弘扬和坚持,要用革命文化感召人、鼓励人、凝聚人。大力发展社会主义先进文化,有借鉴地吸收外来有益的文化元素,不断拓展和深化中国特色社会主义文化,为广大人民群众提供精神指引,保障中国式现代化行稳致远。其次,坚持弘扬社会主义核心价值观。充分发挥培育和践行社会主义核心价值观在拓展中国式现代化过程中的精神支撑作用,创新弘扬方式,使其成为全体人民的价值追求和行为准则,在弘扬中国精神、彰显中国价值中凝聚了推动现代化事业的磅礴力量。最后,大力发展文化产业,提升公共文化服务

---

① 柳明:《新时代以人民为中心推进基层民主政治建设的成就、特色与经验》,《社会主义研究》,2024年第3期。

② 宋雄伟、陈若凡:《中国特色协商民主体系研究的战略定位与主要议题:一个分析框架》,《北京行政学院学报》,2023年第3期。

③ 《习近平谈治国理政》(第三卷),外文出版社,2020年,第33页。

水平。精神世界的丰富需要现实物质载体予以支撑,要切实提升公共文化服务体系的现代化水平,提高公共文化服务的可得性、多样性和共享性。推动文化产品层面的供给侧结构性改革,提高文艺作品的质量,提升大众的审美趣味和精神境界,从精神的供给端和需求端同时发力,充盈和丰富人民的精神世界。

(六)实现全体人民共同富裕

在中国这样一个人口规模巨大、疆域幅员辽阔、各地区各领域发展情况不同的国家推进和实现共同富裕不是一件容易的事,要深刻把握其中的内在逻辑和辩证关系。一是在统筹共建和共享中实现中国式现代化的共同富裕。共同富裕致力于将发展成果共享于广大人民群众,共同富裕的扎实推进需要从广大人民群众之中汲取无穷的力量,在共同参与、齐心奋斗中创造中凝聚起推动共同富裕实现的强大合力。①二是在兼顾质量与速度中推进中国式现代化的共同富裕。共同富裕不能只看财富总量的规模及增长速度,必须做到区域之间、城乡之间、广大人民群众之间平衡和均衡的富裕;共同富裕也不是追求平均主义和同步富裕,而是创造平等的发展机会、富裕机会。社会主义基本经济制度是促进共同富裕的制度基础②,必须坚持"两个毫不动摇",夯实公有制经济的主体地位,筑牢共同富裕的核心支撑,也要通过发展其他所有制经济,充分提升经济活力、拓展财富的增长空间;完善分配制度,坚持按劳分配为主体、多种分配方式并存;要不断完善社会主义市场经济体制,政府要做到"有为"且"有度",市场要做到"有效"且"有序"。

(七)促进人与自然和谐共生

实现人与自然和谐共生,需要在党的领导下统筹谋划、协调推进,秉持系统观念和战略思维筑牢中国式现代化的生态之维。一是坚持党对生态文

---

① 郭晗、任保平:《中国式现代化进程中的共同富裕:实践历程与路径选择》,《改革》,2022年第7期。

② 韩文龙:《在中国式现代化新道路中实现共同富裕》,《思想理论教育导刊》,2021年第11期。

明建设的全面领导。保证党对生态文明建设领导的全面性和系统性,通过抓党建提升生态文明建设,发挥举国体制的独特优势,推动生态环境保护取得丰硕成果。二是加快推动绿色低碳转型。要加快发展方式绿色转型,坚持节约和集约的方向,推动绿色低碳产业加速发展,倡导绿色消费理念和方式。将经济效益、生态效益和社会效益统筹起来,推动形成绿色低碳的生产方式和生活方式,"建立健全绿色低碳循环发展的经济体系"[1]。三是持续打好污染防治攻坚战。针对严重影响人民美好生活的环境污染,持续深入实施大气、水、土壤等污染防治行动。在方法论上要讲求系统推进和重点突破相结合,注重源头层面的防控,统筹协调城市和乡村的人居环境治理行动,加大对环境基础设施的投入资金和建设力度,汇聚来自行政、经济、技术和法律等多方面的合力,切实保障污染防治工作取得扎实成效。[2]四是提升生态系统质量和稳定性。建立生态资源的统一治理体系,注重源头治理、系统推进,统筹山水林田湖草沙一体化保护和修复。不断降低工业发展对自然环境的负面影响,平衡好农业系统与自然系统的关系。五是保持战略定力,推进"双碳"目标。碳达峰、碳中和不是一蹴而就的,而是一项长期工程,要根据我国的具体国情和能源现状制定科学的规划和完善的步骤。要将生态环境的改善与人民福祉的提升统筹起来进行考量,二者不能有所偏废。政府要制定合理的政策,同时也要发挥市场的激励作用。构建和完善立体式的制度设计与评估体系,扎实推进碳排放核查、碳市场建设等基础性工作。[3]

(八)推动构建人类命运共同体

推动构建人类命运共同体既需要国际社会在理念和观念层面达成共识,又需要推动相应体制机制的建立和完善。首先,推动国际社会就构建人类命运共同体达成共识,增进战略互信。要加强同世界的沟通,广泛开展对

---

① 《习近平谈治国理政》(第三卷),外文出版社,2020年,第40页。
② 童成帅:《习近平生态文明思想的方法论体系探释》,《社会主义研究》,2022年第5期。
③ 李湖:《促进人与自然和谐共生是中国式现代化的本质要求》,《红旗文稿》,2023年第3期。

话、深入进行交流,消除国际社会上的一些疑虑、误会和猜疑。要更加积极主动地向海外各界宣传自身主张,学术界应全面加强研究提供理论支撑。根本上要通过实践进行论证,中国推动构建的人类命运共同体,不是为了谋求新的霸权,而是为了世界整体的利益。其次,拓展迈向人类命运共同体的新道路。一是要构建新型国际关系,坚持合作共赢,消除"零和博弈"的错误认知,纠正霸权主义和强权政治。二是要改革国际合作机制。进一步改革现有的国际合作机制,又要开拓思路,创新共建"一带一路"等新的合作机制。三是要巩固和创建合作平台,继续深化与东盟、欧盟的合作,进一步巩固和发展上海合作组织,积极推动"一带一路"建设,继续加强同非洲、拉美和中东欧国家的合作。四是建立危机管理和化解机制,重视双边协商对话。最后,充分发挥公认的国际关系准则和现有国际组织的作用。要发挥平等和主权原则、国际人道主义精神等一系列公认的国际关系准则的作用,发挥东盟、上海合作组织等地区组织的作用,推动地区一体化和区域命运共同体建设。[①]

(九)创造人类文明新形态

创造人类文明新形态要实现对资本的驾驭、统筹推进"五位一体"总体布局、推动构建人类命运共同体,从公平正义、多维协同和世界历史的角度塑造这一新型文明。一是在驾驭资本中创造人类文明新形态。资本相较于前资本时代的生产关系更为先进,推动了人类社会生产力的飞速提升。与此同时,资本逻辑的展开给人类带来了新的不平等,引发人发展的危机和生态危机。中国共产党在带领人民建设中国特色社会主义的过程中,深刻理解资本的文明性与反文明性,开拓性地创造了社会主义市场经济,既发挥了市场高效配置资源、促进生产力进步的作用,又始终坚持公有制的主体地位,充分发挥出社会主义制度的优势。中国式现代化是将资本作为发展手

---

① 李景治:《推动构建人类命运共同体的路径选择》,《新视野》,2017年第6期。

段和工具的现代化,是规制资本、导控资本的现代化,在驾驭资本中创造人类文明新形态。二是在统筹推进"五位一体"建设中创造人类文明新形态。统筹推进"五位一体"总体布局为塑造人类文明新形态提供了全方位和系统性支撑,提供了正确的价值导向和理论指引。西式现代化片面追求发展规模和发展速度。不仅造成了其内部发展的失衡和矛盾,还在全世界范围内构建起一个不平等、不均衡的发展格局。"五位一体"的中国式现代化超越了这种文明发展模式和发展路径,不仅追求文明在宏观整体上的多维进步,也强调具体个体的自由而全面发展,满足具体个体的多样性需要。三是在推动构建人类命运共同体和文明交流互鉴中创造人类文明新形态。文明的交流与互鉴,才是文明发展的动力之源。[①]中国式现代化是人类文明最新成就的体现,它是文明相互交流、相互借鉴的产物。文明只有取长补短、扬长避短,才能使文明的发展达到一个新高度,才能丰富和发展人类文明新形态。

第三节　推进中国式现代化的重大原则

原则是对人们在未来开展实践的一种规范和引导,是行事所依据的准则。中国式现代化作为一项系统性和艰巨性的伟大工程,必须确立推进的原则和准则,以引导和凝聚各领域、各方面形成推动现代化事业的磅礴力量。

一、中国式现代化的重大原则

中国式现代化的五个重大原则分别强调了中国式现代化的领导主体、道路选择、价值导向、动力支撑和精神品格,为进一步将中国式现代化推向

① 杨值珍、张忠家:《论人类文明新形态》,《江汉论坛》,2023年第2期。

深入规定了前进遵循。

（一）坚持和加强党的全面领导

坚持和加强党的全面领导，是推进中国式现代化的根本保障。要深刻领悟、准确把握其丰富内涵，才能确保党"总揽全局、协调各方"，确保中国式现代化始终沿着正确方向前进。一是"坚持"的根本是坚持党中央权威和集中统一领导。党员干部要把维护党中央权威摆在政治建设的首要位置，在思想上、政治上、行动上都要坚定不移地向党中央看齐、靠拢，把党中央的决策部署及时、准确地贯彻下去，保证党的全面领导的严肃性和权威性。[①]二是"全面"体现在坚持党对一切工作的领导。推进中国式现代化是一个系统工程，需要系统谋划、整体推进，因此，必须有一个坚强力量来领导，这个坚强力量就是中国共产党。坚持党对改革发展稳定、内政外交国防、治党治国治军等领域的全面领导，可以做到"全国一盘棋，集中力量办大事"。同时，在"全面"中加强党的领导，能进一步维护党的权威性，确保党始终保持生机活力。从而带动现代化事业的蓬勃发展。三是"加强"对党的建设伟大工程提出更高要求。"实现伟大梦想，必须建设伟大工程。这个伟大工程就是我们党正在深入推进的党的建设新的伟大工程。"[②]中国共产党历来重视自我革命，进而为社会革命提供保障和引领。新时代我们开展从严治党的深刻实践，取得了巨大成效、产生了深刻影响。为巩固党的长期执政地位，必须高度重视党的自身建设，以清醒的头脑和坚强的毅力，把有损党的先进性、纯洁性的因素铲除掉，提高党的全面领导水平，为推进现代化事业提供方向指引和动力支撑。

（二）坚持中国特色社会主义道路

中国特色社会主义道路内涵丰富，是中国化马克思主义的重要内容。第一，中国特色社会主义道路的领导核心是中国共产党。中国共产党不断

---

① 孙健、王涛：《党的政治建设的三重维度》，《理论视野》，2023年第12期。
② 《习近平谈治国理政》（第三卷），外文出版社，2020年，第13页。

推进社会主义现代化的一次又一次伟大飞跃,为人类社会和文明进步作出伟大历史贡献,使中华民族焕发出新的蓬勃生机。[①]第二,中国特色社会主义道路的开辟依据是"基本国情"。我国正处于并将长期处于社会主义初级阶段,我国的社会主义建设,必须从基本国情出发,走中国特色社会主义道路。第三,中国特色社会主义道路的基本路线。即"一个中心、两个基本点"——以经济建设为中心,坚持四项基本原则,坚持改革开放。第四,中国特色社会主义道路的价值依归。中国特色社会主义道路是为人民铺就的康庄大道,是依靠人民铺就的人间正道。第五,中国特色社会主义道路的目标。我们已经如期顺利完成第一个百年奋斗目标,即全面建成小康社会,要在此基础上推进实现第二个百年奋斗目标——建设富强、民主、文明、和谐、美丽的社会主义现代化强国,不断推进中华民族伟大复兴和社会主义伟大事业。

(三)坚持以人民为中心的发展思想

在发展目的上坚持一切为了人民。发展不是为了某个人、某些人的私利,而是为了人民群众,要把增进人民福祉、促进人的全面发展作为发展的出发点和落脚点。首先,在发展主体上坚持依靠人民。人民是历史的创造者,以人民为中心的发展思想,就是坚持马克思主义的群众史观,把人民作为发展的依靠力量和动力源泉。在推进中国式现代化的过程中,需要啃下许多硬骨头,复杂程度前所未有,中国式现代化只有紧紧依靠群众,把群众作为发展主体,才能为发展注入磅礴力量。其次,要在解决人民需要中寻找发展思路。要从问题出发,不断解决人民生活和经济社会发展中的实际问题。"我们要随时随刻倾听人民呼声、回应人民期待"[②],通过满足人民的需要来实现更好的发展,通过更好的发展来满足人民的需要。最后,发展效果要

---

① 高长武:《以历史唯物主义的大历史观看待中国共产党的100年》,《党的文献》,2021年第4期。

② 习近平:《论坚持人民当家作主》,中央文献出版社,2021年,第22页。

由人民检验。一个思想是否具有人民性，从根本上说，是看人民是否掌握评价权。以人民为中心的发展思想，具有彻底的人民性，完整地回答并确认了人民的检验权和评价权。①

（四）坚持深化改革开放

改革开放开启了中国现代化的伟大转折，新征程上继续推进中国式现代化必须坚持国内国际两个大局的协调联动，不断拓展现代化的发展空间。一是坚持全面深化改革，增强中国式现代化的内生动力。全面深化改革要做到"全面"，改革涉及国家发展的各个领域，其中首要的是要做好经济工作，通过经济工作的顺利开展带动现代化事业全局的进步。全面深化改革要做到"深入"，不断破除影响市场活力的不利因素和体制机制障碍，充分挖掘和利用我国庞大的市场潜力，进而激发中国经济增长的内生动力，推动经济质量和规模的同步提升。坚持全面深化改革要主动加快构建国内大循环，协调推进扩大内需和供给侧结构性改革，在二者的协调联动中提高人民需要的满足程度。政府要做到"有为"且"有度"，发挥好市场在资源配置中的决定性作用，在加快构建全国统一大市场中提高生产、分配、流通和消费的整体提升和进步，不断强化中国式现代化的内在支撑。二是扩大高水平对外开放，为高质量发展积蓄动能。用扩大开放来推进改革，让国内国际两个大循环相互促进和联动，以更高水平的对外开放吸引技术、资本和人才等国际上的高端要素，不断拓展中国式现代化的经济增长空间。掌握发展的主动权，就是要用好改革开放这一重要法宝，用高水平的开放来推动深化改革，推动高质量发展，在更高的层次开放中使国内国际两个市场实现更好的联动，把两种资源的作用都充分发挥出来，不断拓展对外经贸合作。推动改革更加深入、发展更加有质量，使我国的国际竞争力得到提升，为新发展格局的构建注入更多动力。

---

① 李冉：《深刻认识和把握以人民为中心的发展思想》，《马克思主义研究》，2017年第8期。

（五）坚持发扬斗争精神

习近平指出推进中国式现代化"必须增强忧患意识，坚持底线思维，居安思危、未雨绸缪，敢于斗争、善于斗争，通过顽强斗争打开事业发展新天地"[①]。一是要总结斗争的规律特点。矛盾的斗争性表现为双方力量此消彼长的过程，不同事物矛盾的斗争呈现不同的斗争状况、斗争形式，同一事物矛盾的斗争在不同阶段也呈现不同的状况，这是矛盾斗争性发展的一般规律。要深刻意识到矛盾的长期性、复杂性、艰巨性、多变性，在掌握斗争规律中有效应对和解决中国式现代化进程中的难题和矛盾。二是要坚定斗争的原则立场。原则问题就是底线问题，触碰原则就是触碰底线。维护原则立场必须发扬斗争精神，开展斗争实践，这是践行底线思维的重要路径和深刻体现。现代化事业中各领域各方面都有其原则和底线，社会主义现代化中最根本的是维护人民的利益，要具体问题具体分析，针对各领域的实际情况开展斗争。要敢于同损害党的领导和国家主权与安全、威胁国家核心利益和人民根本利益的思想和行为做斗争。三是掌握斗争的方式方法。发扬斗争精神，坚持有理、有利、有节的科学方法。斗争要从事实出发，坚持真理。斗争要有利于民族、国家和人民的利益，在斗争中谋发展、促发展。斗争要把握度，要坚持原则性和灵活性相结合，调动一切可以调动的积极因素，不断开创中国式现代化的新局面。

二、坚持中国式现代化重大原则的必要性

这五个重大原则不是凭空设定的，而是从历史逻辑、实践逻辑和理论逻辑的交互理解中得出的科学结论，具有必要性和必然性。

（一）坚持和加强党的全面领导的必要性

坚持和加强党的全面领导是中国式现代化五大原则中的首要原则，现

---

① 《习近平在学习贯彻党的二十大精神研讨班开班式上发表重要讲话强调　正确理解和大力推进中国式现代化》，《人民日报》，2023年2月8日。

代化的领导力量将现代化的道路选择、价值导向、动力支撑和精神品格紧密统摄起来。首先,从中国式现代化的领导主体和道路选择的关系来看,中国特色社会主义道路是党领导人民艰苦探索、奋进开辟出来的一条康庄大道。中国共产党的政党性质决定了中国的发展道路必须是一条建设社会主义社会并趋向于共产主义社会的道路,同时党又在马克思主义的指导下结合具体国情,使得社会主义道路和现代化模式又生发出显著的中国特色。其次,从中国式现代化的领导主体和价值导向的关系来看,党领导推进的现代化是为了人民的现代化、依靠人民的现代化,现代化的成果由人民共享。历史唯物主义揭示了人民才是真正的历史主体和创造者的科学真理,必须在发现、激励和凝聚广大人民群众力量的过程中,才能扎实推进现代化事业。再次,从中国式现代化的领导主体和动力支撑的关系来看,坚持党的领导是改革开放取得巨大成就的根本原因,也能确保今后的全面深化改革和高水平扩大开放沿着正确航向破浪前行。最后,从中国式现代化的领导主体和精神品格的关系来看,坚持斗争、敢于斗争是中国共产党在百年奋进历史中得出的宝贵经验,既是一种强大的精神力量,也是一种改造世界的世界观和方法论。①党带领人民在斗争中进行革命、开展建设、推动改革,继续推进中国式现代化必须保持高昂的斗争精神。

(二)坚持中国特色社会主义道路的必要性

坚持中国特色社会主义道路,是基于对历史进程的深刻考量,中国特色社会主义道路是将现代化成果惠及广大人民群众的正确道路,必须予以坚持。一是实现民族复兴的必然之路。近代以来,为了实现中华民族伟大复兴,改变民族的命运前途,无数仁人志士作出了诸多的艰辛探索和不懈努力,但最终都以失败告终,民族的命运未能得以改变。历史证明,坚持走中国特色社会主义道路,能保证民族复兴伟大事业的顺利推进,这是一条历史

---

① 王玉良:《斗争精神:中国共产党鲜明政治品格的理论构成与实践指向》,《河南师范大学学报》(哲学社会科学版),2024年第3期。

选择的道路。二是人民群众获得幸福的必然选择。中国特色社会主义道路是党带领人民历在千锤百炼的实践中艰辛探索出来的。人民选择为了自己切身利益的中国共产党及其领导的社会主义事业,中国共产党也始终坚持人民至上、坚持以人民为中心推进现代化事业走好中国道路。中国特色社会主义道路是党带领人民通往幸福的道路,因此得到人民的高度认同、广泛参与与衷心拥护,是人民群众的必然选择。三是中国特色社会主义谱写新篇章取得新胜利的必然选择。新时代以习近平同志为核心的党中央带领人民坚持走中国特色社会主义道路,坚定走中国特色社会主义道路的信心,不断拓展和深化中国特色社会主义道路的内容。正是因为我们坚持走这条道路,才不断开拓出各项工作的新局面,将中国的发展推向了一个新高度,战胜自然灾害、化解社会贫困、顺利全面建成小康社会……在变局中不断开拓出新局,在危机中抓住一个又一个机遇。[1]新时代全方位各领域取得的丰硕成果证明,中国特色社会主义道路符合中国国情,能够不断提高人民需要的满足程度,因此必须毫不动摇予以坚持。

(三)坚持以人民为中心的发展思想的必要性

为了谁发展的问题,是发展的首要问题。坚持以人民为中心的发展思想,强调了中国作为社会主义国家推动发展和进行生产的根本目的。首先,这是弘扬中华优秀传统文化的必然选择。中华优秀传统文化包含着重民贵民、安民保民、民惟邦本等优秀的治国理政理念,中国共产党在奋进征程中始终坚持从本民族的优秀文化和文明传统中汲取养料和智慧,对民生的高度重视就深刻体现了这一点。[2]党不断结合革命、建设和改革实践,使中华优秀传统文化在各个阶段得以焕发新的活力。其次,这是马克思主义的根本立场。每个人自由而全面的发展指出了社会主义不同于旧社会的本质特

---

①　田旭明:《中国共产党识变应变求变能力建设的内在逻辑》,《理论探索》,2024年第3期。

②　周向军、赵信彦:《论习近平新时代中国特色社会主义思想对中华优秀传统哲学的传承创新》,《山东社会科学》,2024年第4期。

征,也是领导社会主义事业的马克思主义政党的最高奋斗目标和价值追求。党领导人民将马克思主义的群众史观和中华优秀文化的民生理念充分结合在一起,在实践中不断推动历史向前发展,不断开拓出历史的新境界。此外,在马克思的语境中,一个国家和民族的现代性,与这个国家和民族的人民性是紧密联系在一起的,人民性贯穿马克思对资本主义现代性批判的始终。最后,这是党的力量之源和初心使命。中国共产党作为使命型政党,肩负着为中国人民谋幸福、为中华民族谋复兴的初心使命,中国共产党不断发现、挖掘和激发人民群众的巨大历史创造力量,推动现代化事业不断向前发展,为了人民、带领人民、依靠人民创造了一个又一个人间奇迹。增强了民族自信、国家自信和历史自信,增强了中国共产党人的政治自信,使中华文明优良传统中的智慧结晶在新的实践中不断焕发新的生机和活力、增添新的内容。

(四)坚持深化改革开放的必要性

改革开放是中国人民和中华民族发展史上的一次伟大革命,开启了中国社会主义现代化事业的崭新篇章,推进中国式现代化要坚持深化改革开放。一是改革开放步入攻坚期和深水区,深化改革开放能够激发中国式现代化的内生动力。将中国式现代化推向深入的征程中机遇和挑战并存。从国际层面来看,百年未有之大变局不断塑造出新的态势,世界在政治、经济和文化等诸多领域和各个方面进入到一个剧烈变革时期、深刻调整阶段和重要转折节点,当前世界经济复苏乏力,单边主义、保护主义和霸权主义等消极观念和行为充斥在国际交往实践中,使中国继续推进现代化事业的外部环境变得更加严峻,前进道路上充满了更多的不稳定性和不确定性。[1]从国内层面来看,新时代以来,党带领人民在各领域不断开拓出新的局面,尤其是战胜了绝对贫困,全面建成了小康社会,将中国特色社会主义和社会主

---

[1]　种鹃、邱耕田:《习近平关于全球发展重要论述的生成逻辑、核心要义及推行路径》,《当代世界与社会主义》,2023年第4期。

义现代化事业推向一个新发展阶段。与此同时,不平衡不充分的发展问题也不断凸显出来,提升中国经济发展质量的任务迫在眉睫,构建国内大循环、建设全国统一大市场也需要破除一系列机制阻碍。只有以全面、系统、深入的改革才能解决这一系列问题,为现代化事业进步开拓出新的增长空间。二是全面深化改革开放承载着中华民族从富起来到强起来的伟大历史使命。新中国的成立,标志着党领导人民实现了"站起来"的历史跨越。改革开放进一步解放和发展了生产力,我国的社会生产力水平和人民的幸福水平大幅跃升,实现了社会主义现代化事业的又一个重大转折,中华民族创造了"富起来"的现实图景。中华民族未来要致力于实现"强起来"的宏伟目标,在实现这一目标的过程中,必定充满了各种阻碍因素和艰难挑战,因此必须坚持全面深化改革开放,塑造"强起来"的支撑,培育"强起来"的动力。全面深化改革总目标,与"强起来"的历史使命紧密契合,成为完成中华民族"强起来"历史使命的关键一招。①

（五）坚持发扬斗争精神的必要性

斗争精神是中国共产党人的宝贵品质,现代化事业是党带领人民在斗争实践中开拓出来的,未来要继续坚持发扬斗争精神,以昂扬奋进的姿态,谱写现代化的崭新篇章。首先,斗争精神是马克思主义的理论品格,具有深厚的历史唯物主义基因。②马克思主义认为,人类社会的发展正是通过矛盾的解决来实现的,必须经历一场又一场的现实斗争。实现以共产主义为目的的马克思主义,充分显示了其坚持斗争、勇于斗争的鲜明立场与理论品质。其次,中国共产党带领中国人民不断改变民族命运、持续推动国家进步、努力增进人民幸福的一百多年的历史就是一场波澜壮阔的斗争史。"在

---

① 俞祖华:《中国共产党中华民族复兴话语研究综述》,《晋阳学刊》,2024年第4期。

② 刘勇、赵勇、杜玉华等:《全面建设社会主义现代化国家必须牢牢把握的重大原则（笔谈）》,《理论与改革》,2023年第1期。

中国人民顽强前行的伟大斗争中,中国共产党诞生了。"[1]在新民主主义革命时期,党带领人民与"三座大山"进行斗争,最终取得了革命的胜利,建立了新中国,这是现代化事业发展的一个重要转折点。在社会主义革命和建设时期,党带领人民在自力更生的斗争中为民族复兴和现代化事业奠定了坚实基础。在改革开放之后,党带领人民解放思想、锐意改革,在新的斗争中开拓了现代化事业的新局面。中国特色社会主义进入新时代,党领导人民在新的斗争实践中开拓创新,塑造出各个领域各项工作的新局面和现代化事业发展的新态势,与实现中华民族伟大复兴的宏伟目标更为接近。最后,中国式现代化的复杂性和艰巨性决定了必须发扬斗争精神。中国式现代化面临错综复杂的社会矛盾,前进道路上的风险因素和不确定因素明显增多。目前发展不平衡不充分问题仍然突出,推进高质量发展还有许多卡点瓶颈,人口规模巨大的乘数效应和除数效应使中国式现代化的历史过程更加艰巨。同时,世界经济复苏道阻且长,多重挑战和危机交织叠加。中国式现代化既要解决中国问题,也要为解决全球性问题提供中国方案,因此必须发扬斗争精神。

三、坚持中国式现代化重大原则的思路

坚持中国式现代化的几个重大原则,需要厘清思路,才能确保现代化事业的行稳致远。

(一)坚持和加强党的全面领导的思路

加强党的全面领导,是一个系统工程,在思想上要深刻认识,在实践中要扎实推进,不断提升和加强党的领导能力,不断塑造和强化现代化事业的"向心力"。一是旗帜鲜明做到"两个维护",深刻领会"两个确立"。"两个维护"是党员干部必须内化于心、外化于行的根本政治要求和准则。党员干部

---

① 习近平：《论坚持人民当家作主》,中央文献出版社,2021年,第71页。

要切实将"两个确立"转化为做到"两个维护"的思想、政治和行动自觉,服从党中央的统一指挥、调度与部署。二是增强执政本领,全面提升党的执政能力和领导水平。要始终重视对先进理论的学习,提高政治站位,从执政实践和领导实践中总结经验,秉持强烈的问题意识和清晰的目标导向,讲科学、懂法律,把握创新突破和防化风险的辩证关系,在广大人民群众的支持下扎实推进现代化事业。在推进中国式现代化的过程中,改革发展稳定的任务重、矛盾风险挑战多、治国理政的考验大,因此,必须加强党的执政能力和领导水平。三是始终发扬自我革命精神。习近平指出:"勇于自我革命,从严管党治党,是我们党最鲜明的品格。"[1]党能在一百多年的征程中依旧青春焕发,靠的就是始终坚持进行自我革命,时刻以"赶考"的觉悟和决心、刀刃向内的勇气进行自我监督,清除一切损害党的先进性和纯洁性的因素,在瞬息万变的大环境中始终坚持自己的初心和使命。[2]四是建立健全相关制度体系。中国特色社会主义进入新时代,党的领导制度体系得到坚持和完善,展现出更强的治理效能。今后要继续完善党总揽全局、协调各方的领导地位,着力提高党的领导制度体系的执行力,健全贯彻民主集中制的各种具体制度。

(二)坚持中国特色社会主义道路的思路

坚持中国特色社会主义道路,要充分认识到这条道路的优势所在,不断增强道路自信,以正确的道路开拓出现代化事业的新局面。一是坚持道不变、志不改,坚持把中国发展进步的命运牢牢掌握在自己手中。旗帜决定方向,道路决定命运。如果选择了错误的道路,不仅实现不了我们既定的目标,甚至还会断送民族的前途和命运,陷入困顿的处境之中。新时代不是什么别的新时代,只能是中国特色社会主义新时代,新发展阶段不是什么别的

---

① 《习近平谈治国理政》(第三卷),外文出版社,2020年,第71页。
② 冯新舟:《中国共产党自我革命的逻辑理路、价值意涵和现实路径》,《长白学刊》,2023年第2期。

新发展阶段，只能是中国特色社会主义的新发展阶段。发展是解决一切问题的关键，能不能坚定走好中国特色社会主义道路，关系着民族的发展命运、国家的发展前途和人民的全面发展。二是既不走封闭僵化的老路，也不走改旗易帜的邪路，始终坚持和发展中国特色社会主义。20世纪国内外建设社会主义的历史经验充分表明，搞好社会主义事业，既不能犯了封闭僵化的错误，要通过对内改革和对外开放，不断开辟出新的发展空间；更不能放弃社会主义，犯改旗易帜的错误。①我们要始终保持政治定力，坚持四个自信，及时研判中国特色社会主义新时代和世界百年未有之大变局的最新发展态势，在持续推进全面深化改革和更高水平对外开放中，夯实中国特色社会主义道路，承担起中国作为世界上最大社会主义国家的重任，通过高质量发展和丰硕的现代化成果，不断彰显社会主义制度的优越性和先进性。

（三）坚持以人民为中心的发展思想的思路

坚持以人民为中心的发展思想不是一句口号，各级党员领导干部要将其内化于心、外化于行，将中国式现代化真正建设成为"人的现代化"。首先，保持党同人民群众的血肉联系。党在一百多年的奋斗征程中取得一次又一次的胜利，一个重要法宝就是党始终保持同人民群众的血肉联系。离开人民群众，党就会失去根基、血脉和力量，执政兴国就失去最根本的支撑和动力源泉。全党对此要时刻保持警惕，党和人民始终要同甘共苦、同舟共济，坚持以人民为中心的发展思想。其次，树立正确的政绩观、发展观与事业观。领导干部作为党和国家事业得以顺利开展的人才支撑，是推进现代化得以稳步推进的"关键少数"。领导干部要树立正确的政绩观、发展观和事业观，政绩创造的大不大、发展的好不好、事业搞得成不成功，评价的标准要看人民群众满不满意，从而在实践中真正落实以人民为中心的发展思

---

① 陈培永：《从"老路"与"邪路"思维的生成机理看中国道路的基本遵循》，《江海学刊》，2020年第3期。

想。①再次,将问计于民和问需于民相结合。党在制定和执行政策时要高度关注两个方面。一是锚定解决什么问题,这要从广大人民群众的需要中确立,即问需于民;二是明确解决问题的思路、方法和举措,这要从广大人民群众中汲取力量和智慧,即问计于民。只有把问计于民和问需于民相结合,在提出问题和解决问题的良性互动和循环中持续推进,才能真正贯彻以人民为中心的发展思想。最后,要加强干部能力建设。领导干部是贯彻以人民为中心的发展思想的关键,领导干部必须有一定的能力和素质,这是真正贯彻好以人民为中心的发展思想的重要支撑。

(四)坚持深化改革开放的思路

在新征程上坚持深化改革开放,要把握好全面深化改革和推进更高水平对外开放的辩证关系,统筹协调推进国内国际双循环,构建与我国现代化目标相匹配的新发展格局。一是推动重点领域改革取得突破,增强中国式现代化的内生动力。要坚持社会主义基本经济制度,不断完善中国特色现代企业制度,不断推进国有企业改革、壮大国有资本,同时在政策、法治、市场和社会环境等诸多方面为民营经济健康发展提供支持和保障。要让市场在资源配置中起决定性的作用,更好地发挥政府职能,进一步推进要素市场化改革。防止资本无序扩张,引导资本有序发展,坚持金融为实体经济服务的宗旨,防止经济脱实向虚,统筹发展和安全。二是在扩大高水平对外开放中拓展中国式现代化的发展空间。要坚定不移地推进建设贸易强国的步伐。促进我国外贸规模稳定增长、结构进一步优化,加速实现贸易大国向贸易强国的转型。要在互惠互利的基础上,进一步扩大对外经贸关系,营造法治化国际化一流营商环境。适当缩减外资准入负面清单,对外国投资者的权利进行法律保护。要加大对各种产权的保护力度,强化信用体系建设,让

---

① 马奇柯:《树立和践行正确的政绩观》,《红旗文稿》,2023年第9期。

各种类型的企业都能有一个公平的竞争环境。[①]同时,要完善营商环境评估体系,提高领导干部根据市场经济规律来处理经济事务的能力与水平,并建立起完善的容错纠错机制,营造良好的营商生态。

(五)坚持发扬斗争精神的思路

推进中国式现代化,要立足新的世情国情、党情和民情,不断开辟斗争的新局面。一是坚持发扬斗争精神要加强理论引领。要深入学习和研究马克思主义斗争理论,理解辩证唯物主义的深刻内涵、实践规律和实践要义。要对"四史"进行深入学习,掌握其中蕴含的斗争哲学、斗争逻辑、斗争经验。要与时俱进地加强对党的创新理论的学习和研究,深刻领会中国共产党在新时代的斗争实践及斗争精神的丰富内涵、本质要义和实践原则,对斗争精神的内涵与外延进行全面、系统、辩证地把握。[②]二是坚持发扬斗争精神要以人民为中心。人民群众是发扬斗争精神的动力来源,为人民服务是发扬斗争精神的目标指向。开展斗争实践就是要保持经济的持续发展为人民提供充裕的物质,推动实现社会的长期稳定和全面发展,从而实现人的全面发展、全体人民共同富裕。只有把人民群众作为自身的力量来源,才能使斗争精神在新时代焕发出勃勃生机。中国共产党人要始终牢记为人民谋幸福、为民族谋复兴的初心使命。在新时代弘扬斗争精神,就是要让人民群众平等、全面地享受到斗争的成果,在丰富的斗争实践中推进中国式现代化。三是坚持发扬斗争精神要注重实践锻炼。斗争精神不只是一句空话,也不是一个抽象概念,而是要通过大量的实践进行锤炼和历练,并接受实践的检验。在推进中国式现代化的过程中,要迎接具有新的历史特点的伟大斗争,积极适应斗争的环境、目标、态势、情况,使自己的斗争能力得到进一步提升。社会个体尤其是党员干部,要主动投入基层一线中去,把风险挑战和矛

① 张定安、高乐:《聚焦市场主体关切持续打造市场化法治化国际化营商环境》,《中国行政管理》,2021年第8期。
② 柯艺伟:《马克思斗争精神的理论解析与现实运用》,《人民论坛》,2021年第36期。

盾困难当成检验和磨炼自己斗争本领的机会,在复杂的斗争中磨炼自己的斗争能力,在解决现实问题的过程中把握斗争艺术。

第五章

以高质量发展推进中国式现代化

党的十九大报告对我国经济发展趋势作出深入分析,明确提出我国经济已由高速增长阶段转向高质量发展阶段。党的二十大报告进一步提出高质量发展是全面建设社会主义现代化国家的首要任务。因此要实现把我国建成富强民主文明和谐美丽的社会主义现代化强国的战略目标,必须着力推动经济高质量发展。

第一节　高质量发展的本质及内涵

一、经济发展相关理论概述

党的二十大报告鲜明指出:"发展是党执政兴国的第一要务。没有坚实的物质技术基础,就不可能全面建成社会主义现代化强国。"①什么是经济发展?为什么发展具有如此至关重要的地位?一个经济体如何才能实现长期

① 习近平:《高举中国特色社会主义伟大旗帜　为全面建设社会主义现代化国家而团结奋斗——在中国共产党第二十次全国代表大会上的报告》,人民出版社,2022年,第28页。

有效发展？回答这些问题,需要我们回归经济规律本身,锚定马克思辩证唯物主义和历史唯物主义世界观和方法论,以习近平新时代中国特色社会主义思想为指导,深入理解和把握经济发展的实质,以及实现这一目标的基本路径和内在要求。

关于经济发展和财富增长的研究自古典经济学时期就已开始,威廉·配第(1662)摆脱了重商主义的影响,把政治经济学研究重心重新转回生产领域,认为财富的源泉在于劳动;亚当·斯密(1776)将国民财富增长的原因归结为由市场和分工带来的劳动生产率的提高;李嘉图(1817)则更多关注资本积累与收入分配的相互作用。①以古典经济学供给决定需求的思想为基础,萨伊(1803)进一步提出了社会总需求必然等于总供给的论断,认为由于商品的买和卖相统一,供给本身能创造自己的需求。②古典经济学关注的是物质财富层面的发展问题,且侧重于从供给侧解释经济增长的源泉,而相对忽视了对需求侧问题的关注。

20世纪30年代末,哈罗德(1939)等学者提出恢复古典动态研究传统,并构建了系统的动态增长理论。③在此基础上,索洛(1956)等进一步引入总量生产函数,奠定了新古典增长理论的基石。④新古典增长理论延续了古典经济学的思想,注重从生产要素自身的积累和技术进步等内生角度解释经济增长的机制,并认为经济在市场条件下能够自发实现均衡,但这一观点同样面临着学者的质疑和经济实践的挑战。⑤

20世纪30年代大萧条后,以凯恩斯为代表的经济学家开始关注收入分

---

①　[英]威廉·配第:《赋税论——献给英明人士货币略论》,陈冬野、马清槐译,商务印书馆,2022年。[英]亚当·斯密:《国富论》,杨敬年译,陕西人民出版社,2011年。[英]李嘉图:《政治经济学及赋税原理》,郭大力、王亚南译,商务印书馆,2021年。

②　[法]萨伊:《政治经济学概论》,陈福生、陈振骅译,商务印书馆,1998年。

③　Harrod R.F.,1939,"An Essay in Dynamic Theory",*The Economic Journal*,49(193):14-33.

④　Solow R.,1956,"A Contribution to the Theory of Economic Growth",*The Quarterly Journal of Economics*,70(1):65-94.

⑤　Fazzari S.M.,Ferri P.E.,Greenberg E.G.,et al.,2013,"Aggregate Demand, Instability, and Growth",*Review of Keynesian Economics*,1(1):1-21.

配对于经济发展的重要影响。在《就业、利息与货币通论》中,凯恩斯指出受消费和资本边际效率递减规律及流动性偏好规律限制,消费和投资需求不足会导致整个社会总需求不足。[①]因此,在经济发展过程中,需要通过强化政府干预、实施需求刺激等策略来修复总需求,从而使经济摆脱衰退风险。凯恩斯的理论突破了古典经济学侧重从供给端来解释经济发展源泉而相对忽视需求端问题的局限,为西方国家资本主义的形成奠定了理论基础。后凯恩斯学派在继承凯恩斯总需求不足观点的基础上,进一步讨论了如何通过调节收入分配和调控总需求来实现经济的长期平稳发展:新剑桥学派提出可以通过政府调控收入分配来维持经济稳定增长[②];新卡莱茨基学派则放松了产能充分利用假定,在投资需求上升时通过产能利用率带动实际利润率上升创造出相应的储蓄量。[③]斯拉法超级乘数模型通过在有效需求中引入自发支出项,解决了新卡莱茨基模型中的哈罗德不稳定性问题。[④]不过,凯恩斯流派需求管理思想由于缺乏对经济结构性问题的考察,因此其总量调控策略容易面临工资挤压利润和债务累积等困境。

　　马克思主义理论为理解经济发展提供了更广义的视角。经济发展,在现象上表现为物质财富的积累和生产效率的提升,而在更深层次上,则代表着人类社会生产和社会关系的进步。从一般视角来看,生产力与生产关系

---

①　[英]凯恩斯:《就业、利息与货币通论》,金华译,立信会计出版社,2017年。

②　Pasinetti L.L., 1962, "Rate of Profit and Income Distribution in Relation to the Rate of Economic Growth", *The Review of Economic Studies*, 29(4): 267-279;[英]罗宾逊、伊特韦尔:《现代经济学导论》,陈彪如译,商务印书馆,1982年。

③　Bhaduri A., Marglin S., 1990, "Unemployment and the Real Wage: The Economic Basis for Contesting Political Ideologies", *Cambridge Journal of Economics*, 14(4): 375-393. Hein E., Lavoie M., Treeck T., 2011, "Some Instability Puzzles in Kaleckian Models of Growth and Distribution: A Critical Survey", *Cambridge Journal of Economics*, (35): 587-612.

④　Serrano F., 1995, "Long Period Effective Demand and the Sraffian Supermultiplier", *Contributions to Political Economy*, (14): 67-90. Cesaratto S., 2015, "Neo-Kaleckian and Sraffian Controversies on the Theory of Accumulation", *Review of Political Economy*, 27(2): 154-182. Girardi D., Pariboni R., 2016, "Long-run Effective Demand in the US Economy: An Empirical Test of the Sraffian Supermultiplier Model", *Review of Political Economy*, 28(4): 523-544.

的矛盾运动规律构成人类社会发展的基本规律。按照马克思主义理论的观点,生产力与生产关系是不可分割、相互联系的两个方面,分别反映了社会生产的物质内容和社会形式,二者的相互作用是推动社会生产发展和社会走向高级阶段的核心动力,也是推进现代化进程的基本遵循规律。

首先,经济发展意味着社会生产力的解放和物质财富水平的提升。按照马克思主义理论的观点,物质资料的生产是人类首要的历史活动,用以满足人类生存繁衍、追求美好生活,以及获得自身解放和发展的需要。物质资料的生产依赖于生产力的发展,因此生产力构成人类社会生活和全部历史的物质基础。从人类历史发展进程来看,发达的生产力及其所创造的坚实物质技术基础是一个国家实现现代化的必要条件。伴随着机器大工业生产方式的建立和资本主义制度的确立,世界经济体系开始呈现分化趋势,一部分资本主义经济体率先实现了现代化,建立了工业生产体系。经济史学家麦迪森(2003)的研究发现,人类社会的发展,在最近200年以来所呈现的地区收入差距远远超过以往任何时代:在0至1000年间,世界经济增速甚微,在人口增长了六分之一的同时,人均收入反而略有下降;在1000年至1820年间,西欧及其衍生地区(美国、加拿大、澳大利亚和新西兰),以及日本地区等的人均收入增长幅度明显快于世界其他地区;在1820年至1998年间,这一人均收入增幅差距持续扩大,截至1998年,西方衍生地区与非洲最贫困地区的差距已高达19比1。[1]由此可见,生产力的发展和物质财富水平的提升是经济发展和步入现代化的基础动力。

其次,经济发展要求建立与生产力相适应的生产关系。生产力与生产关系是相依相存的一体两面。经济发展不仅体现在物质财富的积累和生产力的发展方面,同样也受到生产关系的制约。马克思指出,生产只有通过人们相互之间发生联系才能完成[2]:一方面,生产关系与生产力发展客观要求

---

① [英]麦迪森:《世界经济千年史》,伍晓鹰、许宪春译,北京大学出版社,2003年。
② 《马克思恩格斯选集》(第一卷),人民出版社,2012年,第340页。

相适应时,能够极大程度推动生产力进步。资本主义制度的形成和发展就释放了前所未有的社会生产力,正如马克思恩格斯在《共产党宣言》中指出的:"资产阶级在它的不到一百年的阶级统治中所创造的生产力,比过去一切世代创造的全部生产力还要多,还要大。"[①]另一方面,当生产关系无法适应生产力发展的客观要求时,也会阻碍生产力的发展。马克思的剩余价值理论深刻阐明了资本主义经济的特有规律,并揭示了其经济运行过程中的基本矛盾。在资本主义生产方式下,资本主义基本矛盾的存在决定了资本主义经济总是难以避免地面临周期性过剩等危机问题,而伴随着资本和生产集中趋势所形成的垄断资本会加剧这种危机的范围和影响力,进而阻碍资本主义世界体系的生产力发展及其现代化的进程。

最后,经济发展以资本积累和扩大再生产为基本特征。在《资本论》第二卷中,马克思聚焦资本主义流通过程,基于对单个资本和社会总资本运动规律的分析,阐述了社会总资本(即社会总的物质财富)在量上取得规模不断扩张的基本机制及条件。马克思对于资本积累和扩大再生产的分析,蕴含了现代经济学所说的经济增长的思想,也构成了马克思增长理论的基础。经济增长的实质就是扩大再生产,物质资料在生产过程中被消耗,但其价值经由劳动而得以在新产品中被保存下来,在一定条件下,剩余价值经过资本化后得以在更大规模上将生产资料和消费资料重新生产出来,从而表现为社会价值总量和产品总量的扩张。马克思的增长理论涵盖了外延性增长和内含型增长两种情况:外延型扩大再生产通常指通过资本积累带来的再生产规模的扩张,而内含型扩大再生产则指由技术进步和劳动生产率提高所带来的经济增长和规模扩张。[②]有学者指出,后者的思路早在苏联时期就被苏联经济学家用于进行计划经济建设,即强调用内含扩大再生产的方式加

---

① 《马克思恩格斯文集》(第二卷),人民出版社,2009年,第36页。

② 石景云:《马克思社会再生产理论中的增长公式》,《中国社会科学》,1988年第2期;杨继国:《马克思的增长理论与现代增长理论比较研究》,《南开经济研究》,2001年第4期。

速第一部类经济的增长。①实质上,内含型增长观点就包含了对经济增长"质"的问题的思考。

二、高质量发展的内涵

高质量发展,是中国特色社会主义建设在坚持马克思主义历史唯物主义和辩证唯物主义方法论的基础上,结合中国实际发展需要所作出的重大理论创新,也是生产力和生产关系矛盾运动规律在新时代中国特色社会主义建设中的具体体现。有学者指出,把"高质量"作为反映经济活动目标要求的一个范畴,是习近平经济思想的原创性贡献。②理解高质量发展的内涵,可以从其基本要求、根本目标和实现途径三个方面入手。

第一,高质量发展的基本要求是充分发展生产力、提高物质财富水平。马克思主义理论指出,人类要生存繁衍、追求美好生活、获得自身的解放和发展,首先必须解决衣食住行等物质生活资料问题。因此,物质财富的生产是一切生产的基础,一个社会的物质生产能力是决定其发展方向和发展内容的基本要素。一方面,生产力的充分发展是实现共产主义的必要条件。恩格斯在《共产主义信条草案》中曾经指出过,财产公有制的实行必须建立在生产力充分发展的基础上。③马克思也指出分配制度的完善、即实现"按需分配"的前提也是生产力高度发展和"集体财富的一切源泉都充分涌流"④。中国作为以实现共产主义为最高理想的社会主义国家,其发展同样以追求先进生产力为指引方向。

不断提升物质财富生产能力,保持经济总量长期持续增长,是推进高质量发展的基本要求。刘伟和陈彦斌指出,具有较高的人均收入水平、高度发

---

① 刘惠林:《马克思经济学中的最优增长理论》,《中国社会科学》,1986年第6期。
② 刘凤义:《在经济规律体系中深入理解和把握高质量发展》,《马克思主义研究》,2023年第7期。
③ 《马克思恩格斯全集》(第四十二卷),人民出版社,1979年,第373页。
④ 《马克思恩格斯全集》(第十九卷),人民出版社,1963年,第23页。

达的物质条件、高度现代化的产业体系和高水平科技创新能力，是现代化国家的共同特征。[①]在总量上，高度发达的物质条件意味着经济体具备足够规模的国内生产总值。中国自改革开放以来，经历了四十多年的经济腾飞和物质财富总量快速扩张，实际GDP于2010年超过日本，之后长期位居全球第二位。2021年，中国GDP达到17.734万亿（现价）美元，与排名第一的美国差距进一步缩小（美国2021年GDP为22.996万亿美元）。但是如果从人均角度来看，中国人均收入水平与西方发达经济体相比仍然存在明显差距。根据世界银行数据显示，2022年中国人均GDP达到1.272万美元，已略超过世界人均收入水平平均值（1.265万美元），但是相比高收入国家群体（4.943万美元）还相对较低，中国人均收入仅为其四分之一左右的水平，是欧盟国家34.2%的水平（欧盟人均收入水平为3.715万美元）。同时，经济量的增长也需要以一定的产业体系和科技创新能力为前提，而当前中国在这一方面尚有进一步提升和优化的空间。因此，推动经济发展质量提升成为维持经济总量长期持续增长的题中要义。

第二，高质量发展的根本目标是满足人民美好生活需要。生产力的发展和物质财富水平的提升是推动中国在经济总量和综合实力方面赶超发达国家的基本路径，体现了西方话语体系下"现代化国家"应有的共性特质。然而，由于社会形式和阶级立场差异，对什么是有质量的经济活动，不同社会有不同的判断：从占有生产资料的剥削阶级立场看，获取较多剩余价值的经济活动被视为有质量的经济活动；而在社会主义和共产主义制度中，有质量的经济活动则主要表现为是否能满足人民需要和人的自由全面发展。

生产以满足全体人民需要为目的，是社会主义社会区别于资本主义社会的一个重要方面，也是适应新发展阶段社会主义矛盾运动的必然要求。党的十九大报告明确指出："中国特色社会主义进入新时代，我国社会主要

---

① 刘伟、陈彦斌：《以高质量发展实现中国式现代化目标》，《中国高校社会科学》，2022年第6期。

矛盾已经转化为人民日益增长的美好生活需要和不平衡不充分的发展之间的矛盾。"①2021年,我国脱贫攻坚战取得全面胜利,完成了消除绝对贫困的艰巨任务,为全球减贫事业作出重要贡献。随着人民的温饱问题得以解决,人民对美好生活的需要不再局限于物质产品和传统消费资料,同时也对生活品质、消费多样性、教育、医疗,以及环境等有了更高的诉求。只有推动经济发展模式从高速增长向高质量发展转变,才能真正满足人民对美好生活的向往。

第三,高质量发展的实现途径是畅通国民经济循环,实现供需匹配。习近平指出:"从宏观经济循环看,高质量发展应该实现生产、流通、分配、消费循环通畅,国民经济重大比例关系和空间布局比较合理,经济发展比较稳,不出现大的起落。"②这句话指明了维持经济发展的前提条件是经济循环畅通。马克思在《资本论》第二卷中也阐述过,资本的本质是运动中的价值,资本只有不断完成从货币资本到生产资本、商品资本、再回归货币资本的形态变换,才能实现自身价值的不断增殖。资本的形态变化必须经由生产、流通、分配和消费环节才能得以实现,因此,只有畅通宏观经济循环才能表明经济发展是按照高质量要求推动的发展。

从量的方面来看,经济增长的源泉来自社会总资本扩大再生产。通过将社会生产的剩余部分不断进行资本化,用于追加投资,使得再生产得以在更大规模上开展,才能推动物质财富总量的提升。从质的方面来看,社会总资本扩大再生产能够持续进行的前提条件,是社会总产品必须满足一定的比例关系。社会总资本并非单个资本的简单加总,而是由各个相互结合、彼此关联的资本汇合形成的有机整体。马克思从实物形态和价值形态两个层面对这种结构性关联进行了系统划分,将社会总产品划分为生产资料和消费资料两个部类,并指出只有当社会总产品各个部分价值补偿和实物补偿

①　《中国共产党第十九次全国代表大会文件汇编》,人民出版社,2017年,第9页。
②　《习近平谈治国理政》(第三卷),外文出版社,2020年,第239页。

条件得到满足时,社会总资本再生产才能实现平衡,从而再生产过程才能正常延续。高质量发展,既体现了经济增长规模扩张的特征,更蕴含了对经济有机体结构关联的思考,二者相互促进,并且在一定时期,后者会成为前者的重要约束条件。因此,要保证经济总量在长期能够实现合理增长,畅通国民经济循环、实现供需匹配是必然的发展途径。

三、高质量发展的具体特征

高质量发展背后所蕴含的生产力与生产关系相适应、物质财富水平和人民美好生活需要相协调的基本内涵,只有经由一定发展理念的引领,才能在实践中得以充分体现。2015年,习近平在党的十八届五中全会上提出了创新、协调、绿色、开放、共享的新发展理念。[①]2021年,在党的十九届六中全会上通过的《中共中央关于党的百年奋斗重大成就和历史经验的决议》中,习近平进一步做了概括:"必须实现创新成为第一动力、协调成为内生特点、绿色成为普遍形态、开放成为必由之路、共享成为根本目的的高质量发展,推动经济发展质量变革、效率变革、动力变革。"[②]新发展理念所凝练出的五个方面,高度概括了高质量发展的具体特征,也为我国现代化建设提供了原则依据。正如习近平指出的:"新发展理念是一个系统的理论体系,回答了关于发展的目的、动力、方式、路径等一系列理论和实践问题,阐明了我们党关于发展的政治立场、价值导向、发展模式、发展道路等重大政治问题。"[③]

高质量发展是以创新为第一驱动力的发展。从经济发展的一般规律来看,创新是突破经济增长瓶颈的核心动力。不论是在新古典增长理论还是马克思主义增长理论中,创新和技术进步都是修复经济增长动力的重要因

---

① 《习近平谈治国理政》(第二卷),外文出版社,2017年,第197~200页。
② 《中共中央关于党的百年奋斗重大成就和历史经验的决议》,人民出版社,2021年,第34页。
③ 习近平:《把握新发展阶段,贯彻新发展理念,构建新发展格局》,中国文献出版社,2021年,第479页。

素。早期的新古典增长理论由于设定了资本的边际生产效率递减,使得稳态增长率总是趋近于零,因此只能将长期的经济增长解释为外生技术进步和人口增长的结果;奥地利经济学家熊彼特则认为,生产技术的革新和生产方式的变革决定了经济的发展[1];马克思主义者同样指出,伴随着资本有机构成提高和利润率趋向下降所引致的一系列消费不足和经济增长停滞问题,需要依赖于重大技术的发展和进步才能得以抵消,通过重新激活潜在生产力和资本积累的空间,从而创造出巨大的新需求使经济摆脱现有制约。[2]从中国发展特殊阶段角度来看,创新是转变经济发展模式的关键因素。随着中国经济进入新的发展阶段,传统依赖于廉价生产要素的粗放型发展模式已不再适用,经济增速和资源环境承载能力均达到了瓶颈,这就对生产要素的组合方式提出了新的要求。在这一背景下,只有通过创新和技术突破,打造新的增长动能,才能实现经济从外延型粗放型增长模式向内涵型集约型发展模式的转变。与此同时,在世界百年未有之大变局背景下,面对日趋激烈的贸易摩擦和技术"卡脖子"问题,科技创新和自主创新对于中国来说也不仅是锦上添花,更是关系生存和发展的基本问题。

　　高质量发展是以协调为内生特点的发展。协调发展是经济发展"质"的提升的重要体现,也是实现满足人民对美好生活的需要这一发展目标的内在要求。在当前发展阶段,推动经济协调发展的重点包括三个方面:一是金融和实体相协调。合理范围内的金融活动可以成为实体生产活动的重要润滑剂,而过度的金融投机则会抑制实体经济的发展。党的二十大报告指出要"坚持把发展经济的着力点放在实体经济上"[3]。在高质量发展阶段,中国始终坚持金融服务于实体经济的宗旨,推动金融服务与实体生产协调发展,

---

①　[美]熊彼特:《经济发展理论》,何畏等译,商务印书馆,1990年。

②　Foster J. B.,2006,"Monopoly-Finance Capital",*Monthly Review*,(12):1-14.

③　习近平:《高举中国特色社会主义伟大旗帜　为全面建设社会主义现代化国家而团结奋斗——在中国共产党第二十次全国代表大会上的报告》,人民出版社,2022年,第30页。

从而引导货币和资本在生产部门之间更有效的流通。二是供需结构的协调。供求关系是最基本的经济关系,能否实现供求高水平动态平衡是反映经济发展质量的重要方面。党的二十大报告提出"把实施扩大内需战略同深化供给侧结构性改革有机结合起来"①,在坚持以供给侧结构性改革为主线的过程中,通过结合需求侧管理,实现经济结构的优化和供需结构的协调。三是区域之间的协调。在前一发展阶段以"数量"为目标的粗放型发展模式下,中国经济也呈现了区域发展不平衡的特征,东、中、西部地区收入增速差距明显,同时城乡差距逐步扩大,这种失衡会阻碍生产要素的充分自由流动。高质量发展要求促进区域协调发展。一方面,深入实施一系列区域协调发展战略,能够解决发展不平衡问题;另一方面,优化区域经济布局和国土空间体系,也有助于打造新的优质增长极。

高质量发展是以绿色为普遍形态的发展。19世纪资本主义社会在工业化进程中出现了严重的生态破坏和环境污染问题,留下了深刻的教训。马克思和恩格斯即指出,资本主义制度以价值增殖为核心驱动力的积累模式是造成生态问题的根本原因。中国在推进工业化和现代化的进程中,始终坚持人与自然和谐共生的理念,以及节约优先、保护优先、自然恢复为主的方针。习近平反复强调"绿水青山就是金山银山"②。绿色发展,不仅体现了高质量发展的基本底色,也是人民对美好生活需要的一个重要组成部分。

高质量发展是以开放为必由之路的发展。经济全球化进程是生产社会化程度提高和社会生产力发展的必然结果,这一进程有助于优化全球资源配置,使所有参与者获得分工带来的收益。中国经济发展与这一客观趋势相适应。2001年以来,随着中国加入世界贸易组织,货物贸易总额持续上升。世界贸易组织数据显示,截至2021年,中国已成为全世界最大的商品出

---

① 习近平:《高举中国特色社会主义伟大旗帜 为全面建设社会主义现代化国家而团结奋斗——在中国共产党第二十次全国代表大会上的报告》,人民出版社,2022年,第28页。
② 习近平:《中国式现代化是强国建设、民族复兴的康庄大道》,《求是》,2023年第16期。

口国,出口额约为美国的两倍。通过积极参与国际分工和贸易,中国经济在数量上也取得了快速发展。2022年,党的二十大报告进一步提出要"推进高水平对外开放":①一方面,要依托超大规模市场优势吸引全球资源要素流入;另一方面,也要推动贸易产品质量提升,通过高水平供给提升企业的国际竞争力,助力全球经济复苏和稳步发展。

高质量发展是以共享为根本目的的发展。共享发展理念,体现了中国始终坚持的以人民为中心的发展思想,也凸显了中国式现代化道路的特有性质。党的二十大报告深刻指出要"维护人民根本利益,增进民生福祉,不断实现发展为了人民、发展依靠人民、发展成果由人民共享,让现代化建设成果更多更公平惠及全体人民"②,这是全面建设社会主义现代化国家必须牢牢把握的重大原则。以共享理念为指引,中国全面推进乡村振兴战略,不断提升公共服务供给的数量和质量,健全共建共治共享的社会治理制度,构建更加公平的收入分配格局,以推动高质量发展的成果由全体人民充分享有。

第二节 高质量发展是推进中国式现代化的首要任务

一、高质量发展是全面建设社会主义现代化国家的现实需要

一个国家要走向现代化,必然遵循相应的发展路径。西方资本主义国家自15世纪、16世纪以来,通过海外殖民和开拓世界市场等方式完成了原始

---

① 习近平:《高举中国特色社会主义伟大旗帜 为全面建设社会主义现代化国家而团结奋斗——在中国共产党第二十次全国代表大会上的报告》,人民出版社,2022年,第32页。
② 习近平:《高举中国特色社会主义伟大旗帜 为全面建设社会主义现代化国家而团结奋斗——在中国共产党第二十次全国代表大会上的报告》,人民出版社,2022年,第27页。

资本积累；18世纪中后期至19世纪初，英国率先实现工业革命，而后，西方各国先后建立起了资本主义机器大工业生产方式，逐步实现了工业化；生产技术的变革和生产力的飞跃，引发了生产关系的重大变革，使得资本主义制度在西方国家最终得以确立。以追求价值增殖为核心驱动力，西方社会探索出了一条推动生产力发展和物质财富扩张、逐步走向工业化和现代化的路径。

社会主义现代化的推进拓展了发展中国家走向现代化的新路径。现代化并不等同于西方化，因此，社会主义现代化建设也并不意味着要走西方社会的老路。党的二十大报告对中国式现代化的基本特征进行了概括，指出中国式现代化是人口规模巨大的现代化、全体人民共同富裕的现代化、物质文明和精神文明相协调的现代化、人与自然和谐共生的现代化，以及走和平发展道路的现代化。[①]高质量发展是实现这一现代化发展目标的基本路径。

第一，以高质量发展推动经济长期平稳增长，实现人口规模巨大的现代化。实现人口规模巨大的现代化，是中国式现代化有别于西方社会现代化进程的一个重要方面。党的二十大报告指出："我国十四亿多人口整体迈进现代化社会，规模超过现有发达国家人口的总和，艰巨性和复杂性前所未有，发展途径和推进方式也必然具有自己的特点。"[②]要完成这一艰巨任务，必须从国情出发，统筹兼顾，保证经济能够在长期维持平稳合理的增长。

高质量发展是激活发展潜能，实现长期增长目标的基本路径。在高质量发展阶段，增长速度不再是经济发展追求的唯一目标，但这并不意味着不需要经济增长或增长可以停滞。《中共中央关于制定国民经济和社会发展第十四个五年规划和二〇三五年远景目标的建议》中，对中国经济增长速度的

---

①　习近平：《高举中国特色社会主义伟大旗帜　为全面建设社会主义现代化国家而团结奋斗——在中国共产党第二十次全国代表大会上的报告》，人民出版社，2022年，第22~23页。

②　习近平：《高举中国特色社会主义伟大旗帜　为全面建设社会主义现代化国家而团结奋斗——在中国共产党第二十次全国代表大会上的报告》，人民出版社，2022年，第22页。

目标设定作出了重要指示,明确提出到2035年实现经济总量或人均收入翻一番的发展目标。[①]根据学者测算结果显示,要实现到2035年人均实际GDP水平翻一番这一目标,要求2020—2035年中国经济实际GDP增速至少要达到4.8%的水平。[②]因此,维持一定的经济增速,是实现社会主义现代化的基本要求,只有坚持以创新、协调和开放为基础的高质量发展路径,才能够有力保障经济长期实现合理增长。

高质量发展是提供增长动力,跨越中等收入陷阱的最优选择。"中等收入陷阱"是很多发展中国家在迈向现代化进程中面临的重要挑战。世界银行报告指出,大多数中等收入国家和地区在发展过程中容易出现经济发展停滞乃至于收入水平倒退的问题。世界银行数据显示,1960年高收入国家的人均GDP水平大概为世界平均水平的3倍,是中低等收入国家的14.1倍;而到了2022年,高收入国家人均GDP与世界平均水平的比值已上升至3.9倍,与中低等收入国家比值则升至19.44倍。国家之间人均收入水平差距不断扩大的事实说明,部分中低等收入国家在发展过程中遇到了难以突破的障碍和瓶颈,不仅没有能够真正实现现代化,而且拉开了同高收入国家的距离。如何跨过这种中等收入陷阱,真正提升人均收入水平、维持物质财富存量长期增长是我国在实现现代化进程中需要解决的重要问题。二战以来,真正跨越中等收入陷阱的国家均有一个共同特征,即在全球创新和产业链分工中占据关键位置,如韩国、新加坡、以色列等。[③]因此,以创新驱动为核心特征的高质量发展路径,成为中国实现增长动能转换、突破传统增长极限的关键。

第二,以高质量发展促进社会公平,实现全体人民共同富裕的现代化。

---

①　《习近平谈治国理政》(第四卷),外文出版社,2022年,第115页。

②　刘伟、陈彦斌:《2020—2035年中国经济增长与基本实现社会主义现代化》,《中国人民大学学报》,2020年第4期。

③　刘鹤:《必须实现高质量发展》,《人民日报》,2021年11月24日。

共同富裕是中国特色社会主义的本质要求,也是中国式现代化的特有属性。党的二十大报告指出:"我们坚持把实现人民对美好生活的向往作为现代化建设的出发点和落脚点,着力维护和促进社会公平正义,着力促进全体人民共同富裕,坚决防止两极分化。"[①]高质量发展以协调发展为基本理念,为推进全体人民共同富裕奠定基础。

高质量发展模式与改善收入分配、缩小贫富差距的要求相匹配。改革开放以来,随着中国特色社会主义市场经济体制的建立,在一部分地区、一部分人先富起来的同时,也使得收入差距呈现明显扩大的趋势。根据WIND数据库测算,中国基尼系数自20世纪80年代以后快速上升,2005年后相对停滞但依然在高位徘徊。与此同时,中国家庭财富占比也呈现差距持续扩大的趋势:自1995年以来,中国排行后50%家庭的净财富占比持续下降,从16%水平降至6.4%水平;而排行前1%家庭的净财富占比,则从15.8%上升至29.6%水平,仅在2009年后经历了一段时期的下滑,2014年后恢复上升。因此,必须坚持高质量发展,通过改善收入分配格局、促进区域之间协调发展,不断缩小收入水平差距和区域发展差距。

高质量发展是财富积累与收入分配相协调的发展模式。共同富裕的实现,不仅依赖于收入分配的改善,同样也依赖于物质财富总量的增长。在当前阶段,改善收入分配恰恰是促进经济循环和修复增长动力的重要方式。一方面,改善收入分配有助于畅通国内经济循环。自改革开放以来,中国积极融入世界经济体系,逐步形成了以出口为重要驱动的增长模式,货物和服务净出口对经济增长发挥着重要影响。但随着世界经济长期萎靡,世界市场需求受国际局势影响频繁震荡,使得以国内投资和需求为主的内循环成为经济发展的稳定器。因此,通过改善收入分配,扩大国内投资和消费需求,充分发挥超大规模市场优势,能够为经济增长注入强劲动力。另一方

① 习近平:《高举中国特色社会主义伟大旗帜　为全面建设社会主义现代化国家而团结奋斗——在中国共产党第二十次全国代表大会上的报告》,人民出版社,2022年,第22页。

面,改善收入分配也有助于优化市场结构。传统凯恩斯主义的总量需求管理策略总是陷入困境的一个重要原因,是缺乏对经济结构性问题的关注。在经济生产活动存在结构性失衡及供需不匹配的情况下,传统的投资驱动增长模式难以见效,货币政策传导机制也会失灵,使得补充的货币流动性,会因为预期的消费需求疲软及收益率偏低等因素而难以刺激借贷和投资,从而无法真正流向实体经济。高质量发展则注重经济体系的结构平衡问题,通过将扩大内需与供给侧结构性改革战略有机结合等措施,不断修复消费能力、提振消费预期,从而实现供给与需求高水平动态平衡及国民经济的循环畅通。

第三,以高质量发展推进精神文明和生态文明建设,实现协调发展的现代化。协调发展是高质量发展的内在要求,也是中国式现代化的追求目标。社会的协调发展体现在多个方面:生产与消费、物质文明与精神文明、人与自然,等等。高质量发展为社会多维度的协调发展奠定了基础,不以单一的物质财富指标来衡量发展程度和发展质量,从而突破了资本主义经济以逐利和追求物质财富水平提升的局限性,是实现物质与精神相协调、人与自然相协调的基本途径。

一方面,高质量发展是物质文明和精神文明相协调的发展。物质文明和精神文明是相辅相成、相互促进的两个方面。恩格斯在致康拉德·施米特的信中写道:"物质存在方式虽然是始因,但是这并不排斥思想领域也反过来对物质存在方式起作用。"[①]在社会发展的过程中,物质生产活动起到了决定性作用,物质文明发展奠定了精神文明发展的基础,而精神文明建设则反过来制约着物质生产活动,为物质文明提供必不可缺的思想动力和制度支撑。此外,良好的精神文明建设也蕴含在人民对美好生活的需要之中。与以经济增速为首要目标的发展模式不同,高质量发展不仅要求物质文明的

---

① 《马克思恩格斯选集》(第四卷),人民出版社,2012年,第598页。

进步,同样注重精神文明建设。在高质量发展阶段,中国共产党注重把马克思主义基本原理同中国具体实际相结合、同中华优秀传统文化相结合,以马克思主义思想作为认识世界、改造世界的基点,以中华优秀传统文化赋能中国特色社会主义实践,通过传承和创新,不断增强道路自信、理论自信、制度自信和文化自信,推动物质文明和精神文明协同提升。

另一方面,高质量发展也是人与自然相协调的发展。在人类经济生产活动中,自然生态系统提供了生产所必需的资源和活动场所,作为劳动对象和劳动资料参与使用价值的创造,成为物质财富生产的重要源泉。马克思即指出自然条件的优劣是决定生产力水平的重要因素:"撇开社会生产的形态的发展程度不说,劳动生产率是同自然条件相联系的。"[1]因此,只有在改造自然、运用自然的过程中,始终保持对自然的敬畏,才能取得长远可持续的发展。人与自然和谐共生构成中国式现代化的重要特征。党的二十大报告指出:"我们坚持可持续发展,坚持节约优先、保护优先、自然恢复为主的方针,像保护眼睛一样保护自然和生态环境,坚定不移走生产发展、生活富裕、生态良好的文明发展道路,实现中华民族永续发展。"[2]高质量发展以绿色发展理念为指引,强调以合乎自然规律的方式来改造和利用自然、善待自然,有助于实现人与自然和谐共生这一社会发展的重要目标。

第四,以高水平对外开放推动高质量发展,探索走和平发展道路的现代化。和平发展是中国式现代化的底色。党的二十大报告指出:"我国不走一些国家通过战争、殖民、掠夺等方式实现现代化的老路,那种损人利己、充满血腥罪恶的老路给广大发展中国家人民带来深重苦难。"[3]在第三届"一带一路"国际合作高峰论坛开幕式上,习近平强调:"世界现代化应该是和平发展

---

① 《马克思恩格斯文集》(第五卷),人民出版社,2009年,第586页。
② 习近平:《高举中国特色社会主义伟大旗帜 为全面建设社会主义现代化国家而团结奋斗——在中国共产党第二十次全国代表大会上的报告》,人民出版社,2022年,第23页。
③ 习近平:《高举中国特色社会主义伟大旗帜 为全面建设社会主义现代化国家而团结奋斗——在中国共产党第二十次全国代表大会上的报告》,人民出版社,2022年,第23页。

的现代化、互利合作的现代化、共同繁荣的现代化。"①中国的高质量发展道路,始终坚持在深度参与全球产业分工合作的同时,维护多元稳定的国际经济格局和经贸关系,为世界和平发展奠定了基础。

高质量发展以创新理念为引领,为世界经济创造新的增长潜能。在以资本主义生产方式为主导的经济体系下,随着重大技术进步带来的增量空间逐步萎缩,各经济体开始争夺和瓜分存量利益,成为冲突和暴力的根源。德国马克思主义学者罗莎·卢森堡(1959)曾提出,在封闭资本主义体系下,如果将资本有机构成提高等因素纳入马克思的社会再生产图式,必然出现剩余价值实现困境,摆脱这种困难的唯一方式是将市场向资本主义体系外部扩展。②列宁同样指出,在以金融垄断资本为主导的时期,典型的特点就是各个资本主义大国通过殖民政策参与瓜分世界。③高质量发展以创新为核心驱动,探索经济增量空间的提升,致力于通过重大技术进步构建新的再生产体系,有效化解过剩困境,打造资本循环新路径,以和平、互助、合作、共享的方式推动全球发展。同时,高质量发展以开放理念为引导,着力推动如"一带一路"等战略,不断深化与各个经济体的合作伙伴关系,为世界各国共同实现现代化作出了重要贡献。

二、高质量发展是推动经济发展和社会进步的必然选择

实践是认识的基础。习近平指出:"我们党现阶段提出和实施的理论和路线方针政策,之所以正确,就是因为它们都是以我国现时代的社会存在为基础的。"④党中央在深刻分析当前发展阶段我国所面临内外部环境的基础上,作出了"我国经济由高速增长阶段转向高质量发展阶段"的重要研判,这

---

① 习近平:《建设开放包容、互联互通、共同发展的世界——在第三届"一带一路"国际合作高峰论坛开幕式上的主旨演讲》,人民出版社,2023年,第7页。
② [德]罗莎·卢森堡:《资本积累论》,董文琪译,商务印书馆,2021年。
③ [苏]列宁:《帝国主义是资本主义的最高阶段》,人民出版社,2020年。
④ 《习近平关于全面深化改革论述摘编》,中央文献出版社,2014年,第11页。

一研判源自对世界经济发展规律和中国经济实践的充分认识。

从世界范围来看，高质量发展是中国面对世界百年未有之大变局的必然选择。

世界正经历百年未有之大变局，是中国共产党针对当前全球发展局势提出的重要论断。所谓百年未有之大变局有两方面基本特征：首先，随着中国等发展中国家的崛起，世界体系逐步从单极化转向多极化；其次，以美国为代表的发达经济体则面临经济疲软、长期增长乏力的问题，为维持自身经济、政治霸权，推行贸易保护主义、破坏国际秩序、引发地缘冲突，使得世界经济不稳定性整体上升。面对复杂外部环境带来的重重风险和挑战，高质量发展成为必然选择。一方面，以创新为驱动，通过重大核心技术的突破和创新，打破发达国家的技术封锁，推动产业升级和企业国际竞争实力稳步提升。另一方面，以协调稳增长，通过改善收入分配及实施供给侧结构性改革等措施，构建和畅通国内经济循环，提升经济应对风险和冲击的能力。

从历史逻辑来看，高质量发展是适应我国社会主要矛盾演化发展的结果。社会主要矛盾的演进和变化，决定了社会发展的基本目标和根本路线。

在社会主义革命和建设时期，中国经济建设和社会发展的主要任务是集中力量发展生产力，实现国家工业化。在社会主义改造基本完成后，党的八大根据彼时发展形势，作出了"国内主要矛盾已经不再是工人阶级和资产阶级的矛盾，而是人民对于经济文化迅速发展的需要同当前经济文化不能满足人民需要的状况之间的矛盾"的重要判断。[1]在这一时期，中国在推进工业化和社会主义经济建设方面取得了一定成就，建立了较为完整且独立的工业体系，从无到有建立了汽车、拖拉机、飞机制造和电子、石油化工等重要工业部门，从根本上改变了旧中国一穷二白的落后面貌，人民生活水平整体得到了提升。

---

[1]　《中国共产党中央委员会关于建国以来党的若干历史问题的决议》，人民出版社，1981年，第15页。

在改革开放和社会主义现代化建设新时期,中国共产党人围绕什么是社会主义、怎样建设社会主义这一根本问题作出了重要思考和探索,指出中国经济发展的主要任务是进一步解放和发展生产力,为实现中华民族伟大复兴创造充裕的物质条件。1981年,党的十一届六中全会通过《中国共产党中央委员会关于建国以来党的若干历史问题的决议》,首次提出我国正处于并将长期处于社会主义发展过程中的初级阶段的论断,并明确了社会主要矛盾是"人民日益增长的物质文化需要同落后的社会生产之间的矛盾"[1]。1987年,党的十三大提出社会主义初级阶段"以经济建设为中心"的基本路线。[2]1992年,党的十四大首次明确了经济体制改革的目标是建立社会主义市场经济体制,要使市场在社会主义国家宏观调控下对资源配置起基础性作用,使经济活动遵循价值规律的要求,适应供求关系变化,以利于进一步解放和发展生产力。[3]经过改革开放几十年的发展,我国生产力水平和经济总量均取得了巨大飞跃,形成全世界最完整的现代工业体系,成为唯一拥有联合国产业分类中全部工业门类的国家;2020年,中国国内生产总值达到101.6万亿元,占世界生产总值比重由1978年的1.8%上升到17%。2021年,中国人均GDP达到8.1万元,接近高收入国家入门水平。

党的十八大以来,中国特色社会主义进入新时代。在这一时期,社会主要矛盾、经济发展模式等都发生了重要变化。2013年,习近平在亚太经济合作组织工商领导人峰会上指出:"中国经济已经进入新的发展阶段,正在进行深刻的方式转变和结构调整。"[4]党的十九大报告也明确提出"我国社会主要矛盾已经转化为人民日益增长的美好生活需要和不平衡不充分的发展之

① 《中国共产党中央委员会关于建国以来党的若干历史问题的决议》,人民出版社,1981年,第54页。
② 《中国共产党中央委员会关于建国以来党的若干历史问题的决议》,人民出版社,1981年,第15页。
③ 《中国共产党中央委员会关于建国以来党的若干历史问题的决议》,人民出版社,1981年,第22页。
④ 《习近平谈治国理政》(第一卷),外文出版社,2018年,第346页。

间的矛盾",并作出了"我国经济已由高速增长阶段转向高质量发展阶段"的重要论断。①经济发展模式从高速增长向高质量发展的转变,主要体现在对经济发展的评价从注重量的提升转向注重质的发展,实现以创新为第一动力、协调为内生特点、绿色为普遍形态、开放为必由之路,以及共享为根本目的的发展。党的十八大以来,我国经济发展的创新性、协调性、可持续性取得明显提升,供给侧结构性改革取得初步成效,逐步打通国内国际双循环,经济总量和综合竞争力取得进一步飞跃。实践证明,高质量发展是适应社会主要矛盾变化的正确道路,也是开启第二个百年奋斗目标新征程的必由之路。

第三节　以高质量发展推进中国式现代化的基本路径

一、坚持党对高质量发展的集中统一领导

中国共产党百余年奋斗的历史经验带来深刻启示,坚持党的集中统一领导是中国人民取得瞩目成就和中华民族走向伟大复兴的根本。党的二十大报告指出:"党的领导是全面的、系统的、整体的,必须全面、系统、整体加以落实。"②高质量发展,是党中央在深刻把握国内外形势和经济发展基本规律的基础上作出的重要研判,也是关系经济社会全局的深刻变革。因此,推动高质量发展必须坚持党的集中统一领导。

首先,坚持党的集中统一领导是自觉推进社会主义事业的根本保证。社会主义事业的推进不是自发的过程,而是通过自觉认识规律、发现规律从

---

① 《中国共产党第十九次全国代表大会文件汇编》,人民出版社,2017年,第9页、第24页。

② 习近平:《高举中国特色社会主义伟大旗帜　为全面建设社会主义现代化国家而团结奋斗——在中国共产党第二十次全国代表大会上的报告》,人民出版社,2022年,第64页。

而改造客观世界的过程,在这一过程中,无产阶级政党就是最关键的领导力量。党的十八大以来,以习近平同志为核心的党中央基于对中国特色社会主义建设在新时代所处的历史方位和主要矛盾作出的重要研判,提出经济发展模式从高速增长向高质量发展转变的战略部署。2014年,习近平在亚太经合组织工商领导人峰会开幕式上发表讲话,系统阐述了中国经济进入新常态的主要特征及变化,包括从高速增长转为中高速增长、经济结构不断优化升级,以及从要素驱动、投资驱动转向创新驱动。新常态的提出准确概括了中国经济在新发展阶段面临的挑战、机遇和方向,阐明了高质量发展的前提和背景。在此基础上,党的十九大以来,党中央对高质量发展作出了一系列重要战略部署。上述决策,充分体现了在党的领导下自觉认识规律、运用规律并进行统筹规划及长期战略部署的优越性。

其次,坚持党的集中统一领导确保了发展的成果由全体人民共享。高质量发展的初衷和根本目的,是推动生产力进步和物质财富水平提升,以满足人民日益增长的美好生活需要。中国共产党始终坚持以人民为中心的发展思想:一方面,发展的目的是造福人民,发展的成果由人民共享。党的二十大报告指出:"人民性是马克思主义的本质属性,党的理论是来自人民、为了人民、造福人民的理论,人民的创造性实践是理论创新的不竭源泉。一切脱离人民的理论都是苍白无力的,一切不为人民造福的理论都是没有生命力的。"①另一方面,人民也是推动高质量发展的主体和根本力量。中国共产党坚持全心全意为人民服务的根本宗旨,致力于凝聚全体人民的力量以构建协调、共享和可持续发展的社会。

最后,党的集中统一领导为推动高质量发展提供制度保障。中国共产党人在充分总结社会主义建设经验的基础上,确立了以公有制为主体、多种所有制经济共同发展的基本经济制度和按劳分配为主体、多种分配方式并

---

①　习近平:《高举中国特色社会主义伟大旗帜　为全面建设社会主义现代化国家而团结奋斗——在中国共产党第二十次全国代表大会上的报告》,人民出版社,2022年,第19页。

存的分配制度，建立了社会主义市场经济体制。历史证明，社会主义市场经济体制的建立为中国经济腾飞和生产力的飞跃奠定了基础。在高质量发展阶段，实现创新驱动、协调发展和成果共享同样需要社会主义基本经济制度做支撑。党的二十大报告指出："毫不动摇巩固和发展公有制经济，毫不动摇鼓励、支持、引导非公有制经济发展，充分发挥市场在资源配置中的决定性作用，更好发挥政府作用。"[①]因此，坚持党的统一领导，为高质量发展提供了有力的制度基础和保障。

二、构建新发展格局，促进国民经济循环畅通

国民经济循环畅通是高质量发展的重要特征和基本要求，实现这一目标的主要途径是构建新发展格局。习近平指出："加快构建新发展格局，是推动高质量发展的战略基点。"[②]2020年，党的十九届五中全会通过的《中共中央关于制定国民经济和社会发展第十四个五年规划和二〇三五年远景目标的建议》中提出了要加快构建以国内大循环为主体、国内国际双循环相互促进的新发展格局。[③]构建新发展格局的实质，在于牢牢把握发展的主导权，依托超大规模经济体优势夯实经济发展的根基，增强我国经济发展的安全性和稳定性。

第一，构建新发展格局要求激活国内需求，建立以内循环为主导的经济体系。改革开放以来，中国抓住全球化机遇，积极参与世界分工，形成了市场和资源"两头在外"的发展模式。国家统计局数据显示，在1981年的货物进出口总额中，一般贸易占比达93.5%，而到了1998年，一般贸易占进出口总额的比例降至36.4%，而"两头在外"的加工贸易占比则提升至53.4%。在世

---

① 习近平：《高举中国特色社会主义伟大旗帜 为全面建设社会主义现代化国家而团结奋斗——在中国共产党第二十次全国代表大会上的报告》，人民出版社，2022年，第29页。

② 习近平：《开创我国高质量发展新局面》，《求是》，2024年第12期。

③ 《〈中共中央关于制定国民经济和社会发展第十四个五年规划和二〇三五年远景目标的建议〉辅导读本》，人民出版社，2020年，第30~31页。

界百年未有之大变局背景下,这种以进出口为支撑和驱动的发展模式存在愈发明显的风险,容易受到全球产业链和供应链不稳定的冲击,以及贸易保护主义下技术封锁和原料封锁等因素影响。此外,经过近40年的发展,中国人均收入水平整体取得明显提升,2022年人均收入达到1.272万美元,接近世界银行划定的高收入国家标准。中国拥有14亿多人口,通过逐步提升国民收入水平,充分发挥超大规模市场优势,能够为经济发展提供强有力的内需支持。在高质量发展阶段,内需对经济增长的贡献率正在稳步提升,国家统计局数据显示,2021年内需对经济增长贡献率为79.1%,其中最终消费支出贡献率为65.4%。需求结构改善和需求水平提升,为构建强有力的国内循环奠定坚实的基础。

第二,构建新发展格局要求以高水平对外开放畅通国际循环。新发展格局在强调以国内大循环为主体的同时,也注重提升国际循环的质量和水平。国内大循环和国际循环是相互促进、相互联动的关系:一方面,国内循环的畅通为提升国际循环质量奠定基础。通过充分发挥超大市场规模优势,有助于吸引国外优质资金、商品和技术的流入,推动产业升级和产品创新能力的提升,从而提升供给质量,增强产品的国际竞争力,扩大国际市场需求。另一方面,国际循环也为国内循环畅通提供支撑。在供给端,畅通的国际循环为国内大循环提供高质量的资金和原材料,有力保障了供应链的安全性和韧性,增强经济生产活动面对外部冲击的抵御能力;在需求端,通过加强国际合作,促进国外市场需求稳步提升,为经济发展提供强劲动力。

三、将扩大内需战略同深化供给侧结构性改革有机结合

供给和需求是决定市场运行状况的两个基本要素,实现供需均衡是高质量发展的基本要求。进入新发展阶段以来,中国经济面临的突出问题是经济结构性失衡及其导致的资本循环不畅。2016年中央经济工作会议指出:"我国经济运行面临的突出矛盾和问题,虽然有周期性、总量性因素,但

根源是重大结构性失衡,导致经济循环不畅,必须从供给侧、结构性改革上想办法,努力实现供求关系新的动态均衡。"①2022年,党的二十大报告进一步提出了"把实施扩大内需战略同深化供给侧结构性改革有机结合起来"②的重大战略举措,着力推动供给和需求实现高水平动态平衡。

首先,推动高质量发展必须以深化供给侧结构性改革为主线。2016年,习近平指出:"当前和今后一个时期,我国经济发展面临的问题,供给和需求两侧都有,但矛盾的主要方面在供给侧。"③供给侧改革,主要解决的是经济的结构性问题,旨在通过改善生产结构和资源利用效率,来推动供给水平和供给质量的整体提升。第一,优化实体生产结构,促进产业资本循环畅通。2015年中央经济工作会议提出了"三去一降一补"的供给侧结构性改革策略,旨在化解产能过剩困境,帮助实体企业降低成本。产能过剩是国民经济循环不畅在微观领域的重要表现,反映了社会资源利用效率降低及企业盈利能力转弱的问题。经过一段时间的治理,化解过剩产能已取得初步成效,前一阶段产能过剩问题严峻的重工业部门产能利用率明显恢复,"三去一降一补"进入巩固成效阶段。第二,改善金融—实体结构,提升金融活动服务实体经济的能力和水平。金融是经济发展的润滑剂,能够促进生产要素在不同部门之间的流动和配置,但是金融脱离实体经济过度膨胀,同样也会反过来阻碍经济发展。2019年,习近平指出:"深化金融供给侧结构性改革必须贯彻落实新发展理念,强化金融服务功能,找准金融服务重点,以服务实体经济、服务人民生活为本。要以金融体系结构调整优化为重点,优化融资结构和金融机构体系、市场体系、产品体系,为实体经济发展提供更高质量、

---

① 《中央经济工作会议在北京举行 习近平李克强作重要讲话》,《人民日报》,2016年12月17日。

② 习近平:《高举中国特色社会主义伟大旗帜 为全面建设社会主义现代化国家而团结奋斗——在中国共产党第二十次全国代表大会上的报告》,人民出版社,2022年,第28页。

③ 《习近平总书记系列重要讲话读本》(2016年版),学习出版社、人民出版社,2016年,第155页。

更有效率的金融服务。"①第三,提升供给质量,加快建设制造强国。供给侧结构性改革的主攻方向是提高经济供给的质量,其在宏观层面表现为供给结构与需求结构的适配性,而在微观层面则表现为企业的创新能力、环保能耗和产品质量。坚持创新驱动发展,扩大高质量产品和服务供给是振兴实体经济的根本路径。

其次,实施供给侧结构性改革需要坚持扩大内需这一战略基点。供给和需求是发展的一体两面,优化供给结构实质上是为了改善供需匹配度,促进供需动态平衡。一方面,扩大内需为供给质量的提升和供给结构的优化提供强大驱动力。中国拥有14亿多人口,4亿多中等收入群体,拥有全世界规模最大的市场资源,充分发挥这种超大市场规模优势,能够为创新型技术和创新产品提供应用场景。例如,新能源汽车的推广就为锂电池及新能源发电技术的迅速发展和技术突破提供了强有力的市场支撑,帮助中国造就了具备强劲国际竞争力的新能源产业链。另一方面,实施供给侧结构性改革是扩大内需的重要抓手。供给侧结构性改革以解决结构性失衡问题为核心目标,通过改善生产结构、提升金融活动对实体的服务功能,有力修复实体部门盈利能力,打通经济循环,从而有力带动就业水平和收入水平提升,增强居民部门消费能力。此外,通过改善区域发展和城乡发展不平衡的现状,也有助于提升中等收入群体比重,从而实现扩大内需的目的。

四、构建高水平社会主义市场经济体制

为推动高质量发展,党的二十大报告明确提出"构建高水平社会主义市场经济体制"②。改革开放以来,社会主义市场经济建设不断完善,成为中国

①　习近平:《深化金融供给侧结构性改革　增强金融服务实体经济能力》,《人民日报》,2019年2月24日。

②　习近平:《高举中国特色社会主义伟大旗帜　为全面建设社会主义现代化国家而团结奋斗——在中国共产党第二十次全国代表大会上的报告》,人民出版社,2022年,第28页。

经济腾飞的重要支撑。与此同时，有学者指出当前市场体系建设依然存在要素市场发育较慢、市场准入与竞争等关键环节基础性制度保障不到位及地方保护和市场分割等问题。[①]经济制度为经济发展奠定基石，因此，推动高质量发展意味着必须构建与之相适应的高水平社会主义市场经济体制。

　　在制度层面，坚持和完善社会主义基本经济制度，建立现代化经济体系。党的二十大报告再一次强调了两个毫不动摇，指出要"充分发挥市场在资源配置中的决定性作用，更好发挥政府作用"[②]。有学者认为，建设现代化经济体系本质上是经济体系转换的过程，即从传统经济体系转换到现代化经济体系，其在资源配置方式上的重要转变表现为资源配置方式从政府主导转向市场主导。[③]充分发挥市场配置资源的作用，有助于激活企业创新能力，推动就业和收入水平提升，提升经济发展的协调性。在宏观层面，构建全国统一大市场，建设高标准市场体系。建设现代化流通体系对促进国民经济循环畅通即构建新发展格局意义重大。2020年，习近平在中央财经委员会第八次会议上强调："要加快完善国内统一大市场，形成供需互促、产销并进的良性循环，塑造市场化、法治化、国际化营商环境，强化竞争政策作用。"[④]建设全国统一大市场，旨在全方位促进区域协调发展，通过实施全国统一的市场准入负面清单制度、破除地方保护主义、消除区域市场壁垒及打破行政性垄断等，从而改变市场分割格局，促进商品、劳动力和生产要素在区域间的充分流动，疏通阻碍国民经济循环的关键堵点。在微观层面，协调国企和民企的发展。一方面，继续深化国资国企改革，推动国有资本和国有

　　① 刘伟、陈彦斌：《以高质量发展实现中国式现代化目标》，《中国高校社会科学》，2022年第6期。
　　② 习近平：《高举中国特色社会主义伟大旗帜 为全面建设社会主义现代化国家而团结奋斗——在中国共产党第二十次全国代表大会上的报告》，人民出版社，2022年，第29页。
　　③ 高培勇、杜创、刘霞辉、袁富华、汤铎铎：《高质量发展背景下的现代化经济体系建设：一个逻辑框架》，《经济研究》，2019年第4期。
　　④ 习近平：《统筹推进现代流通体系建设 为构建新发展格局提供有力支撑》，《人民日报》，2020年9月10日。

企业做强、做优、做大。国有企业是推动重大技术创新和产业升级的中坚力量,也是发挥新型举国体制优势、推进关键核心技术攻关和自主创新的重要抓手。另一方面,优化民营企业发展环境,促进民营经济发展壮大。民营企业是推动高质量发展的主体力量,加强对民营企业的支持和保护,弘扬企业家精神,能够提升经济活力,促进居民收入水平的提升。

第六章

坚持社会主义基本经济制度
筑牢中国式现代化的经济基础

党的十九届四中全会审议通过的《中共中央关于坚持和完善中国特色社会主义制度、推进国家治理体系和治理能力现代化若干重大问题的决定》(以下简称《决定》)提出,将公有制为主体、多种所有制经济共同发展,按劳分配为主体、多种分配方式并存,社会主义市场经济体制作为社会主义的基本经济制度,这既体现了社会主义制度的优越性,又同我国处于社会主义初级阶段的基本国情相适应,是中国特色社会主义制度的重要组成部分,是党和人民的伟大创造。坚持社会主义基本经济制度,为推进中国式现代化筑牢经济基础。

第一节　社会主义基本经济制度

一、基本经济制度的制度属性

对于党的十九届四中全会《决定》中基本经济制度的理解,学界有一些共识,但也有不同认识,其中关于基本经济制度中的"制度"究竟是属于经济基础还是上层建筑,还存在不同认识。对这个问题认识不清楚,就缺少了理解全会精神的共识性前提。比如有人认为制度是人为规定的,所以属于上层建筑,因此基本经济制度也属于上层建筑。从逻辑上说,这种认识就变成了观念决定制度,基本经济制度成了观念的产物,显然这种观点是值得商榷的。更何况,如果认为经济制度是上层建筑,那么谁是经济基础呢? 这岂不是出现了逻辑上的悖论。

经济制度究竟是经济基础还是上层建筑,恐怕不能笼统地说。通常,人们把制度作为观念化的行动规则时,制度属于观念的产物,也就是属于上层建筑,比如道德、文化、习俗、法律等。但是说到经济制度这个词,就要具体分析它的制度属性。在政治经济学话语体系中,经济制度是指生产关系(或者生产关系的总和),是生产关系运动规律的反映,也可以说是生产关系外部表现形式。没有制度作为载体,生产关系就成为摸不着看不见的东西。马克思在《〈政治经济学批判〉序言》中关于唯物史观的经典阐述,指出:"人们在自己生活的社会生产中发生一定的、必然的、不以他们的意志为转移的关系,即同他们的物质生产力的一定发展阶段相适应的生产关系。这些生产关系的总和构成社会的经济结构,即有法律的和政治的上层建筑竖立其上并有一定的社会意识形式与之相适应的现实基础。物质生活的生产方式制约着整个社会生活、政治生活和精神生活的过程。不是人们的意识决定人们的存在,相反,是人们的社会存在决定人们的意识"[1]。马克思这段话表明,生产力、生产关系和上层建筑的基本关系。政治经济学研究的生产关系是一定社会的经济结构,是建立在一定生产力基础上的、不以人们意志为转移的客观经济关系,这种关系可以称为经济制度。马克思在《〈政治经济学批判〉序言》中指出:"我考察资产阶级经济制度是按照以下的顺序:资本、土地所有制、雇佣劳动;国家、对外贸易、世界市场。"[2]列宁也曾指出:"马克思

---

[1]　《马克思恩格斯文集》(第二卷),人民出版社,2009年,第591页。
[2]　《马克思恩格斯文集》(第二卷),人民出版社,2009年,第588页。

认为经济制度是政治上层建筑借以树立起来的基础，所以他特别注意研究这个经济制度。马克思的主要著作《资本论》就是专门研究现代社会即资本主义社会的经济制度的。"①这里的"经济制度"显然是经济基础内容，不是上层建筑。

我们说资本主义生产关系、社会主义生产关系的时候，在我们的头脑中都有具体的制度形态，否则我们无法认识和理解这种生产关系的社会形式。资本主义生产关系在制度形式上是资本主义生产资料私有制、企业内部是资本雇佣劳动关系，资本家占有剩余价值，工人只能获得相当于劳动力价值的工资；社会主义生产关系的制度形式是生产资料公有制、企业内部劳动者之间是平等互利关系，共同占有剩余财富。这些制度内容都是客观经济关系的外在表现形式，反映的是客观经济关系。这些客观经济关系体现的人们之间的经济"权力"，我们生产资料所有制的性质决定生产关系的性质，这里的所有制中的"制"字就是"制度"，体现的就是经济关系。

经济制度也可以上升到上层建筑，得到政治、法律的认可和保护，这时的经济制度具有了稳定性、长期性、政策性特点。在这种意义上，可以说经济制度也是上层建筑反作用的结果。上层建筑的反作用，会为经济制度的发展起到推动作用。这一过程意味着人们在客观经济关系中的经济"权力"（Power）得到上层建筑赋予各项具体的经济"权利"（Rights）。比如"产权"这个概念最具有代表性。产权是生产关系（即所有制）的法律用语，所有制反映的是客观经济关系，而产权则在法律意义上对客观经济关系做了明确的权利界定。再比如我国改革开放初期，出现了大量的乡镇企业，其中很多是私营企业，这些乡镇企业作为市场主体，它的组织、内部关系都是以企业制度作为载体的，既体现生产力，也体现生产关系。但是由于当时我们对私营经济认识和探索是初步的，还没有认清私营经济在我国所有制结构中究竟

---

① 《列宁选集》（第二卷），人民出版社，2012年，第311页。

应该处于什么地位,所以在没有明确的政策和法律认可时,这些私营乡镇企业都要戴"红帽子",以集体企业的形象出现。但客观上,乡镇企业内部的经济关系是存在的,也就是经济制度是存在的。直到党在政策上允许私营企业发展、在法律制度上肯定了私营乡镇企业的合法性,这些私营乡镇企业的经济关系得到了上层建筑的认可和保护,这种经济制度体现的"权力"变为上层建筑赋予的各项"权利"。这个事实表明,是先有客观经济关系,然后才有上层建筑的认可。乡镇企业的产生和发展并不是法律制度规定的产物,是我国生产力和生产关系辩证关系的产物,是我国工业化规律的产物。同理,我国2018年修正的宪法第六条规定:"国家在社会主义初级阶段,坚持公有制为主体、多种所有制经济共同发展的基本经济制度。"这是宪法把我国适合生产力发展水平的经济制度上升到上层建筑的体现,但不能反过来说我们的基本经济制度是宪法规定的。党的十九届四中全会关于基本经济制度新内容的拓展,是同我国社会主义初级阶段生产力发展水平相适应的,这表明我们对基本经济制度的新概括是建立在社会客观存在基础上的。

经济制度是一个制度体系,包括根本制度、基本制度和重要制度等不同层次的内容,进而决定上层建筑不同层次的内容。一个社会经济制度性质是由所有制性质决定的,因此生产资料所有制是这个社会经济制度中的根本制度。资本主义制度的性质是由资本主义私有制决定的;社会主义制度的性质是由社会主义公有制决定的。根本经济制度发生变化,也就意味着社会性质发生了变化。基本经济制度是决定一个社会人们利益关系的基本内容的,对社会各个利益群体的利益关系都有重要影响,在不同社会制度或者同一社会制度的不同历史时期,对社会基本经济制度内容的强调也不完全相同,所有制和与之相适应的分配制度通常是一个社会基本经济制度的内容。重要制度则是基本经济制度的具体实现形式,比如市场制度、宏观调控制度等,都属于重要经济制度。

党的十九届四中全会拓展了社会主义基本经济制度的内容,包括所有制、分配制度和市场经济体制,这些内容首先是基本经济关系的内容,是我国社会主义初级阶段基本经济运动规律的反映,是生产关系内容的体现。党的十九届四中全会的《决定》把基本经济制度三项内容作为我们的制度优势肯定下来,上升到党的理论创新高度,表明我们的基本经济制度内容得到上层建筑的认可和保护。但不能笼统地说,经济制度是上层建筑。经济制度是生产关系(或者生产关系的总和即经济基础)的内容,得到上层建筑的认可后,上层建筑会反过来保护这种基本经济制度,但其首先是属于经济基础,政治经济学的研究对象是社会生产关系运动规律,也可以说是研究经济制度的运动规律。

二、新时代中国特色社会主义基本经济制度的内涵

党的十九届四中全会的《决定》中将基本经济制度新概括拓展为三个方面,有人认为是我们的基本经济制度改了。其实不是改了,而是发展了。因为这三句话本身都不是新的命题,以前党的重要文献中都提到过,只不过没有全部放到基本经济制度层面上。中国特色社会主义进入新时代,我国社会主义基本经济制度也有新发展,新时代中国特色社会主义基本经济制度包含三方面内容,是实践发展的要求,体现了理论逻辑、历史逻辑和实践逻辑内在统一关系。我们知道生产关系包括生产、分配、交换和消费四个方面关系。其中生产资料所有制的性质和结构,决定生产关系的性质。我国是公有制为主体,这就决定了我们的社会性质是社会主义制度;多种所有制经济共同发展,体现了社会主义初级阶段生产力发展水平还存在多层次、不平衡特点。实践证明这样的所有制结构,有利于调动各方面的积极性,有利于更好地解放和发展生产力。生产关系决定分配关系,有什么样的生产资料所有制结构,也就决定了相应的分配结构。我国社会主义初级阶段所有制结构决定了分配制度是按劳分配为主体、多种分配方式并存。所以,把分配制度纳入基本经济制度内容,体现了生产与分配之间的内在辩证关系。任

何经济制度都要有一定的实现形式和实现载体，这就是经济体制。现代社会经济制度的实现载体是市场经济，但是市场经济不是抽象的、孤立的，现实中没有脱离具体社会制度的市场经济，资本主义制度下实行资本主义市场经济，社会主义制度下实行的就是社会主义市场经济。我们的市场经济是把社会主义制度与市场经济有机结合，发挥两方面的优势，因此，社会主义市场经济就成为基本经济制度的组成部分。这里需要指出的是，把"社会主义市场经济体制"纳入基本经济制度，不是因为市场经济本身，而是因为市场经济无法孤立存在，况且市场经济也不是我国的发明，它自身并不能体现我们的制度优势，市场经济与社会主义制度结合才是我们的显著制度优势。在这个意义上，我们把市场经济体制纳入基本经济制度，是突出与社会主义制度的结合问题，而不是突出市场经济本身。①

从理论逻辑上来看，把分配制度和社会主义市场经济体制纳入基本经济制度是没有问题的，为什么之前对基本经济制度的概述是公有制为主体、多种所有制经济共同发展，没有分配制度和市场经济体制呢？这就要从新中国成立70多年尤其是改革开放40多年的历史和实践来认识，要从我们新时代经济高质量发展要求来认识。也就是在理论逻辑的基础上，还要结合历史逻辑和实践逻辑来理解。新中国成立后，我们经历短暂的社会主义改造，于1956年建立了社会主义公有制，之后在所有制、分配制度和计划经济体制各方面都进行了探索，其中也走过弯路，比如所有制上实行"一大二公"，分配制度上存在平均主义，这些都挫伤了社会主义劳动者的积极性。1978年改革开放以后，我们首先从所有制领域开始改革，农村实行家庭联产承包责任制，城市国有企业改革实行承包制、股份制、现代企业制度、国有经济战略性调整、抓大放小等，都是在所有制领域进行探索。从改革开放初期的公有制为主体、其他经济成分为补充，到公有制为主体下发展多种经济成

① 刘凤义：《发挥基本经济制度显著优势推进国家治理体系和治理能力现代化》，《光明日报》，2019年11月12日。

分,再到公有制为主体、多种所有制经济共同发展。可以说在这一过程中,究竟确立什么样的所有制结构才能有利于解放和发展生产力,是一个不断探索的过程,对我们的社会主义基本经济制度确立和发展具有决定性意义。这一过程中分配制度和市场经济体制是与所有制结构的探索相伴而行的,但总体上处于从属地位。

中国特色社会主义进入新时代,我们的所有制结构、分配制度和社会主义市场经济都更加成熟、定型,尤其是我国经济发展要坚持以人民为中心的思想,坚持走高质量发展之路。把三者同时纳入基本经济制度,一方面有利于更好坚持和巩固基本经济制度的显著优势,推进国家治理体系和治理能力现代化;另一方面,有利于发展和完善基本经济制度内容,我们应该看到,我们的所有制结构还在优化过程中;我们的分配关系还存在一定问题,收入差距还比较大;我们的市场经济体制如何更好为社会主义根本目的服务还需要完善。而这三者之间存在紧密联系,将其纳入基本经济制度,有助于从系统观的角度进行把握。

三、新时代中国特色社会主义基本经济制度内在关系

基本经济制度是一个有机整体,既不能割裂开来,也不能简单并列,是辩证统一关系。所有制性质决定分配性质,也决定市场经济性质,因此,在基本经济制度中,所有制具有基础性地位。在中国特色社会主义基本经济制度中,公有制为主体、多种所有制经济共同发展,决定了按劳分配为主体、多种分配方式并存,也决定了我国的市场经济体制在性质上是社会主义市场经济,而不是资本主义市场经济。在所有制结构中,公有制为主体又具有基石作用,公有制决定了我国社会主义制度的性质,在基本经济制度中属于根本制度,体现了基本经济制度的本质特征,要毫不动摇地巩固和发展。非公有制经济是与我国社会主义初级阶段生产力发展特点相适应的,因此要毫不动摇地鼓励、支持、引导非公有制经济发展。

　　分配关系是由所有制关系决定的,按劳分配为主体是与公有制为主体这一根本经济制度相适应的。坚持和发展中国特色社会主义制度,必须坚持和完善按劳分配原则,要体现全社会尊重劳动、崇尚劳动光荣,鼓励劳动创造,体现多劳多得、共建共享,防止贫富差距过大。坚持和完善按劳分配主体地位,需要探索在社会主义市场经济条件下,创造按劳分配新的实现机制和实现形式。在社会主义市场经济中实行按劳分配,与马克思等经典作家设想的按劳分配相比,更为曲折和复杂。

　　在社会主义市场经济中,分配与市场机制密切相关,具体的分配过程往往是价格、供求、竞争等相互作用的结果。马克思在《资本论》中,曾经分析了资本主义市场经济中的市场机制是如何分配新创造出来的价值的。马克思认为在利润率平均化规律的作用下,要素所有者凭借要素所有权获得相应的回报,比如产业资本家、商业资本家通过利润平均化规律获得平均利润,而借贷资本家只能获得低于平均利润的利息,平均利润和利息都是对资本主义剩余价值的分配;工人则是依据劳动力再生产所需要的生活资料价值获得相当于劳动价值的工资。马克思主义政治经济学基本原理告诉我们,关于分配的认识要区别两个不同层次的问题:第一个层次是所有制性质决定分配的性质。资本主义私有制决定了资本主义社会基本分配关系和分配原则。在资本主义市场经济中,资本所有者要以各种形式去分配剩余价值,而工人只能获得工资,资产阶级和工人阶级之间客观上存在分配上不可跨越的鸿沟;第二个层次则是由市场机制决定的具体分配方式。由于市场机制在发挥分配作用时具有复杂性、曲折性等特点,所以会导致分配结果的多样性和不确定性。资本主义市场经济实践表明,即使是资产阶级之间也存在对剩余价值分配的不稳定性、不均衡性;即使是工人阶级之间也存在获得收入的多元性。再加之分配关系除了市场机制作用外,政府可以利用行政权力进行再分配,社会还有各类自组织的分配,比如慈善性质的分配,等等。

认识社会主义市场经济中的分配关系,要从两个基本层次上看:一个层次是从所有制层次上看,如前文所说,公有制为主体、多种所有制经济共同发展,决定了我国的基本分配关系是按劳分配为主体、多种分配方式并存。另一个层次是从市场机制层次上看,由于在经济领域,人们获得收入分配是通过市场机制来实现的,因此,收入分配的实现形式、实现途径,要复杂得多。比如按要素参与分配,什么是合理的、什么是不合理的?互联网时代,数据都可以作为独立的要素参与分配,这些分配关系,需要制度和政策去把握。按照马克思、恩格斯等经典作家对未来社会的设想,按劳分配是在消灭商品货币关系条件下进行的。而在社会主义市场经济中,我国探索社会主义制度与市场经济结合,既包括生产资料公有制与市场经济结合问题,也包括按劳分配与市场经济的结合问题。在市场经济条件下,按劳分配的"劳"不再是劳动者在公有制企业中的实际劳动数量和质量,而是通过市场机制,由社会必要劳动时间认可的劳动数量和质量。此外,在我国社会主义市场经济中,还存在转型过程中的分配关系变化,比如城乡之间收入分配关系、地区之间收入分配关系,也会影响收入分配格局。当然还包括转型过程中制度性因素造成的不合理的收入分配关系,比如,曾经出现"造原子弹的不如卖茶叶蛋的"收入分配倒挂现象,并没有完全消除。除了这两个基本层次决定的分配关系之外,还存在国家再分配、社会力量再分配,如慈善事业等,也在分配关系中发挥了重要作用。在我国社会主义市场经济中,共享发展、共同富裕,更是离不开这些力量在再分配中的作用。①

---

① 刘凤义:《对社会主义基本经济制度新概括的理解》,《中国高校社会科学》,2020年第2期。

第二节　社会主义基本经济制度
与推进中国式现代化的关系

中国式现代化,是中国共产党领导的社会主义现代化,既有各国现代化的共同特征,更有基于自己国情的中国特色。中国式现代化是我国社会主义现代化建设长期探索和实践的科学总结,是党的现代化理论系统集成的重大创新,在中国特色社会主义实践中不断探索与生产力发展状况相适应的生产关系。

社会主义基本经济制度与中国式现代化的经济发展目标具有一致性。中国式现代化的目标是建设社会主义现代化强国,实现中华民族伟大复兴,社会主义基本经济制度为实现这一目标提供了经济基础和制度保障。通过社会主义基本经济制度,我国能够更好地调动和整合各方面资源,实现国家经济发展目标的整体统一规划和协调推进。这有助于确保各项经济政策和举措在推进现代化进程中相互配合、相互促进,形成合力,提高资源利用效率。推动国家经济整体实力的不断增强,打造具有核心竞争力的产业和提高科技创新能力,推动中国式现代化道路的建设。

社会主义基本经济制度为实现中国式现代化提供了制度保障。在推进现代化的过程中,社会主义基本经济制度将继续发挥引领和主导作用,为国家经济的健康发展提供长期保障,实现国家繁荣富强和人民幸福安康的共同目标。有为政府和有效市场的共同调控,既体现了社会主义市场经济的基本原则,也适应了现代化经济体系的基本要求。在这种制度下,国家不仅充分发挥宏观调控的作用,还认可市场在资源配置中的决定性作用。通过优化宏观经济政策,改革供给侧的结构性问题,进一步发挥市场导向的作用,有效地推动了经济的健康发展和现代化建设。

　　社会主义基本经济制度与中国式现代化的共同富裕目标具有一致性。中国式现代化同样重视集体利益,在发展过程中强调国家和民族的整体进步,着力改善贫困地区和弱势群体的生活状况,实现全体人民的共同富裕。社会主义基本经济制度的公有制和按劳分配原则确保全体人民共享改革开放成果,强调公平和稳定与中国式现代化中对经济增长和社会发展的追求相互促进、相互补充,推动实现全面建设社会主义现代化国家的目标。社会主义基本经济制度倡导公有制经济和集体所有制经济,强调了国家和社会整体利益的重要性。这体现了中国式现代化对整体利益的关注和重视。两者都追求以人民为中心、发展成果由人民共享、切实推动共同富裕和人的自由全面发展的目标,能够在不同的历史实践中相互融合、相互影响。在中国特色社会主义的发展道路上,集体利益和公共利益始终被视为重中之重,成为推进现代化建设的重要支持和保障。

　　综上所述,社会主义基本经济制度与推进中国式现代化相辅相成,相互促进。一方面,推进中国式现代化需要不断完善社会主义基本经济制度,发挥国家和集体经济的优势,推进产业升级和经济结构调整;另一方面,推进现代化建设也促进了社会主义基本经济制度的不断完善和创新,提高了制度效能和活力。社会主义基本经济制度在实现共同富裕、推动经济高质量发展,认真贯彻新发展理念等方面发挥着不可或缺的重要作用,通过国家调控和规划、公有制经济的支撑、社会公平和可持续发展等方面的互动,相互促进和支持,为中国经济的现代化建设提供了坚实的制度基础和价值导向。坚持社会主义基本经济制度,有利于贯彻新发展理念,加快构建新发展格局,着力推进高质量发展,全面深化改革开放,持续推动经济实现质的有效提升和量的合理增长,全面推进中国式现代化建设。

第三节　公有制为主体、多种所有制 经济共同发展与中国式现代化

一、共同富裕的制度基础和经济条件

党的二十大报告强调指出："中国式现代化是全体人民共同富裕的现代化。"①共同富裕是中国特色社会主义的本质要求，也是一个长期的历史过程。我们坚持把实现人民对美好生活的向往作为现代化建设的出发点和落脚点，着力维护和促进社会公平正义，着力促进全体人民共同富裕，坚决防止两极分化。共同富裕首先是与消灭剥削、消除两极分化相联系的制度问题，社会主义生产资料公有制的建立是实现共同富裕的制度前提和基础。早在1979年，邓小平指出："社会主义的经济是以公有制为基础的，生产是为了最大限度地满足人民的物质、文化需要，而不是为了剥削。"②只有在生产资料公有制的基础上，践行按劳分配的分配方式，才能遏制资本的无序扩张和野蛮生长，激发社会主体活力，创造社会财富，在不断发展社会生产力的基础上实现劳动者个人财富和社会财富的共同增长，使全体人民共享改革与发展成果，进而为实现中国式现代化提供制度基础和经济条件。

公有制为实现共同富裕提供制度基础，非公有制是实现共同富裕必不可少的经济条件。作为社会主义基本经济制度的核心，公有制为主体的经济制度能够保证国家的核心利益和国民经济的稳定运行。公有制的坚持和发展，实现了我国国有企业在重要行业和领域的主导权，在保障国家安全、

---

① 习近平：《高举中国特色社会主义伟大旗帜 为全面建设社会主义现代化国家而团结奋斗——在中国共产党第二十次全国代表大会上的报告》，人民出版社，2022年，第22页。
② 《邓小平文选》(第二卷)，人民出版社，1994年，第167页。

维护社会稳定、应对重大风险挑战方面发挥了重要作用。公有制经济通过国家的调控和保障，能够平衡资源分配、推动经济发展，并为实现共同富裕提供制度基础。首先，公有制经济能够有效调控资源配置，通过国家的宏观调控来保证经济发展的均衡性和可持续性，从而促进社会公平和共同富裕。国有企业在关键行业和重要领域的作用尤为突出，可以有效引导和平衡市场资源配置，确保国民经济长期稳定发展，为全社会创造更多就业机会和财富积累。其次，公有制经济可以承担国家重大项目和基础设施建设，在推动经济发展和就业增长的同时，为人民群众提供更多的机会和福利。国有企业在基础设施建设、科研创新、战略性新兴产业发展等方面发挥着重要作用，为社会提供了稳定的公共产品和服务，推动了全社会的发展进步。总的来说，公有制经济在推动共同富裕方面具有独特优势，能够更好地服务于国家长远发展和人民群众的根本利益，同时，多种所有制经济形式如私营经济和外资经济，通过市场竞争、创新和投资，在创造就业、创新技术、支撑增长、增加市场活力等方面具备灵活性和活力，为经济增长提供了不可忽视的力量。多种所有制经济共同发展的制度，促使我国形成了广泛的社会主义市场经济体制，既保证了国有经济的主导地位，也充分发挥了其他所有制经济的活力。它既符合社会主义公有制的基本要求，又具有充分竞争和市场化的特点。特别是在我国实施供给侧结构性改革，推动经济结构优化升级的过程中，这种所有制的多元化为中国式现代化提供了重要的经济基础。

公有制经济和多种所有制经济形式的相互配合，使得中国的经济体制更具活力和韧性。通过公有制经济的调控和保障，以及多种所有制经济的市场活力和创新能力，为实现共同富裕提供了制度基础和经济条件。通过充分发挥各种所有制经济的优势，中国能够在经济发展的同时，实现更加公平、可持续发展和共同富裕的目标，推动中国式现代化的建设。

二、满足人民需要的物质保障

坚持以人民为中心是中国式现代化道路的根本遵循。习近平指出："坚持以人民为中心的发展思想。发展为了人民，这是马克思主义政治经济学的根本立场"，"把增进人民福祉、促进人的全面发展、朝着共同富裕方向稳步前进作为经济发展的出发点和落脚点"，"部署经济工作，制定经济政策、推动经济发展都要牢牢坚持这个根本立场"。[1]这是社会主义的本质特征和社会主义生产的根本目的，中国式现代化要深入贯彻落实以人民为中心的发展思想。坚持以人民为中心，就是在坚持生产资料公有制的基础上，发展社会生产力以不断满足人民的需要、实现共同富裕和人的自由而全面的发展。公有制要处理好"为了谁"的问题，将维护和提高人民群众的共同利益作为发展的根本目标，将公有资本的发展与人民福祉的实现结合起来。[2]从所有制结构来讲，公有制经济的存在能够保障在市场经济体制下建立一种不同于资本主义的社会经济关系，保障以人民为中心而不是以资本为中心，是为了多数人的利益而不是少数人的利益，从而约束资本的无序扩张，使私人资本公平有序发展，实现对社会公平和整体利益的追求。[3]公有制为主体、多种所有制经济共同发展为满足人民的需要提供坚实的物质保障，在社会主义市场经济中起着支配性作用，是中国式现代化道路的根本指针。

在公有制经济的调控和保障下，国家能够有效地满足人民的基本生活需求，在幼有所育、学有所教、劳有所得、病有所医、老有所养、住有所居、弱有所扶上提供物质保障，使人民生活全方位改善。公有制的主体地位，能够充分发挥国有经济在维护人民根本利益方面的重大作用。中国的公立医

---

① 《十八大以来重要文献选编》(下)，中央文献出版社，2018年，第4页。
② 乔惠波：《中国式现代化视域下社会主义基本经济制度发展的三重逻辑》，《河北学刊》，2023年第3期。
③ 王立胜、裴长洪：《中国特色社会主义政治经济学探索》，中国社会科学出版社，2016年，第338页。

院、公立学校、公租房等都是公有制经济的重要组成部分，这些公共服务设施的建设和运营，都需要依靠公有制经济的调控和保障。此外，公有制经济还可以通过国家的宏观调控，保证资源的合理配置，促进经济的稳定增长，为人民提供更多的就业机会和福利保障。在国家重大项目中，公有制企业往往扮演着重要角色，如高速公路、铁路、水利工程、航空航天等领域的建设，都离不开国家公有制企业的参与和支持。公有制经济在国家重大项目、基础设施建设和公共服务领域发挥着关键作用，为人民提供了基本生活保障和就业机会，同时也促进了经济的稳定增长。国有企业要依靠改革和创新不断提升自身的核心竞争力，例如通过混合所有制改革，引入非公资本和管理机制，提高企业活力。同时，政府要加强国有企业的社会责任，指导其在追求经济效益的同时积极承担社会责任，实现经济效益与社会效益的双重目标。与公有制经济相辅相成的多种所有制经济形式，如私营经济、外资经济等，也为满足人民的物质需要提供了重要支持。非公有制经济在市场经济中发挥着重要作用，它们通过灵活的经营方式和创新的产品和服务，形成广泛而丰富的分工体系，创造出丰富多彩的物质和精神产品，推动社会生产的蓬勃发展，不断提高产品质量和满足人民的个性化消费需求。

公有制为主体、多种所有制经济共同发展有助于满足人民需要，提升人民的幸福感、满足感。坚持公有制的主体地位是以人民为中心的根本要求，为中国经济持续稳定增长，为人民提供更好的生活条件和更广泛的物质保障奠定了坚实的基础。

三、推动高质量发展的经济基础

高质量发展是"十四五"时期乃至更长时期我国经济社会发展的主题，是建设中国式现代化道路的必要环节。高质量发展是适应我国社会主要矛盾变化和全面建成社会主义现代化强国的必然要求，当前，我国社会主要矛盾已经转化为人民日益增长的美好生活需要和不平衡不充分的发展之间的矛盾,不平衡不充分的发展体现在发展质量上就是质量发展水平比较低,不能满足人民高质量的需求,反映到生产领域就表现为供给结构不适应需求的变化。因此,为了解决社会主要矛盾、满足人民日益增长的美好生活需要,就必须把高质量发展摆在更加重要的位置上,提升发展的质量和效益,增强国家的综合实力和国际竞争力。

公有制为主体、多种所有制经济共同发展夯实高质量发展的经济基础。只有提高公有制和非公有制经济发展质量,才能有效推进高质量发展。其中,国有企业是公有制经济的主体形式,具有强大的资金实力和政策支持,可以在重要领域和关键产业中发挥主导作用,推动国家战略的实施和经济的稳定发展。国有企业在关系国计民生的重要领域承担着重要责任,如能源、电力、通信、交通等关键技术领域中发挥着稳定和引领作用,推动着国家科技进步和产业升级。党的二十大报告提出"深化国资国企改革,加快国有经济布局优化和结构调整,推动国有资本和国有企业做强做优做大,提升企业核心竞争力","完善中国特色现代企业制度,弘扬企业家精神,加快建设世界一流企业"[1],这是新时代深化国有企业改革的基本方向和根本任务。我国实施建立中国特色现代企业制度激发不同所有制经济的竞争活力,完善企业治理结构,建立健全市场化经营机制和现代企业治理结构、加强内部控制和监督机制,可以进一步提高国有企业的市场竞争力和适应市场需求的能力,提升国有企业的经营效益和竞争力,为经济高质量发展提供了有力的制度支撑。"非公有制经济是我国社会主义市场经济的重要组成部分。对个体、私营等非公有制经济要继续鼓励、支持、引导,使之健康发展。这对满足人们多样化的需要,增加就业,促进国民经济的发展有重要作用。"[2]引入非公有制资本,可以提供市场经济的活力和创新能力,促进企业的转型升级

---

① 习近平:《高举中国特色社会主义伟大旗帜 为全面建设社会主义现代化国家而团结奋斗——在中国共产党第二十次全国代表大会上的报告》,人民出版社,2022年,第29页。
② 《改革开放三十年重要文献选编》(下),中央文献出版社,2008年,第901页。

和技术进步。

供给和需求是市场经济内在的两个方面,二者互相依存、互为条件。没有需求,供给就无法实现,新的需求可以催生新的供给;没有供给,需求就无法满足,新的供给可以创造新的需求。[①]实现公有制和非公有制主体质量的提升,促进生产体系的结构性改革,从而实现供需不断从低水平平衡向高质量平衡发展。

公有制经济与多种所有制经济形式相互协调、互相促进,不仅有利于保证经济的稳定性和可持续性,同时也为推动高质量发展提供了坚实的经济基础。经济形式的多样性和灵活性使得中国经济能够更好地应对内外部的挑战和变化。这一经济体制的特点和优势为中国经济的繁荣和社会进步作出了重要贡献,为生产力的跨越式发展提供了可靠的制度保障。

第四节　按劳分配为主体、多种分配方式并存与中国式现代化

在社会主义初级阶段,生产力发展仍存在不平衡、多层次和水平不够高的问题,因此必须坚持按劳分配为主体、多种分配方式并存的分配制度,把按劳分配和按要素分配结合起来,实现资源配置合理化。党的二十大报告指出:"分配制度是促进共同富裕的基础性制度。"[②]坚持按劳分配为主体,有利于调动广大社会成员的积极性、主动性和创造性,推动社会的和谐稳定和公平正义,促进生产力的快速发展。按劳分配为主体、多种分配方式并存的

---

① 蔡昉、江小涓、黄泰岩等:《以中国式现代化推进中华民族伟大复兴——学习贯彻党的二十大精神笔谈(上)》,《经济研究》,2022年第11期。

② 习近平:《高举中国特色社会主义伟大旗帜 为全面建设社会主义现代化国家而团结奋斗———在中国共产党第二十次全国代表大会上的报告》,人民出版社,2022年,第46~47页。

分配制度,能够有效保障共同富裕目标的实现,践行以人民为中心的发展思想,为经济高质量发展提供动力。

一、有效保障共同富裕目标的实现

中国式现代化是全体人民共同富裕的现代化,分配制度是共同富裕的制度基础。按劳分配原则是社会主义分配体系的核心原则,它以劳动作为分配的依据,排除凭借对生产资料的所有权而占有他人劳动成果,劳动是占有生产资料和获得社会产品的唯一依据,以促进社会财富的合理与公平分配为核心价值。它既强调按劳分配原则,根据每个人对所占有的社会产品的权利是由其在生产劳动中所作出贡献的大小决定的,而非因为对生产资料的所有权而自动获得他人劳动的成果。这表明财产权和分配权与生产劳动直接关联,而不再与资本所有权挂钩,从而确保了生产者可以按贡献获得奖励。这种制度强调奖励劳动而不是资本,劳动成为获取生产资料和社会产品的合法和唯一依据。多种分配方式的并存,可以在个人劳动贡献的基础上,适度调节收入差距,确保社会的公平性和稳定性。不仅激励人们积极工作和创造财富,又兼顾了社会公平和稳定的考虑。按劳分配为主体、多种分配方式并存,强调公平正义,有助于实现社会财富的合理分配,减少贫富差距。按劳分配和按要素贡献分配相结合的初次分配制度、国民收入再分配制度与第三次分配制度共同构成完整的、相互补充的分配制度体系,有利于实现社会分配的公平与公正、有利于劳动者从切身利益关心自己的劳动成果、有利于保障共同富裕目标的实现,对推动中国现代化建设具有重要意义。[①]

中国式现代化实现的共同富裕是全体人民的共同富裕,是人民群众物质生活和精神生活都富裕,这就要求必须实现按劳分配的分配制度,充分调

[①] 乔惠波:《中国式现代化视域下社会主义基本经济制度发展的三重逻辑》,《河北学刊》,2023年第3期。

动各方面的积极性,实现效率和公平的有机统一。要坚持和完善按劳分配为主体、多种分配方式并存的基本分配制度,构建初次分配、再分配、第三次分配协调配套的制度体系,①提高就业收入在国民收入的比重,提高劳动报酬在初次分配中的比重,推动居民收入增长与经济增长相协调,劳动报酬提高与社会生产力提高相协调。②坚持多劳多得,促进机会公平。一个公平的分配制度应该在初次分配、再分配和第三次分配下构建一个完整的制度体系,改善收入和财富分配格局,实现个人收入增长与社会财富增长同步。在初次分配阶段,劳动者应该通过他们的努力和贡献获得相应的报酬,推动收入增长与经济增长相协调,劳动报酬提高与社会生产力提高相协调。鼓励人们积极工作和创造财富,调动广大劳动者的积极性、主动性和创造性。在再分配阶段,政府在调节社会财富分配中起着关键作用。我们需要充分发挥政府的调节作用,通过税收、社会保障、转移支付等手段,有效缩小社会收入差距,实现财富的公平分配,使所有人都能从社会和经济发展中受益。政府应主动参与分配制度的制定和执行,用公平和公正的手段来调控社会收入的分配。政府对这些收入进行公平的重新分配,以保证所有的人都能享有基本的生活必需品。在第三次分配阶段,社会对收入进行进一步的分配,以实现更广泛的社会公正和公平。我们要倡导慈善公益事业,鼓励社会各界捐赠财产,支持贫困地区和弱势群体。第三次分配是在道德和法律框架下进行的,它体现了社会成员对公平正义的追求和对弱势群体的关爱。通过第三次分配,我们可以进一步缩小社会收入差距,促进社会和谐。

在中国式现代化的进程中,我们要充分发挥按劳分配的作用,完善社会保障体系,加大对低收入群体的救助力度,保障他们的基本生活。此外,还要加强对高收入者的税收调节,实现收入分配的公平合理。同时,也要不断

---

① 习近平:《高举中国特色社会主义伟大旗帜 为全面建设社会主义现代化国家而团结奋斗——在中国共产党第二十次全国代表大会上的报告》,人民出版社,2022年,第47页。

② 洪银兴:《40年经济改革逻辑和政治经济学领域的重大突破》,《经济学家》,2018年第12期。

适应经济社会发展的新变化,调整和完善分配机制,以更好地实现社会主义现代化的目标。只有这样,我们才能促进社会公平正义,为现代化建设创造和谐稳定的社会环境,实现全体人民共同富裕的目标,为国家的发展和人民的幸福奠定坚实基础。

二、践行以人民为中心的发展思想

习近平强调:"必须始终把人民利益摆在至高无上的地位,让改革发展成果更多更公平惠及全体人民,朝着实现全体人民共同富裕不断迈进。"[①]坚持以人民为中心的发展,是社会主义本质特征和社会主义生产的目的。"让广大人民群众共享改革发展成果,是社会主义的本质要求,是社会主义制度优越性的集中体现,是我们党坚持全心全意为人民服务根本宗旨的重要体现。"[②]以人民为中心的发展思想强调人民的利益至上,将人民的需求和利益放在首位,追求人的全面发展和全体人民共同富裕。在现代化建设中,我们深入贯彻以人民为中心的发展思想,在幼有所育、学有所教、劳有所得、病有所医、老有所养、住有所居、弱有所扶上持续用力,人民生活全方位改善。按劳分配作为一种分配原则,与以人民为中心的发展思想紧密相连,它强调个体劳动贡献的认可和回报,基于对个体劳动贡献的认可和尊重,通过劳动的付出来获取相应的回报,使人民能够分享社会发展的成果。同时关注社会公平和稳定,让改革发展成果更多、更公平地惠及全体人民,不断实现发展为了人民、发展依靠人民、发展成果由人民共享,让现代化建设成果更多更公平惠及全体人民。让每个人都能够从经济发展中受益,实现自身价值和幸福感。

坚持按劳分配为主体、多种分配方式并存的分配制度,贯彻按劳分配原

---

① 习近平:《决胜全面建成小康社会 夺取新时代中国特色社会主义伟大胜利——在中国共产党第十九次全国代表大会上的报告》,人民出版社,2017年,第45页。

② 《十八大以来重要文献选编》(中),中央文献出版社,2016年,第827页。

则,以工资、奖金等形式回报劳动者的辛勤付出,实现收入分配的公平与合理。坚持多劳多得,着重保护劳动所得,认可和尊重个体的劳动贡献,使人民能够通过劳动的付出来获取相应的回报,增加劳动者特别是一线劳动者的劳动报酬,提高劳动报酬在初次分配中的比重,促进财富的合理分配,减少收入差距,增加社会稳定性,推动可持续发展。通过将个体的工作贡献与收入直接挂钩,激发了劳动者的积极性和创造力,使每个人都有机会通过自己的努力改善生活,促进了经济的发展和社会的进步。此外,社会保障体系的建立与完善也是社会公平的体现,保障了弱势群体的基本生活需求,缩小了收入分配差距,提高了社会稳定性。社会保障政策的建设可以保障劳动者的基本权益,提供相应的福利和保障,使劳动者在享受按劳分配成果的同时,也能获得社会的关怀和支持。社会保障政策可以通过税收调节和财政支出,减少收入差距,促进社会的公平和稳定。通过适当的财富再分配,实现更加均衡的收入分配,使更多人分享社会发展的成果。

中国式现代化也强调人民群众的参与和共享发展成果。习近平指出:"我国经济发展的'蛋糕'不断做大,但分配不公问题比较突出,收入差距、城乡区域公共服务水平差距较大。在共享改革发展成果上,无论是实际情况还是制度设计,都还有不完善的地方。"①因此,综合考虑了个体劳动贡献和社会公平的分配方式,在一定程度上实现了按劳分配与中国式现代化的内在联系。这一思想强调社会发展应当以满足人民的需求和利益为出发点和落脚点,确保每个人都能够共享社会发展的成果。按劳分配作为一种分配方式,按劳分配的实施可以激励人们更加积极地投入生产和创造中,充分发挥自身的优势和潜力,促进人的自由而全面的发展,提高劳动生产率和创造力。这一思想和实践体现了社会公平、正义和维护了人的尊严,为实现社会的可持续发展提供了重要的指导原则。综上所述,按劳分配的基本原则与

_____

① 《习近平谈治国理政》(第二卷),外文出版社,2017年,第200页。

推进中国式现代化相互协同,通过激励和保障相结合,促进了社会的稳定和可持续发展,实现了经济增长与社会公平的有机统一。

三、为经济高质量发展提供动力

以按劳分配为主体、多种分配方式并存的分配制度实质上反映出劳动、管理、资本、技术、土地等各种生产要素,都按贡献参与了收益分配。按劳分配作为中国特色社会主义分配制度的核心,为实现经济高质量发展提供了发展动力和有力保障,实现投资有回报、企业有利润、员工有收入、政府有税收,并且充分反映各自按市场评价的贡献,在经济高质量发展和中国式现代化的实现中发挥着重要的作用。

首先,按劳分配可以缩小贫富差距,激励劳动者的生产积极性和创造力的释放,推动生产力的发展。在按劳分配的机制下,个体的劳动贡献与其获得的回报直接相关,这就鼓励了人们更加积极地投入生产和创造中提高生产效率。激发创新活力和创造力,推动科技进步和技术创新,进而推动经济高质量发展和中国式现代化的实现。在按劳分配的机制下,个体的收入与其劳动贡献成正比,这就鼓励了个体更加努力地工作和提高生产效率。高效率的生产将推动经济的快速增长和高质量发展,为中国式现代化的实现奠定坚实的基础。

其次,按劳分配也有利于促进社会分配的公平和公正。在中国式现代化的进程中,按劳分配不仅能够激发劳动者的积极性、创造性,还能够促进社会公平正义,为现代化建设提供强大的精神动力。按劳分配强调个体的劳动贡献与其获得的回报成正比,这体现了公平的原则。每个人都有机会通过自己的努力和付出来获取相应的回报,这减少了社会的不满和不公平感。通过建立公正的分配机制,社会的资源和财富可以更加合理地分配,从而促进社会的稳定和谐。这一制度安排有助于激发劳动者的积极性、主动性和创造性,提高劳动生产率。在按劳分配的激励下,劳动者追求更高的工作效率和成果，从而推动技术进步、创新能力和企业效益的提升。此外，劳动者在工作中的积极性传递到日常生活中，也有助于培养文明乡风、良好家风、淳朴民风，促进社会治理体系和治理能力现代化。在中国式现代化的实现过程中，还需要考虑到特殊群体的需求和特殊情况，如弱势群体、贫困地区等，采取相应的分配政策和措施，以确保社会的公平和全体人民的共同富裕。

最后，按劳分配促进效率和公平的有机统一。在社会主义市场经济条件下，效率和公平不是互相对立的矛盾关系，而是要共同实现。效率的高低体现了经济发展水平的高低，直接影响可供分配的社会财富的总量，是提高人民生活水平、优化收入分配的重要物质基础。分配状况是影响生产效率的重要因素，分配的公平问题直接影响经济主体的积极性和经济效率的高低。因此，坚持按劳分配为主体、多种分配方式并存的分配制度，一方面，使劳动者付出的劳动都得到应有的报酬，从而调动劳动者的工作积极性，促进生产效率的提高；另一方面，使生产要素根据市场评价获得相应的回报，使更多的生产要素所有者加入市场经济中，激发市场主体活力，鼓励生产优化生产要素的配置，推动供给侧结构性改革，提高经济发展质量和效益。

综上所述，按劳分配作为一种分配方式，在经济高质量发展和中国式现代化的实现中具有重要的作用。通过健全完善三次分配机制、改善收入和财富分配格局，促进效率和公平的有机统一，为经济高质量发展注入动力，是建设中国式现代化的重要保证。

第五节　社会主义市场经济体制与中国式现代化

习近平指出："在市场作用和政府作用的问题上，要讲辩证法、两点论，看不见的手和看得见的手都要用好，努力形成市场作用和政府作用有机统

一、相互补充、相互协调、相互促进的格局,推动经济社会持续健康发展。"①党的十九届五中全会进一步强调,"坚持和完善社会主义基本经济制度,充分发挥市场在资源配置中的决定性作用,更好发挥政府作用,推动有效市场和有为政府更好结合"②。党的十八届三中全会通过的《中共中央关于全面深化改革若干重大问题的决定》明确提出,使市场在资源配置中起决定性作用和更好发挥政府作用,这是党对中国特色社会主义建设规律认识的一个新突破,标志着社会主义市场经济发展进入了一个新阶段。政府和市场是有机统一的,不是互相矛盾的,两者的有机结合是遵循经济客观规律的必然要求,也是体现社会主义制度优越性的内在要求。因此,我们要充分发挥有效市场满足人民需要、发挥有为政府推进共同富裕、在高水平对外开放中利用好国内国际两个市场的作用,以有效市场和有为政府的更好结合推动中国式现代化的实现。

一、发挥有效市场满足人民需要

发挥有效市场满足人民需要,是社会主义市场经济体制的核心目标之一。有效市场是指资本、劳动、技术、信息等生产要素的配置能达到最优、效率最高的状态。在中国式现代化的进程中,我们要充分发挥有效市场能够让信息都得到及时的反应,从而使得资产价格能够及时、准确地反映出市场供求关系和投资价值,促进资源的有效配置;能够为那些创新和有潜力的企业提供更多融资机会,有助于推动经济结构的变革和提高生产率。同时,它也能够为投资者提供更多的选择,使得资金能够更加合理地流向不同的领域,从而促进经济更好地发展。有效市场的作用在于推动资源的有效配置、促进企业管理效率、增强经济发展活力,提高经济发展效率,满足人民日益

---

① 习近平:《"看不见的手"和"看得见的手"都用好》,《人民日报》,2014年8月22日。

② 《中国共产党第十九届中央委员会第五次全体会议文件汇编》,人民出版社,2020年,第38页。

增长的美好生活需要。

市场在资源配置中起决定性作用。有效市场的存在对于满足人民群众的生活和发展需要,推动中国式现代化建设起到了关键性作用。有效市场有助于实现资源的最优配置,提高经济效益。我国拥有庞大的人口和丰富的资源,但只有通过有效市场派生出的价格信号推动优胜劣汰,促使企业提高自身的核心竞争力,才能将这些资源指向最有价值的领域,更好地满足人民日益增长的美好生活需要。一方面,通过市场机制,可以调动企业的积极性,让他们根据市场需求生产商品,提高产品质量,推动产业结构调整,培育新兴产业,提供丰富多样的产品和服务。另一方面,有效市场能够满足人民日益增长的美好生活需要。在一个有效的市场中,各种资源得以有效配置和利用,生产活动可以高效进行,产品和服务能够按需求供应。这样的市场机制能够保证人们能够获得所需的物质生活需求,并且通过市场的交易活动,也能够获取各种文化产品和服务,丰富精神生活。在有效市场中,资源分配更加合理,生产效率更高,这将确保人们有更多的机会获得物质和文化需求,并且能够通过他们的工作和经济活动来支持和满足这些需求。因此,有效市场是满足人民日益增长的美好生活需要的重要保障。

价格由市场决定,要开展规范有序、优胜劣汰的市场竞争。价格由市场决定,是市场经济的一个基本特征,它反映了供求关系和市场的自主调控机制。价格的自由形成能够有效激发生产者和消费者的积极性,促进资源的有效配置和利用。同时,规范有序的市场竞争有利于优胜劣汰,能够引导企业不断改进和提高自身的生产效率和质量水平,推动市场朝着更加健康和有序的方向发展。同时,这也有利于促进资源的合理配置,激发创新活力和创造力,推动经济增长和社会发展。因此,规范有序、优胜劣汰的市场竞争是市场经济中非常重要的一环,能够为消费者和企业带来更多的选择和机会,推动整个经济体系更加活跃和健康地运转。在这样的环境中,只有不断提高自身竞争力、创新能力才能获得更多市场份额,帮助企业在激烈的挑战和竞争中胜出。但是在现实情况中,市场机制也可能出现一些问题,比如垄断现象、信息不对称等,这就需要政府出台相应政策进行引导和监管,以确保市场能够健康有序运行,最终实现市场竞争的效益最大化。

市场中的供求机制调节企业生产。供求关系决定消费者对产品的需求量和企业的供应决策,价格机制则通过价格信号的传递,引导企业进行生产决策和资源配置。市场激励企业根据市场需求灵活调整产品结构和产量,以满足消费者的需求。供求机制调节企业生产的方式具有灵活性,能够快速适应市场变化。同时,它也能够有效地配置资源,激励企业进行创新,指导企业生产更符合市场需求的产品,提高产品的质量和竞争力,以满足消费者的需求。市场竞争也促使企业提高产品质量、技术创新和生产效率,以保持市场竞争力。推动营商环境改善,鼓励创新,提高产业效率和质量,同时促进居民就业和收入增加,形成供需互促、产销并进、畅通高效的国内大循环,从而培育发展强大的国内市场。

总之,发挥有效市场满足人民需要,是社会主义市场经济体制的核心目标之一。我们要进一步全面深化改革,完善市场经济体制,使市场在资源配置中的决定性作用日益显著,激发市场活力,满足人民需求,建设现代化经济体系,推动经济高质量发展。同时,我们要坚持和加强党对经济工作的领导,确保市场经济体制沿着正确的方向发展,使有效市场成为中国式现代化过程中的关键驱动力。

二、发挥有为政府作用推进共同富裕

建设高水平市场经济体制是推动经济高质量发展的关键因素。发挥有为政府推进共同富裕,是中国式现代化的重要任务之一。中国特色社会主义发展的目标,是实现全体人民共同富裕和社会公平正义,由于价格机制调节的作用范围有限,单纯依靠市场调节很难实现。市场机制是一个重要的经济运行方式,其鼓励竞争的特点有利于提高效率和刺激创新,降低成本,促进资源的优化配置，同时也推动了技术进步和生产效率的提高，从而促进经济的发展和增长。然而，市场竞争会导致两极分化和贫富差距的扩大。在竞争激烈的环境下，一些企业可能会取得长期竞争优势，实现大规模垄断并获得巨大利润，而其他企业则可能倒闭或陷入困境。这种情况下，社会上的财富和资源分配将更加不均衡，贫富差距进一步拉大，这将导致社会的不公平和不稳定。市场竞争也有可能导致环境破坏和资源耗竭。在竞争为了追求短期利润最大化的情况下，企业可能会忽视环境保护和可持续发展的原则，过度开采资源、污染环境，造成生态恶化和资源的浪费。为了解决市场竞争可能带来的负面影响，政府需要积极干预和监管。政府制定合理的税收政策和财政支持政策，促进资源的合理配置和收入的公平分配；加强反垄断监管，防止企业形成垄断，维护市场公平竞争秩序；同时也可以实施环境保护政策，鼓励企业进行绿色生产和可持续发展。此外，政府还可以通过教育、社会保障等措施来减少贫富差距，促进社会的共同富裕。

政府根据经济和社会发展的需求，加强对收入分配的调控，推动形成合理、公平的收入分配格局，不断完善税收制度。通过改革税收政策，政府平衡不同层次和不同收入来源的税赋，从而调整收入分配的不平衡状况，加大对低收入群体的支持力度，包括提高最低工资标准、扩大社会保障覆盖范围、加大对弱势群体的扶贫救助力度等措施，从而提高低收入群体的收入水平，减少贫困和收入差距，实现收入的再分配，进一步推动税收的公平和合理分配。通过完善劳动法律法规，保障劳动者的合法权益，鼓励企业提高劳动者的工资报酬，确保劳动者获得合理的劳动收益，激发其积极性和创造活力。这将有助于缓解社会矛盾，增进社会和谐稳定，为实现经济可持续发展和社会稳定作出新的更大的贡献。政府通过优化就业政策保障基本民生。政府积极加强就业政策，创造更多的就业机会，降低社会收入的不平等现象。通过加大对中小微企业的扶持力度、促进创业创新企业的发展，帮助更多的人实现自主创业和就业，从而增加家庭收入，缩小社会收入差距。另外,政府需要加大对教育、医疗、养老等公共服务的投入,提高公共服务水平。通过提供更为公平和高质量的公共服务,能够有效地减少家庭的实际支出,从而缓解收入分配不公平问题。

在中国,政府是全民所有制生产资料拥有所有权的总代表,承担管理和经营的责任,这是建立在中国特色社会主义制度之上的基本国情。作为全民所有制生产资料所有权的总代表,肩负的首要职责是确保这些资产得到有效管理,保障其价值不受侵蚀并逐步实现增值。政府的角色不仅局限于传统意义上的市场监管者和经济的宏观调节者,而且在市场经济中扮演着更为积极主动的参与者。①这是一种特殊的经济参与形式,旨在促进资源的优化配置,推动经济的结构性调整和升级,以及保护并促进各种所有制经济的共同发展。这种角色的实现,不仅要求政府在宏观经济领域制定政策,进行调控,还要求其在特定领域直接参与市场运作,比如国有企业的经营管理。在市场经济中,即使是作为政府代表的国有企业,也需遵循市场规则和法律,维护公平竞争的市场环境。政府需要利用法治的手段,确立和维护一个透明的、非歧视性的市场环境,以促进包括国有企业在内的所有市场主体在公平的条件下竞争。这要求政府在制定和实施政策时,要平等对待各类市场主体,不得滥用行政力量干预市场,扭曲市场竞争。

发挥有为政府的作用,政府既是市场规则的制定者,又是市场活动的参与者。政府需要在维护国有资产价值、促进资源优化配置以及提升国有企业竞争力等多方面维护市场的公平性和效率性,同时通过合法的方式在市场经济中履行管理职能,并引领国有企业实现更为广泛的社会目标。政府要加强对收入分配的调控,推动形成合理、公平的收入分配格局,这是实现共同富裕的重要途径。政府要始终坚持人民至上,以人民为中心,切实解决人民群众的急难愁盼问题,不断满足人民群众对美好生活的向往。同时,要

---

① 何自力:《社会主义基本经济制度》,《经济研究》,2022年第9期。

加强与各方面的沟通协作,形成推动共同富裕的强大合力。只有这样,我们才能在全面建设社会主义现代化国家的道路上,取得更为明显的成效,为实现全体人民共同富裕的目标不懈努力。

三、在高水平对外开放中利用好国内国际两个市场

高水平对外开放与利用好国内国际两个市场之间的关系,是中国式现代化进程中至关重要的一环。在当前世界百年未有之大变局加速演进的背景下,推动中国式现代化需要紧紧依托高水平对外开放,以更好地利用国内国际两个市场,实现国内国际双循环相互促进的联动效应。坚持深化供给侧结构性改革和着力扩大有效需求协同发力,发挥超大规模市场和强大生产能力的优势,使国内大循环建立在内需主动力的基础上,提升国际循环质量和水平。①坚持扩大内需的战略基点,使生产、分配、流通、消费更多依托国内市场,实现国民经济良性循环,构建以国内大循环为主体、国内国际双循环相互促进的新发展格局。作为世界上最大的发展中国家之一,中国应该继续推进高水平对外开放,这不仅有利于中国经济的发展,也有利于增进世界各国的共同利益。高水平对外开放将为中国式现代化的高质量发展提供强大动力,也将为全球产业链、供应链、创新链的提升和国际循环的优化注入新的活力。因此,中国应该坚定不移地推进高水平对外开放,积极应对面临的挑战,抓住机遇,为世界经济的持续发展作出积极贡献。

第一,高水平对外开放是中国经济发展的关键战略,有助于提升国际循环的质量和水平,增强在全球产业链、供应链、创新链中的影响力。中国经济的迅速发展是在开放战略下取得的,未来中国式现代化的高质量发展需要在更加开放的条件下进行。通过高水平对外开放,我们可以充分利用国际市场和资源,加强与各国的经济合作,提升国际竞争力。我国作为世界第

---

① 钟才文:《必须坚持深化供给侧结构性改革和着力扩大有效需求协同发力》,《人民日报》,2024年1月30日。

二大经济体,其对外贸易和投资活动对国际循环贡献巨大。通过对外开放,扩大国际合作,并与更多国家实现利益共享,对全球经济的健康发展和国际循环的提升都具有积极作用。我国提出的"一带一路"建设旨在推动沿线国家的互联互通和经济合作,通过基础设施建设、产能合作等方式促进各国经济的共同繁荣。同时,长江经济带作为中国重要的经济发展区域,也需要与沿线国家加强合作,共同推动区域经济一体化。有利于优化全球产业链、供应链布局,为中国式现代化构建更加稳定的国际经济环境。这不仅有利于提高全球产业链和供应链的效率和稳定性,推动更多新兴产业和技术的跨国合作和发展,而且有利于为全球经济提供更多增长动力,助力中国式现代化。我国还应加强国际合作,借助多边机制,与其他国家共同制定合作规划,建立相互信任和合作的机制,在促进国际产能合作的过程中,定位于全球经济格局,推动共赢发展,共同应对全球性挑战。这有利于释放多方合作的利好,促进各国共同发展,实现互利共赢。对于我国的产能合作与全球经济治理,还需要倡导开放包容的合作理念,坚持合作共赢的原则。我国应积极推动国际经济体系的开放与平等,坚持多边主义和自由贸易,加强各种经济合作机制的建设,扩大开放市场,鼓励多元化的合作模式,推动全球经济治理向更加公平、包容、协调的方向发展。

第二,发挥超大规模市场优势,引导创新资源有效配置。首先,中国拥有庞大的市场和丰富的应用场景,高水平对外开放可以进一步发挥这一优势,引导资源在国内国际两个市场之间有效配置。通过市场需求引导创新资源流动和合理配置,有利于激发创新活力,推动科技成果转化,为中国式现代化提供强大的创新动力。通过高水平对外开放,中国可以吸引更多国际创新资源进入国内市场,促进创新成果的广泛应用和市场化。同时,中国还能将本土创新成果推向国际市场,通过国际交流合作,拓展创新资源的全球范围。其次,中国的市场需求多样化且巨大,不同地区、不同行业和不同群体的需求不断涌现,这为创新资源提供了多样化的应用场景,推动创新资源在不同领域进行跨界整合和深度应用。同时,我国在一些领域已经拥有了世界领先的创新成果和应用场景,这为吸引和整合国际创新资源提供了优势。通过高水平对外开放,中国可以吸引更多国际科技公司、研发机构和创新人才到中国开展合作,共享中国已有的创新成果和应用场景,促进国际创新资源与中国市场的深度对接和融合。这不仅能够带来国际创新资源的引入,还可以加速中国本土创新成果的国际化。在高水平对外开放下,中国还能够更好地引导和推动创新资源的流动和合理配置,实现创新资源在国内国际两个市场的有效运行。这意味着中国可以充分利用国际市场和资源,吸引更多创新资源进入国内市场,还可以将中国的创新成果输出到国际市场,推动中国创新资源的国际化。

第三,实现内外贸一体化,促进经济高质量发展。高水平对外开放有助于实现内外贸一体化,促进经济高质量发展。以内需为导向的内外贸一体化改革,可以充分发挥市场机制作用,推动国内外市场需求相互促进,为国内企业提供更多发展机遇,助力建设中国式现代化。通过对外开放,中国可以吸引更多外国产品和技术进入国内市场,满足国内不断增长的消费需求。同时,中国的产品也可以更加顺畅地走出国门,拓展国际市场,实现国内外市场的有效对接和资源互补。这样的一体化模式可以更好地整合全球资源,提升产品和服务的国际竞争力。中国作为世界第二大经济体,内部市场潜力巨大,通过鼓励消费,促进内需增长,可以有效推动国内产业发展,同时增强中国对全球市场的影响力。以内需为导向充分发挥市场机制作用,推动国内外市场需求相互促进,为国内企业提供更多发展机遇,也能更好地引导外贸企业关注国内市场,提升产品和服务的适应性和创新性,满足国内消费需求。通过参与国际市场竞争,国内企业可以更好地了解和适应国际市场需求,拓展跨国业务,提升全球市场份额。同时,对外开放可以引进国际先进技术和管理经验,也能为国内企业提供更多国际化发展的机会和平台,有利于推动科技创新和产业结构升级,以更高质量的产品和服务满足国内外市场需求。我国在制造业等领域拥有雄厚的产能和技术实力,通过对外开放深化与世界各国产能合作,共同搭建全球产业链和供应链,加速推动全球产业链和供应链的优化升级,提高国际经济治理话语权。积极参与全球经济治理,共同推动国际经济体系的改革和完善,为国际经济治理提供更多中国智慧和中国方案,促进全球经济的健康发展。同时,还可以促进国际政治经济秩序的民主化和多元化,提高发展中国家在全球治理中的话语权和利益表达能力。

　　总的来说,通过高水平对外开放,中国能够更好地发挥其庞大市场和丰富应用场景的优势,加快创新资源的跨界整合和深度应用,推动科技成果转化,为中国式现代化提供强大的创新动力。这也将促进中国在全球科技创新和产业发展中发挥作用,推动中国经济由高速增长转向高质量发展,进而实现经济社会全面发展的目标。在充分发挥国内市场优势的基础上,我们应充分利用国际市场和资源,实现国内国际双循环相互促进,为中国式现代化提供有力支撑。面向未来,我们要把握世界大势,坚定不移推动高水平对外开放,以更广阔的视野、更务实的举措,助力中国式现代化取得更为明显的优势。高水平对外开放是未来中国式现代化高质量发展的重要保障。在当前全球经济一体化进程面临挑战的背景下,中国应坚定不移地推进对外开放,积极参与全球产业链、供应链、创新链的竞争与合作,助力实现中国式现代化。只有保持对外开放的战略,才能为中国经济的持续繁荣和高质量发展创造有利条件。在充分利用国际市场和资源的同时,我们还要充分发挥国内市场优势,全面贯彻新发展理念,构建新发展格局,统筹国内国际两个大局,构建全面开放的新格局,坚持独立自主、互利共赢,走和平发展道路,实现国内外双循环相互促进,为中国式现代化提供有力支撑。

第七章

发展实体经济助力中国式现代化

党的二十大报告明确提出："建设现代化产业体系。坚持把发展经济的着力点放在实体经济上，推进新型工业化，加快建设制造强国、质量强国、航天强国、交通强国、网络强国、数字中国。"[①]习近平指出，"实体经济是大国根基"[②]，是一国财富创造的根本源泉。实体经济对国民财富积累的基础和支撑作用无可替代，坚持以实体经济为核心的发展战略，是推进中国式现代化建设的重要理论与现实问题，是建立中国特色社会主义政治经济学体系的重大理论命题之一。

---

① 习近平：《高举中国特色社会主义伟大旗帜 为全面建设社会主义现代化国家而团结奋斗——在中国共产党第二十次全国代表大会上的报告》，人民出版社，2022年，第30页。

② 《习近平在京津冀三省市考察并主持召开京津冀协同发展座谈会时强调稳扎稳打勇于担当敢于创新善作善成推动京津冀协同发展取得新的更大进展》，《人民日报》，2019年1月19日。

第一节　中国式现代化重视实体经济的内在逻辑

一、实体经济与虚拟经济的内涵

(一)实体经济

实体经济是一国经济的立身之本,是财富创造的根本源泉。厘清实体经济的理论内涵、建立识别实体经济的标准,是古今中外许多经济学家进行经济分析时的一个重要出发点。历史上针对什么是实体经济的争论,始于对真实财富的不同认识,早期关于真实财富的争议集中在货币是否是真实财富,贸易、金融领域是不是创造价值的问题上。基于历史唯物主义的视域,"生产物质生活本身"是人类的"第一个历史活动"和"一切历史的基本条件"。①以劳动价值论为社会经济运动规律的逻辑出发点,就生产一般和经济关系而言,生产性劳动是价值和财富创造的根本基础。

市场经济本质上是一个价值系统,创造价值与剩余价值的经济活动是整个经济运行的运行基础。实体经济是实际生产过程和价值增殖过程的统一,以产业资本循环的经济活动为主。价值增殖"表现为生产的起点和终点,表现为生产的动机和目的"②。单个资本依次采取货币资本、生产资本和商品资本的具体形态,经过购买生产资料和劳动力商品、顺利出售商品的流通过程以及具体生产过程,实现价值增殖。这个过程既是实际生产和价值增殖的统一,也是生产过程和流通过程的统一。因此,在市场经济条件下,实体经济作为整个经济社会发展的物质基础,表现为生产、分配、交换和消费四个环节对立统一的有机体。任何经济社会都是以生产力和生产关系构

① 《马克思恩格斯文集》(第一卷),人民出版社,2009年,第531页。
② 《马克思恩格斯选集》(第二卷),人民出版社,2009年,第463页。

筑成的基本框架,实体经济发展的实质,正是生产力水平提高的重要内容与主要表现,是保证社会财富长期高质量和可持续发展的实际基础,是满足人类不断增长和全面需要的必要条件,是实现人类发展和人的全面自由发展的坚实根本。

从产业门类的角度来看,实体经济主要包括直接参与或服务于所有与实际财富生产相关的经济活动,涵盖最终以商品、服务和资源等的使用价值满足人类物质和精神生活需要的产业部门,基本功能是满足人类生存发展资料、改善人类生活水平和增强人类综合素质。就人类的物质生产、物质和精神生活的一般而言,"生产本身又有两种。一方面是生活资料即食物、衣服、住房以及为此所必需的工具的生产;另一方面是人自身的生产"[①]。在"食物、衣服、住房以及为此所必需的工具的生产"中,主要涉及农业、建筑业、工业等传统行业。自第一次工业革命以来,工业化水平大幅度推进、生产力水平不断提高,制造业成为实体经济的核心基础,为社会经济整体稳定运行提供物质基础,深刻改变了人类的生活方式、生活水平和综合素质。伴随社会分工的不断扩大,部分商品资本从产业资本中独立出来,是现代流通行业的基本雏形,以及直接生产过程在流通中的自然延伸,直接赋予商品使用价值,提升商品生产和流通的稳定连续性。以商品流通理论来看,交通运输业、仓储业和批发零售业等在社会扩大再生产中居于重要地位,具有延续创造使用价值的直接生产性质和实现商品价值的媒介劳动性质,直接参与创造社会物质财富。[②]在"人自身的生产"中,主要涉及餐饮住宿、国防管理、科学技术以及行政服务等内容,以这些经济活动为主的产业门类虽不直接参与直接生产过程,但直接服务于劳动能力扩大再生产,是传统以产业资本循环为主经济活动的重要支撑,为其提供外部条件和基础环境,生产人类必

---

① 《马克思恩格斯选集》(第四卷),人民出版社,2012年,第13页。
② 王晓东、谢莉娟：《社会再生产中的流通职能与劳动价值论》,《中国社会科学》,2020年第6期。

要的精神产品,是提升劳动能力所必需的经济活动。

实体经济在国民经济中的基础地位和重要意义不可替代。伴随工业化进程的快速推进,实体经济深层次结构性矛盾暴露,主要表现为:实体经济结构性供需失衡、虚拟经济与实体经济失衡。发展和壮大实体经济,要促进虚拟经济服务实体经济的本职和宗旨,推动虚拟经济结构与经济社会发展相适应;以深化供给侧结构性改革为主线,着力提高和发展社会生产力,找准实体经济的短板和弱项,切实化解实体经济发展难题;深入实施创新驱动发展战略,推动实体经济优化结构,有效针对性推动实体经济高质量发展,推进现代化经济体系建设工作。

(二)虚拟经济

虚拟经济的内涵源于马克思虚拟资本理论。虚拟经济是以虚拟资本价值运动为核心的经济活动,本质是价值增殖的相对独立化,既能服务于实际资本积累,也能相对脱离实际生产过程自行增殖。因此,虚拟经济兼具服务实体经济与自我循环的二重属性,既包括服务于实际生产过程的价值增殖活动,也包括脱离于实际生产过程的价值增殖活动。虚拟资本是以有价证券形式存在,并能给持有者带来一定收入的资本,它们脱离生产过程的自我循环构成虚拟经济运行的一部分。虚拟资本具有两种增殖方式:一是参与产业资本循环,二是自行增殖。虚拟资本自我循环的本质是脱离生产过程的货币资本增殖独立化,在虚拟经济内部的空转现象。虚拟资本表现为"生产更多货币的货币,是没有在两极间起中介作用的过程而自行增殖的价值"[①]。当虚拟经济从依附并服务于实体经济,到独立并主宰实体经济,过度膨胀将引发金融危机。

马克思认为,市场经济的本质属性是追逐价值增殖。沿着"商品—货币—资本"的逻辑,社会财富的物质内容由其社会形式——货币——来表

---

① 《马克思恩格斯文集》(第七卷),人民出版社,2009年,第440页。

示,在市场经济高度发达的条件下,以货币表现价值形式具有脱离个别使用价值这一物质形式的可能。在信用制度的充分发展下,资本作为货币形式的进一步发展,衍生出了生息资本、虚拟资本等形式,是资本追求自身增殖的必然结果。在虚拟资本的形态上,资本可以参与产业资本循环促进实际资本积累。但是它同时获得了脱离实际生产过程和实际产品的运动形态,凭借价值的社会形态寻求自身无限增殖。"在这种关系上,资本表现为会生出货币的货币。"当代,虚拟资本的具体形态已经不止于马克思提出的股票、债券等传统形式,还衍生出了证券化资产、虚拟货币(如比特币)等新形式,利用纯粹的金融创新技术朝着脱离实际物质内容、自我增殖的形式不断发展。将虚拟资本的价值运动嵌入社会经济形态的历史演进,虚拟经济正是价值增殖过程的相对独立化,是资本长期追求价值增殖、逐渐独立于实际生产过程的必然结果。

近年来,学界对实体经济与虚拟经济结构性失衡的认识明显转变。早期,学者们往往使用"后工业化"来描述20世纪80年代以来工业比例下降的趋势;2008年全球金融危机后,则使用"去工业化"来描述上述趋势。从对金融和房地产业的赞扬,到对去工业化的担忧,再到"再工业化"政策的转变,反映了学界从"金融深化"到"经济金融化"的认识转变,即逐步关注到虚拟经济膨胀对投资、消费和就业等实体经济因素的负面影响,并希望能够纠正不良倾向。

二、实体经济是国民经济根基的理论逻辑

根据马克思主义政治经济学理论,物质生产在社会经济运行和人类生存中具有决定性作用。马克思和恩格斯在《德意志意识形态》中提出:"我们首先应当确定一切人类生存的第一个前提,也就是一切历史的第一个前提,这个前提是:人们为了能够'创造历史',必须能够生活。但是为了生活,首先就需要吃喝住穿以及其他一些东西。因此第一个历史活动就是生产满足

这些需要的资料,即生产物质生活本身,而且,这是人们从几千年前直到今天单是为了维持生活就必须每日每时从事的历史活动,是一切历史的基本条件。"①"任何一个民族,如果停止劳动,不用说一年,就是几个星期,也要灭亡,这是每一个小孩子都知道的。"②"物质生活的生产方式制约着整个社会生活、政治生活和精神生活的过程。"③由此可见,实体经济不仅代表着一个社会的实际财富,也是任何一个国家和地区经济发展的根基。

(一)生产性劳动创造国民财富

生产劳动理论是马克思劳动价值论的重要组成部分,也是剩余价值理论和资本积累理论的重要基础。马克思在《〈政治经济学批判〉导言》中提出:"摆在面前的对象,首先是物质生产。在社会中进行生产的个人,——因而,这些个人的一定社会性质的生产,当然是出发点。"④不难看出,物质生产过程正是生产性劳动的逻辑起点,也是分析实际财富属性的切入点。经济社会的发展不仅需要机器、设备、原料等物质生产资料,也需要如食物、衣服、房屋等消费资料,这就决定了物质生产的必要性,恰恰也说明了物质资料的生产是人类社会生存和发展的坚实基础。恩格斯在《在马克思墓前的讲话》中评价马克思的理论贡献时指出:"正像达尔文发现有机界的发展规律一样,马克思发现了人类历史的发展规律,即历来为繁芜丛杂的意识形态所掩盖着的一个简单事实:人们首先必须吃、喝、住、穿,然后才能从事政治、科学、艺术、宗教等等;所以,直接的物质的生活资料的生产,从而一个民族或一个时代的一定的经济发展阶段,便构成基础,人们的国家设施、法的观点、艺术以至宗教观念,就是从这个基础上发展起来的,因而,也必须由这个基础来解释,而不是像过去那样做得相反。"⑤

---

① 《马克思恩格斯文集》(第一卷),人民出版社,2009年,第531页。
② 《马克思恩格斯文集》(第十卷),人民出版社,2009年,第289页。
③ 《马克思恩格斯文集》(第二卷),人民出版社,2009年,第591页。
④ 《马克思恩格斯文集》(第八卷),人民出版社,2009年,第5页。
⑤ 《马克思恩格斯文集》(第三卷),人民出版社,2009年,第601页。

　　首先，劳动涉及的是人与自然的关系。马克思指出："劳动首先是人和自然之间的过程，是人以自身的活动来中介、调整和控制人和自然之间的物质变换的过程。人自身作为一种自然力与自然物质相对立。"①"如果整个劳动过程从其结果的角度加以考察，那么劳动资料和劳动对象二者表现为生产资料，劳动本身则表现为生产劳动。"②这是马克思基于一般劳动过程的视角给生产劳动所下的定义。其次，在资本主义生产方式下，资本主义劳动的本质是雇佣劳动。"从资本主义生产的意义上说，生产劳动是雇佣劳动，它同资本的可变部分（花在工资上的那部分资本）相交换，不仅把这部分资本（也就是自己劳动能力的价值）再生产出来，而且，除此之外，还为资本家生产剩余价值。仅仅由于这一点，商品或货币才转化为资本，才作为资本生产出来。只有生产资本的雇佣劳动才是生产劳动。"③可见，从资本主义生产劳动的特殊性来看，与"资本相交换的劳动"、能够生产剩余价值的劳动才属于生产性劳动，其他与"收入相交换的劳动"、不能够生产剩余价值的劳动则属于非生产性劳动。

　　在科学界定两种不同性质的生产劳动的基础上，马克思进一步将生产劳动从直接"生产工人"的劳动扩展到"总体工人"的劳动。马克思认为："总体工人的各个成员较直接地或者较间接地作用于劳动对象。因此，随着劳动过程的协作性质本身的发展，生产劳动和它的承担者即生产工人的概念也就必然扩大。为了从事生产劳动，现在不一定要亲自动手：只要成为总体工人的一个器官，完成他所属的某一种职能就够了。"④

　　在这里，马克思指出，生产性劳动指的是"总体的物质生产"，而非狭义上每个具体生产过程。总体的物质生产，既包括生产流水线上的体力劳动，

① 《马克思恩格斯文集》（第五卷），人民出版社，2009年，第207~208页。
② 《马克思恩格斯文集》（第五卷），人民出版社，2009年，第581页。
③ 《马克思恩格斯文集》（第八卷），人民出版社，2009年，第213页。
④ 《马克思恩格斯文集》（第五卷），人民出版社，2009年，第582页。

也包括在科研过程中的脑力劳动,如围绕产品生产的科学研究、工程技术、经营管理等脑力劳动者的劳动等。此外,马克思还将生产性劳动扩展到运输业,他指出:"运输业是一个物质生产领域"①,"运输业所出售的东西,就是场所的变动","也就是它所进行的生产过程。这种效用只能在生产过程中被消费"。②此外,马克思还将商业活动中商品的包装、运输、仓储以及保管等劳动纳入生产劳动的范畴,认为其是流通过程和生产过程的统一③,是为剩余价值最终实现而进行的生产过程的延续。

(二)生产决定分配、交换和消费

马克思将市场经济分为生产、分配、交换、消费是社会再生产过程的四个环节,并形成有机统一。他在《〈政治经济学批判〉导言》中阐述了这四个环节之间的辩证关系:"一定的生产决定一定的消费、分配、交换和这些不同要素相互间的一定关系。当然,生产就其单方面形式来说也决定于其他要素。"④

首先,马克思认为,生产决定消费,在社会再生产过程中居于首要地位。马克思指出:"生产生产着消费:(1)是由于生产为消费创造材料;(2)是由于生产决定消费的方式;(3)是由于生产通过它起初当做对象生产出来的产品在消费者身上引起需要。"⑤由此可见,马克思认为生产是第一性的,生产决定消费,因为"它生产出消费的对象,消费的方式,消费的动力"⑥。

其次,马克思认为,"消费创造出生产的动力"⑦。因此,扩大消费是社会再生产的强大动力和最终目的。马克思指出,没有消费也就没有生产。消费是社会再生产中剩余价值实现的一个关键环节,它不仅是整个社会再生

---

① 《马克思恩格斯文集》(第八卷),人民出版社,2009年,第419页。
② 《马克思恩格斯文集》(第六卷),人民出版社,2009年,第65页。
③ 《马克思恩格斯文集》(第六卷),人民出版社,2009年,第119页。
④ 《马克思恩格斯文集》(第八卷),人民出版社,2009年,第23页。
⑤ 《马克思恩格斯文集》(第八卷),人民出版社,2009年,第16页。
⑥ 《马克思恩格斯文集》(第八卷),人民出版社,2009年,第16页。
⑦ 《马克思恩格斯文集》(第八卷),人民出版社,2009年,第15页。

产过程的终点，也是社会再生产过程的起点。"消费从两方面生产着生产：（1）因为产品只是在消费中才成为现实的产品；（2）因为消费创造出新的生产的需要，也就是创造出生产的观念上的内在动机，后者是生产的前提。"[①]可见，社会生产归根结底应服从于消费的内在要求，"保持消费和价值增殖之间的正确比例"[②]。否则，制造再多的产品如果无法销售出去，不仅将失去生产的意义，也会发生生产过剩的经济危机。

最后，生产决定分配，分配影响着消费。分配本质上是由人类社会生产力的发展水平决定的，只有社会各个部门的生产持续健康发展，才能为分配提供坚实的物质基础。同时，分配制度是否合理，也对消费水平和消费质量的发展水平有着重要影响，进而影响着生产的社会环境和发展动力。

此外，马克思在《资本论》中也指出，在商品社会中，价值是财富的本质属性，并且"不论财富的社会的形式如何，使用价值总是构成财富的物质的内容"[③]。由于实体经济的运行主体是物质产品和劳务，同时具有价值和使用价值，因此实体经济创造的财富构成了社会实际财富的本体。

三、实体经济助力中国式现代化的内在逻辑

实体经济是国民财富的根本基础和价值源泉，支撑整个国民经济体系的平稳运转。实体经济高质量发展是中国式现代化的重要一环，关系到国计民生的重要领域。只有坚持实体经济高质量发展、不断发展和壮大实体经济，中国式现代化才具有坚实基础和根本保证。

（一）实体经济是中国式现代化的根本基础

实体经济的高质量发展关系到中国式现代化的物质基础，同时关系到社会主义现代化强国建设的财富根本。从世界现代化的发展进程来看，各

---

① 《马克思恩格斯文集》（第八卷），人民出版社，2009年，第15页。
② 《马克思恩格斯全集》（第四十六卷）（上），人民出版社，1979年，第437页。
③ 《马克思恩格斯文集》（第五卷），人民出版社，2009年，第49页。

国现代化进程既表现出共同特征,也表现出各自特色。其中,以工业和制造业为核心的实体经济高质量发展,是世界各国现代化发展进程中的共同表现。因此,中国式现代化首先要求的就是物质技术基础保证,也就是实体经济的高质量发展。实体经济高质量发展也是服务"人口规模巨大的现代化、全体人民共同富裕的现代化,物质文明和精神文明相协调的现代化,人与自然和谐共生的现代化,走和平发展道路的现代化"①的根本基础。

(二)实体经济是国民经济的价值源泉

实体经济是一个经济系统的财富源泉和价值基础。根据马克思主义政治经济学理论,实体经济是以产业资本循环为主的经济活动,既是实际生产和价值增殖的统一,也是生产过程和流通过程的统一。其中,流通领域是资本积累扩大再生产的枢纽,各部门间投入产出流通的连续性,是一切社会化生产的必要条件。只有保证产业资本内部三个循环衔接的连续性,总生产和流通过程才能顺利进行。而以金融业和房地产业为核心的虚拟经济利润来源是产业资本积累的剩余价值,虚拟资本参与产业资本循环的,增殖方式为 $G—(G—W...P...W'—G')—G''$。其中,$G...W...P...W'—G'$ 为产业资本循环,G'' 为利息,$G''<G'$。在信用体系和金融制度的作用下,虚拟资本源于产业资本积累的剩余价值,包括对未来收益的索取权。同时,金融信用的无序扩张使虚拟资本收益"会增加一倍和两倍,以致变为纯粹幻想的怪物",第一列公式 $G''<G'$ 反转为 $G''>G'$,放大了虚拟资本自行增殖的能力,吸引更多资本绕过产业资本的形式追逐货币利润。

(三)实体经济是防范金融风险的压舱石

中国人民银行于2021年12月31日发布《宏观审慎政策指引(试行)》中指出,系统性风险是"可能对正常开展金融服务产生重大影响,进而对实体经济造成巨大负面冲击的金融风险"。

---

① 习近平:《论把握新发展阶段、贯彻新发展理念、构建新发展格局》,中央文献出版社,2021年,第474页。

　　实际上,这个定义揭示了金融风险与实体经济之间相互作用的内在关系,虚拟经济与实体经济之间存在显著的动态关联性。金融风险对实体经济造成严重的负面影响,实体经济衰退也将对虚拟经济产生负面冲击,导致金融风险在虚拟经济与实体经济两部门之间相互反馈,形成恶性循环,威胁整个经济系统的安全与稳定,最终导致系统性风险爆发。①虚拟经济与实体经济的关系本质是虚拟资本与产业资本的关系,一方面,虚拟经济发挥资源配置、风险管理和交易结算等功能服务实体经济发展;另一方面,虚拟经济可以脱离实体经济自我循环,其过度膨胀使其主导实体经济发展、抑制实际投资形成,并积聚大量金融风险。在这个过程中,大量资金进入以金融和房地产为核心的虚拟经济领域,促使金融资产扩张、影子银行膨胀和房地产价格泡沫等虚拟资本自行增殖现象凸显。与此同时,经济主体债务规模庞大、债务杠杆高企、债务链条错综复杂,高债务成为推动和支撑虚拟经济繁荣的基础条件,也为系统性风险的生成和爆发埋下隐患。一旦经济主体由于债务违约引发信用支付链条断裂,伴随资产价格下跌和信用收紧,流动性紧缺和债务违约将在整个经济系统蔓延。金融风险对实体经济产生严重负面影响,信贷资源紧张、盈利能力下滑、投资意愿降低和产品积压,大量实体企业面临倒闭,实体经济进入衰退时期。同时,实体经济也对虚拟经济造成负面冲击,企业债务违约使金融体系不良资产大幅增加,风险在金融体系扩散使大量金融机构陷入流动性困境,促使金融体系崩溃。虚拟经济与实体经济两部门之间的风险溢出形成恶性循环,最终导致系统性风险全面爆发。

---

　　① 刘晓欣、田恒:《虚拟经济与实体经济的关联性——主要资本主义国家比较研究》,《中国社会科学》,2021年第10期。

第二节 资本主义工业化和
脱实向虚的特征与中国启示

习近平指出:从大国到强国,实体经济发展至关重要,"任何时候都不能脱实向虚。"①通过考察主要资本主义国家工业化进程及经济脱实向虚的实际表现,有利于夯实中国坚持实体经济为核心的发展战略。

一、资本主义国家工业化发展进程

(一)全球实体经济发展的历史进程

从全球范围来看,按照技术发展程度来划分,实体经济发展进程主要包括前工业化时期、工业化时期和后工业化时期。当前,学界一般认为,工业化时期开始于工业革命,也就是以机器替代劳动的第一次工业革命。各国工业化开始时间和完成时间有很大的差异,就目前来看,仅有部分国家已经完成工业化并进入后工业化时期,大部分国家尤其是发展中国家均处于工业化时期。工业化完成的标志包括经济总量占世界份额比例高、工业经济比重达到相当高度、城镇化率与非农就业比重大幅度提高、工业重大技术及对经济社会和世界产生极大影响、工业制成品的国际影响大且成为贸易大国。而完成工业化的国家相继进入了后工业化时期,在后工业化时期各国走上了不同的道路,以美国、英国为代表的国家开始了去工业化过程,而以德国和日本为代表的国家,在发展其他产业的同时保持了并推进了工业的优势。

---

① 《习近平经济思想学习纲要》,人民出版社,2022年,第116页。

表7-1　世界典型国家的工业化历程

国家	工业化起步时间	工业化基本实现时间
英国	18世纪70年代	19世纪70年代
法国	18世纪末	19世纪末20世纪初
美国	18世纪末19世纪初	19世纪末20世纪初
德国	18世纪末19世纪初	19世纪末20世纪初
日本	19世纪70年代	20世纪六七十年代

数据来源：作者整理。

　　第一次工业革命起源于英国，18世纪60年代，纺织机和蒸汽机的发明，象征着工业化的开始。机器代替手工、工厂代替家庭作坊，规模生产效益凸显。随后，纺织、煤炭、钢铁、交通运输等行业也获得迅速发展，到19世纪70年代完成工业革命，使英国成为"世界工厂"。18世纪末19世纪初法国、德国等欧洲国家和美国开始了工业化进程，法国进行的最早、美国进行的最快。

　　到19世纪70年代，电的发明及应用标志着第二次工业革命的到来。与第一次工业革命的技术发明主要产生在英国不同，第二次工业革命的技术发明发生在德国、美国等先进的资本主义国家，发电机、电灯、无线通信技术、内燃机等使蒸汽时代进入电气时代和内燃机时代，推动了生产力的巨大发展。美国在19世纪末，在工业领域不再是追随和模仿，而是渐渐成为领导者，并进一步成为世界第一大经济体。亚洲的日本从19世纪60年代明治维新开始了工业化的历程，第二次世界大战以后，日本的工业化进入高速通道，1953年恢复到战前水平，1973年经济总量超过欧洲国家，成为世界第二大经济体。

　　20世纪50年代，世界爆发了第三次工业革命，主要集中在原子能、计算机互联网、生物技术和生物工程等方面，涉及互联网信息技术、新能源和新材料、生物技术、空间技术和海洋技术等诸多领域。这个时期由于战争的结束,新型工业化国家开始发展起来,如亚洲"四小龙",这些地区的工业化比发展中国家更为成功。20世纪60年代以后,中国、印度等发展中国家也进入了工业化阶段。第三次工业革命概念的创立者杰里米·里夫金(Jeremy Rifkin)指出该概念包括五个支柱:向可再生能源转型、以建筑为单位的小型电站、扩展到所有基础设施上的能源生产和储存、充电式交通系统从互动式电网中获取电能、能源互联网。

(二)英国工业化发展的历史进程

第一,英国是世界上最早进行工业革命的国家。棉纺织业中纺纱机器和织布机器的不断发明,推动了生产率的提高,也进一步促使了动力机器的诞生。1769年瓦特发明了蒸汽动力机之后,随着对动力机器要求的不断提高,机器制造业开始建立,第一次工业革命开始,英国进入工业化时期,将前工业化时期的制造业发展为现代大工业。

表7-2显示了英国1700—1910年的发展情况。在整个工业化进程中,英国农业部门收入占国民经济的比例逐渐下降,从最开始的37.4%下降到1910年的10.3%。农业部门劳动力所占百分比也逐渐下降,从57.1%下降到1910年的15.1%。但是工业部门的收入占比处于上升趋势,从1700年的20.0%上升到1910年的31.8%。工业占比上升的主要原因在于工业化开始之后国内投资的上升。

表7-2　英国1700—1910年经济发展情况

年代	1700	1760	1800	1840	1870	1890	1910
收入水平(1970年美元)	333	399	427	567	904	1130	1302
城市化	–	–	33.9	48.3	65.2	74.5	78.9
基础部门劳动力所占百分比	57.1	49.6	39.9	25.0	20.0	16.3	15.1
农业男劳动力所占百分比	61.2	52.8	40.8	28.6	20.4	14.7	11.5
工业男劳动力所占百分比	18.5	23.8	29.5	47.3	49.2	51.1	54.3
基础部门收入所占百分比	37.4	37.5	36.1	24.9	18.8	13.4	10.3
工业收入所占百分比	20.0	20.0	19.8	31.5	33.5	33.6	31.8

年代	1700	1760	1800	1840	1870	1890	1910
国民支出中的消费份额	92.8	74.4	76.8	80.4	80.5	81.6	73.8
国民支出中的投资份额	4.0	6.0	7.9	10.5	805.0	7.3	7.0

数据来源：冯丽君、魏葳：《新经济史学者论英国工业革命》，《中国经济史研究》，1990年第3期。摘自 CraftsNFR，1989。

第二，19世纪英国达到全盛时期，但第一次世界大战摧毁了英国的海运和造船业，其他传统优势行业如纺织业在海外也面临替代性竞争。20世纪开始，德国、美国、日本等大国实现了赶超，英国开始失去其工业领先地位，走向衰落；第二次世界大战以后，世界制造业中心向更多国家和地区扩散。英国的后工业化时期可以分为两个阶段，一个阶段是伴随着英国金融霸权地位确立而开始的去工业化进程，后一个阶段则是英国金融霸权地位被美国取代后，工业并没有再次繁荣，第三产业开始慢慢崛起。与此同时，英国的国际地位也从工业革命的发源地、工业发展的领航者、全世界的日不落帝国，逐渐衰落至当前世界第六大经济体。

英国金融霸权确立的时期恰恰是其开始去工业化的时候。由于英国工业的发展，作为世界工厂，英国的产品出口到世界各地，这极大地推动了英镑国际化的进程。英国主导建立国际金本位的货币体系，促使各国经济遵循"货币体系规则"，英格兰银行成为整个货币金融体系的"最终贷款人"，这是金融霸权的重要体现之一。国际金本位体系使英镑成为世界货币，确立了其货币霸权的地位。19世纪英国的金融霸权建立在本国强大的实体经济和军事实力之上，其工业化基础和制造能力是其重要基础，也促使英国在近百年的时间内称霸世界。英国将金本位货币体系推向世界的原因，与其强大的经济贸易实力密不可分。英国金融霸权确立之后，部分学者认为应该实施"去工业化战略"，英国开始主动调整产业结构，大力发展以金融业为代表的服务业，逐渐远离工业生产。而原本为工业服务的金融业，由于工业的萎缩,逐渐开始为以房地产为代表的虚拟经济服务,并开始越来越多地购买美国国债。逐渐呈现出实体经济衰退,虚拟经济繁荣的景象,直至泡沫破灭。从图7-1显示的英国内部的产业结构来看,20世纪90年代以来,英国的第二产业逐步下降,第三产业的比重逐步上升。

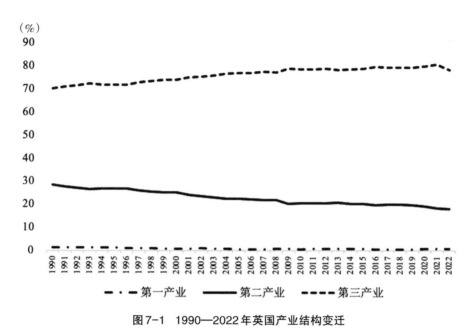

图7-1 1990—2022年英国产业结构变迁

数据来源:世界银行WDI数据库。

(三)美国工业化发展的历史进程

美国从工业化的起点到鼎盛时期经历了160多年,在这期间工业保持持续上升的趋势,但是工业内部结构表现出不同的特征。

第一,轻工业化阶段为1790年到1860年。美国在工业化的道路上作为后发优势的国家,最开始的工业技术均为"学习"得来,可以称为学习型技术进步。[1]19世纪初期,英国陷入欧洲战场,美国趁机立法宣布禁止对外贸易,其国内生产才大幅度增长起来。接下来的第二次独立战争,也进一步推动

---

① 马亚华:《美国工业化阶段的历史评估》,《世界地理研究》,2010年第3期。

了工业的发展。1814年12月,英美在今比利时的根特签订和约,美国成为真正意义上拥有独立主权的国家。此后美国的工业革命才真正开始。也恰恰是在1814年,洛厄尔纺纱厂的建立则标志着美国人从模仿中走向了创新,这是世界上第一家真正意义上的现代工厂,将纺、织、染等生产程序集于一体。随后以轻纺工业为主体的工业体系建立起来。在这个阶段,工业产值逐步增加,并且在经济中占有的比重逐步上升。

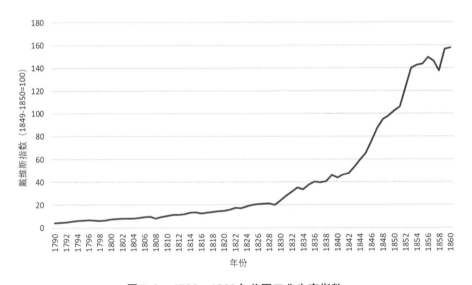

图7-2   1790—1860年美国工业生产指数

数据来源:Joseph H. Davis, "An Annual Index of U. S. Industrial Production, 1970-1915", *Quarterly Journal of Economics*, vol. 119, no.4, November 2004.

第二,进入19世纪60年代之后,美国市场实现了统一,国内市场扩容、需求大幅度增加,从而导致工业扩张。随着社会对机器设备的不断需求,重工业逐渐超过轻工业。经济进入重工业化时期,而重工业化时期也分为初级工业化时期和高端工业化时期。初级的重工业阶段,主要集中于铁路、建筑业、煤炭、石油的开采等基础原材料部门。1885年之前,工业稳步增长,但是增长的速度相比后期阶段来说较慢。这个时期交通运输业,通信业也得到了较快的发展,随后,随着电力技术等的出现,以机械工业为代表的加工组装部门开始崛起,深加工部门规模日益增加。此时,在传统行业如纺织业和钢铁业,美国逐渐由纯进口国变成了净出口国。电力电气工业、汽车工业等新兴产业迅猛发展,并且在世界上处于绝对的领先地位。到1916年,美国的汽车出口达到1.23亿美元,10年时间扩张六十多倍。正是由于这个阶段的发展,美国在工业领域成为世界上的领导者和创新者。1913年,工业产量超过英国和欧洲其他国家,居世界第一位。这个阶段可以看作美国工业发展史上的一个技术创新高峰。此后除了传统行业,技术密集型行业,如飞机制造、汽车、机械化工等行业的增加值年均超过8%,成为美国经济增长的动力。

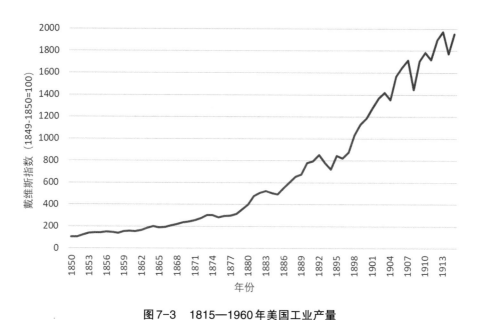

图7-3　1815—1960年美国工业产量

数据来源:Joseph H. Davis,"An Annual Index of U.S.IndustrialProduction,1970-1915",*Quarterly Journal of Economics*,vol.119,no.4,November,2004.

第三,美国去工业化的开始同样伴随着美元国际霸权地位的确立。在美国工业化的过程中，金融业也得到了较快的发展，进入20世纪后美国的现代金融体系已经建立。1944年7月布雷顿森林体系的确立标志着以美元为核心的国际货币体系的建立，也确立了美元作为世界货币的地位。虽然在此后的1971年布雷顿森林体系崩溃，但是对美元的霸权地位没有较大的影响。

20世纪全球化进程的加快推动了美国去工业化进程，美元升值导致国内企业出口竞争力下降，产业逐渐转移到劳动力等资源价格较低的国家和地区。美国开启了用强势美元购买国外商品保持高消费的"高端模式"，同时也由贸易顺差国家逐渐转变为净贸易逆差国家。美国在去工业化时期主要表现为第二产业占比逐步下降，而第三产业占比逐渐增加，在世界贸易中工业制成品所占的份额逐渐减少。数据显示，1950年，美国的钢铁产量占世界总量接近一半，而到2005年下降为9.3%。同时制造业领域的就业人数也呈逐渐下降趋势，1947年美国制造业工人占总劳动力人数的24.4%，而到了2004年仅占9.7%。

二、典型资本主义经济脱实向虚的理论与运行特征

20世纪70年代布雷顿森林体系崩溃与80年代金融自由化以来，虚拟经济与实体经济背离式发展已成为全球经济运行的典型特征之一，虚拟经济日益成为一个自我循环、自我膨胀的系统，显著影响了全球经济结构和增长方式。

从全球以金融资产总额和宏观杠杆率来看，世界银行（World Bank）和国际清算银行（BIS）数据表明：①在金融资产方面，国际债券未偿余额由2000年的5.44万亿美元上涨至2020年的26.96万亿美元，增幅395.55%；场内和场外衍生品总市值由2000年的3.16万亿美元上涨至2020年的15.78万亿美元，增幅417.68%；场内衍生品名义未平仓金额由2000年的25.47万亿美元上涨至2020年的131.90万亿美元，增幅399.20%。②在宏观杠杆率方面，全

球宏观杠杆率由2001年的191%上涨至2020年的289.40%,增幅98.4%。其中,发达经济体由2001年的209.90%上涨至2020年的320.30%,增幅110.40%;新兴经济体由2001年的112.50%上涨至2020年的240.50%,增幅128%。

可以看出,20世纪80年代以来,全球金融自由化浪潮兴起,在新自由主义、经济全球化和互联网信息技术的共同推动下,全球金融资产迅速膨胀,股票、债券以及各类金融衍生品呈爆炸式发展。与此同时,全球宏观杠杆率持续增长,债务总额同样迅速增长。虚拟经济从依附和服务于转变为主导和支配于实体经济发展,世界经济陷入"实体经济低迷+虚拟经济膨胀"的分化格局。

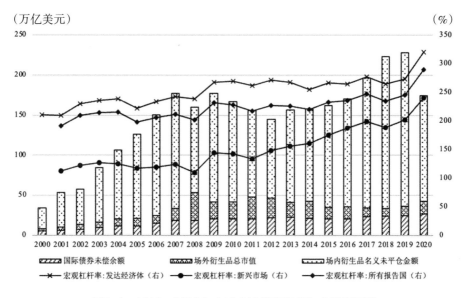

图7-4 2000—2020年全球金融资产规模与宏观杠杆率

数据来源:世界银行(www.worldbank.org)和国际清算银行(www.bis.org)。

下面,主要以美国为例,考察20世纪80年代以来的金融化发展,以及2008年全球金融危机后的经济发展趋势。

(一)以实体经济为主导转变为以虚拟经济为主导

从 1980—2021 年美国制造业与金融业、保险业和房地产业增加值占 GDP 比重看:①20 世纪 80 年代金融自由化以来,美国制造业和泛金融部门增加值占 GDP 比重明显呈"剪刀差"发展,金融业增加值占 GDP 比重于 1986 年超过制造业,此后二者差距持续拉大。②美国制造业增加值占 GDP 比重持续下降,由 1980 年的 20% 下降至 2021 年的 10.7%,大幅下降 9.3%;与此同时,金融业、保险业和房地产业增加值占 GDP 比重持续上升,由 1980 年的 16% 上升至 2021 年的 21%,上升 4%。③2008 年全球金融危机后,美国金融业迅速恢复并继续发展,2009 年金融业增加值占 GDP 比重就恢复至 2007 年的水平,此后呈持续上涨趋势;与此相比,制造业增加值占 GDP 比重持续下降,危机后"再工业化"战略收效甚微,虚拟经济持续膨胀而实体经济逐步萎缩。

上述分析表明,美国是典型长期去工业化和经济虚拟化的经济体。20 世纪 80 年代以来,美国经济运行由以制造业为核心的实体经济转变为以金融房地产为核心的虚拟经济,经济结构质变使经济增长高度依赖基础货币发行和债务杠杆积累,通过经常项目逆差获得其他国家的物质产品,并凭借国际货币金融垄断地位控制着全球虚拟经济走向。金融危机后,美国经济增长仍表现为货币推动下的虚拟经济繁荣。

(二)金融部门垄断化趋势凸显

图 7-5 为 1980—2021 年美国金融部门金融资产总额和增长率。可以看出:①1980—2021 年,美国金融部门金融资产总额由 5733.3 十亿美元上涨至 135456.8 十亿美元,增长了 22.6 倍,年均增速为 8.23%,金融部门的金融资产总额始终保持快速增长态势。②2008 年国际金融危机的爆发并未影响美国金融资产的增长态势,除 2008 年短暂下降外,2009 年至今金融资产规模仍然保持增长,呈现强劲的复苏态势。2009—2021 年,美国金融部门金融资产增长了 90.23%。金融危机对美国金融部门造成的影响持续时间很短,危机后美国虚拟资本势力只增未减。

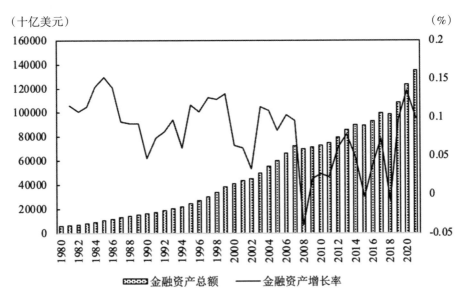

（十亿美元）　　　　　　　　　　　　　　　　　　　（%）

图7-5　1980—2021年美国金融部门金融资产总额和增长率

上述分析可知,自20世纪80年代以来,美国金融业开始替代制造业的地位,美国经济"去工业化"和"金融化"即由那时开启,美国金融部门的资金总额和收入利润层面均表现出大幅增长,2008年爆发的国际金融危机仍未阻止这一历史趋势。随着金融化的发展,虚拟资本开始主导经济运行,大量掠夺产业资本创造的剩余价值。

（三）实体企业虚拟化趋势加强

图7-6为1980—2021年美国非金融企业金融资产及与非金融资产之比,可以看出:①从非金融企业的资产端看,美国非金融企业的金融资产从1980年的1444.60十亿美元上涨至2021年的25354.10十亿美元,上涨了166.55倍。与此同时,金融资产与非金融资产之比由1980年的0.37上涨至2021年的0.89。经过2008年全球金融危机的短暂波动后,非金融企业的金融资产规模仍呈上涨趋势。②从非金融企业的负债端看,20世纪80年代以来,非金融企业负债大幅攀升,尤其是2008年全球金融危机后,实体企业债

务迅速上涨,2021年实体企业的总债务相当于2008年的3.38倍。我们可以发现,总债务和债务中的股票和投资基金走势基本一致,这表明美国非金融企业在危机后依然加强了在金融市场的活动,大量资本进入到以金融和房地产为核心的虚拟经济领域,"再工业化"政策收效甚微,实体经济领域投资未出现明显上涨。

以上分析表明,20世纪80年代以来,美国非金融企业金融化趋势凸显。危机后美国政府不管是对非金融企业的救助还是发布一系列"再工业化"政策,均未让制造业重新崛起,没有促使实体经济领域的固定投资。不难看出,危机后的美国政府期望将资本积累的主要领域转向产业资本积累,但是伴随虚拟资本和产业资本的收益率差异,大量资本仍以虚拟资本、借贷资本和金融资本的形式进行价值增殖。危机后美国经济的复苏,仍然表现为再金融化而非再工业化。

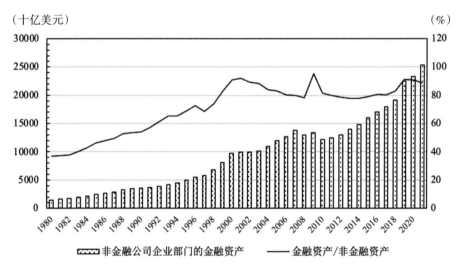

图7-6　1980—2021年美国非金融企业金融资产及与非金融资产之比

数据来源:美国经济分析局(U.S.Bureau of Economic Analysis)。

三、资本主义经济脱实向虚对中国的现实启示

(一)实体经济是国家长远发展的根基

强大的实体经济尤其是制造业是一个国家能够位列世界前茅的保障。英国工业革命之后,基于其领先的工业水平,在全世界范围内占领殖民地并成为"世界工厂"。同样,美国也是在一战及其以后工业化过程中随着实体经济的逐渐强大,经济实力逐渐发展起来的。对比各国工业化历程和经济实力在全球的排名可以发现,各主要发达国家跻身世界强国之时正是其实体经济最强时刻。

2015 年国际货币基金组织的数据显示,按照经济总量世界排名前五位的分别为美国、中国、日本、德国和英国。历史数据显示,在英国工业化开始之前,英国由于地理区域等资源的限制,经济总量占世界总量非常低的份额,当时处于世界前列的分别是印度莫卧儿帝国、中国(明朝、清朝)及俄罗斯帝国和非洲等地。然而随着英国工业化的逐步完成,1870 年英国的经济总量已经处于世界第一的位置,占世界经济总量的 24.1%。随着第一次世界大战的爆发和美国实体经济的崛起,英国逐渐让位于美国。二战后美国在经济、科学技术和军事力量等方面全面超越英国,经济总量和综合国力都是世界第一。英国基于强大的经济实体下建立起了国际金融中心,开始了去工业化和经济虚拟化的道路,也致使其经济在世界强国中逐渐下滑。德国和日本也正是由于工业化完成后实体经济足够强大,成为第二次世界大战三个法西斯轴心国,并且战败后德国和日本虽然经过了短暂的调整期,但随后经济快速恢复,当前两国的经济仍然处于世界前列。各国实现工业化后才步入发达国家的行列,虽然在后工业化时期各国走上了不同的道路,但总体而言仍然是世界排名靠前的国家。

(二)虚拟经济过度膨胀会挤压实体经济并引发金融危机

虚拟经济能够脱离实体经济而自行膨胀的特性,不仅集聚了大量金融

资本在虚拟经济内部空转,而且将越来越多的产业资本抽离实体经济并转化为金融资本,导致资本的价值增殖逐渐脱离了实际生产过程。虚拟经济在自我膨胀的过程中会吸引社会中的劳动和资本过多地配置到虚拟经济中,并且会压缩实体经济的生存空间。因此会导致经济中第三产业的比重逐渐增加,而第二产业的比重下降。并且第三产业中金融和房地产的占比较大。即使是虚拟经济的泡沫破灭,经济也难以恢复到之前。

金融房地产等虚拟经济在产生的初期都是为了服务实体经济,但是随着股票、债券、房地产等价格的上涨幅度增大,虚拟经济内部就会存在投机,从而导致虚拟经济自我膨胀而逐渐脱离实体经济。膨胀的虚拟经济会吸引经济中的资金、人力等资源从实体经济流出,投入投机的行列中,造成经济的虚假繁荣。但是膨胀的虚拟经济会产生泡沫,是非常不稳定的,外部因素的变动也会导致泡沫的破裂。而虚拟经济虽然脱离实体经济,但是仍然通过产业链、融资等方式与实体经济有千丝万缕的联系,一旦虚拟经济泡沫破灭,会出现由金融危机引发的经济危机。典型的例子有日本20世纪90年代房地产泡沫的破灭和美国2008年金融危机导致的全球经济危机。

第三节　中国实体经济的发展进程与主要问题

一、中国实体经济的发展进程

新中国成立后,在人口规模大、工业基础薄弱、经济发展落后的现实背景下,推行工业化建设和现代化建设无疑是个艰巨任务。根据黄群慧(2021)及作者整理,[①]我们将1949年以来中国工业化道路的建设分为四个时

---

① 黄群慧:《中国共产党领导社会主义工业化建设及其历史经验》,《中国社会科学》,2021年第7期。

期：一是社会主义革命和工业化建设时期（1949—1977年），二是社会主义市场经济方向探寻的工业化建设时期（1978—1992年），三是社会主义市场经济建构完善的工业化建设时期（1993—2012年），四是党的十八大以来中国特色社会主义工业化建设新时期（2013年至今）。

表7-3　中国各时期GDP和工业增加值年均增长率

年份	阶段	GDP年均增长率（%）	工业增加值年均增长率（%）	工业对GDP增长的平均贡献率（%）
1949—1977年	社会主义革命和工业化建设时期	6.21	9.88	—
1978—1992年	社会主义市场经济方向探寻的工业化建设时期	13.63	12.2	46.46
1993—2012年	社会主义市场经济建构完善的工业化建设时期	15.53	15.82	49.48
2013年至今	党的十八大以来中国特色社会主义工业化建设新时期	6.76	5.10	32.04

数据来源：wind数据库。

第一，社会主义革命和工业化建设时期（1949—1977年）。在这一时期，中国GDP年均增长率为6.21%，工业增加值年均增长率为9.88%。新中国成立以后，国家决定利用1950—1952年的三年时间进行国民经济的恢复。经过了三年时间的恢复，国民经济各部门得到了一定的恢复，于是在1953—1957年政府制定了第一个五年计划，在这一时期，中国的工业建设主要效仿苏联模式以发展钢铁、石油、煤、电力、机械制造等重工业为主，轻工业为辅的措施。通过工业品和农产品"剪刀差"的形式使农业对工业的发展进行支持，通过限制轻工业发展和配给制实现重工业的赶超战略，这一时期工业发展迅速年均增长率为17.73%。第一个五年计划完成后出现了1958—1960年三年"大跃进"，"大跃进"主要发展以钢铁为主的重工业，这一时期工业增加值迅猛增长,实现了年均增长27.99%的快速发展。但是由于"大跃进"严重违背经济规律,造成了对经济的严重破坏,从而政府在1961—1965年被迫对经济进行5年调整,在经济调整时期工业增加值年均增长速度为-0.78%。总体上看,这个时期工业化建设的核心是优先发展重化工业。根据马克思两大部类中生产资料优先理论,主要特点表现为计划经济配置资源,将政府部门作为投资主体,逐步建立了比较完整的工业体系,为后期工业化建设打好重工业基础,钢铁、公路、航运等行业领域取得迅速发展。

第二,社会主义市场经济方向探寻的工业化建设时期(1978—1992年)。这一时期,中国GDP年均增长率为13.63%,工业增加值年均增长率为12.2%,工业对GDP增长的平均贡献率为46.46%。1978年党的十一届三中全会决定全党的工作重点转移到社会主义现代化建设上来,中国经济迅速活跃,从以计划经济为核心的资源配置方式逐步转移到以市场经济为核心的配置方式上来。土地供给、劳动和资本等生产要素逐步向东部沿海城市转移。GDP年均增长率及工业增加值年均增长率出现了明显提升。

第三,社会主义市场经济建构完善的工业化建设时期(1993—2012年)。这一时期,中国GDP年均增长率为15.53%,工业增加值年均增长率为15.82%,工业对GDP增长的平均贡献率为49.48%。这一时期中国加入世界贸易组织,大量外资进入中国。外资的进入不仅为中国带来了资本量,更重要的是为中国带来了设备、经验和管理技术,大量民营企业和国有企业通过"干中学"推动产业升级和产业转型。总体上看,这一时期,工业化道路更加转向市场经济为核心,注重市场在资源配置过程中的核心作用,建立了低成本和出口导向型经济。中国经济也在这一时期取得了前所未有的发展,实现了高速增长。

第四,党的十八大以来中国特色社会主义工业化建设新时期(2013年至今)。2013年以来,受国际金融危机和全球经济因素影响,中国经济进入"三期叠加"经济调整期(增长速度换挡期、结构调整阵痛期和前期刺激政策消化期),突出表现为一系列周期性、总量性矛盾,具体为三大结构性失衡:"一是实体经济结构性供需失衡。我国供给体系产能十分强大,但大多数只能满足中低端、低质量、低价格的需求,同投资和出口主导的需求结构是相匹配的。现在,消费结构加快升级,出口需求和投资需求相对下降,供给结构很不适应需求新变化。""二是金融和实体经济失衡。在实体经济结构性失衡、盈利能力下降的情况下,不能把结构性供需矛盾当作总需求不足,以增发货币来扩大需求,因为缺乏回报,增加的货币资金很多没有进入实体经济领域,而是在金融系统自我循环,大量游资寻求一夜暴富"。"三是房地产和实体经济失衡。房地产本来属于实体经济,但用加杠杆的办法进行房地产投机就不同了。在实体经济结构性失衡的过程中,由于缺乏投资机会,加上土地、财税、金融政策不配套,城镇化有关政策和规划不到位,致使大量资金涌入房地产市场,投机需求旺盛,带动一线和热点二线城市房地产价格大幅上涨。房地产高收益进一步诱使资金脱实向虚,导致经济增长、财政收入、银行利润越来越依赖于'房地产繁荣',并推高实体经济成本"。[1]这一时期,中国GDP年均增长率为6.76%,工业增加值年均增长率为5.1%,工业对GDP增长的平均贡献率为32.04%,与上一时期相比明显下滑。同时,这一时期以创新、协调、绿色、开放、共享的新发展理念为指导,推动以制造业为核心的实体经济创新驱动发展,中国经济由高速度增长转向高质量发展。

　　值得注意的是,改革开放以来,中国经济取得了世界瞩目的历史性成就,社会经济生产力不断提高、经济总量不断扩大。中国已经"建立了全世界最完整的现代工业体系","是世界第二大经济体、制造业第一大国、货物贸易第一大国、商品消费第二大国、外资流入第二大国"。[2]

---

　　① 习近平:《论把握新发展阶段、贯彻新发展理念、构建新发展格局》,中央文献出版社,2021年,第135、136页。

　　② 习近平:《论坚持全面深化改革》,中央文献出版社,2018年,第507~508页。

二、当前中国实体经济的结构性失衡问题

（一）创新能力薄弱，实体经济大而不强

中国制造业的大而不强问题主要表现为，中低端和无效供给过剩、高端和有效供给不足的结构性失衡。

一方面，制造业产业结构高级化程度不够。在中国制造业中，钢铁、石化、建材等行业的低水平产能过剩问题突出并长期存在，"去产能"成为供给侧结构性改革的主攻方向之一。传统资源加工和资金密集型产业占比还比较高，高新技术制造业占比还比较低。虽然近些年高技术产业增速远远高于整体工业增速，但2016年医药制造业、航空航天器及设备制造业、电子及通信设备制造业、计算机及办公设备制造业、医疗仪器设备及仪器仪表制造业、信息化学品制造业这六大高技术制造业增加值占规模以上工业增加值的比重也只有12.4%，还不到六大高耗能行业占规模以上工业增加值的比重的1/2；主要制造行业长期锁定在全球价值链分工的中低端，附加值较低。例如，近十年来，中国机电产品的平均出口单价只有19.75美元/千克，远低于日本的39.74美元/千克。另外，一项实证研究表明，中国22个制造业行业中，处于全球价值链低端锁定状态的行业达到12个，而在全球价值链中居高端的行业只有3个；[①]产业融合能力还有待加强，工业化和信息化的深度融合水平、制造业和服务业的融合水平还需要进一步提升；从产业技术能力来看，"工业四基"能力还有待提升，传统制造业中的关键装备、核心零部件和基础软件严重依赖进口和外资企业，一些重大核心关键技术有待突破，新兴技术和产业领域全球竞争的制高点掌控不足。高档数控机床、集成电路、高档芯片、精密检测仪器等高端产品依赖进口，2015年芯片进口额高达2307亿美元，是原油进口额的1.7倍。

---

① 张慧明、蔡银寅：《中国制造业如何走出"低端锁定"——基于面板数据的实证研究》，《国际经贸探索》，2015年第1期。

另一方面，优质企业数量不够，尤其是世界一流制造企业还很少。虽然从资产规模、销售收入等规模指标来看，中国已经涌现出了一批大型企业集团。根据美国《财富》杂志公布的"2017年全球财富500强"名单，中国企业上榜数量达到115家，仅次于美国，但是排名靠前的制造业企业很少，而且中国制造企业更多的是规模指标占优，在创新能力、品牌、商业模式、国际化程度等方面存在明显的短板和不足，从资产收益率、企业利润和人均利润等指标来看，中国上榜制造企业还与欧美国家的世界500强存在明显差距。中国还缺少真正的世界一流企业。

（二）产能过剩问题突出

产能过剩是制约当前制造业发展的一个重要问题，也是制约经济发展的一个重要因素，为此政府提出了供给侧改革的战略措施，从供给侧出发，通过改善供给结构的办法来解决产能过剩问题。产能过剩的一个表现除了产能利用率低，还有一个就是产品存货大量积压和营业利润下降。

图7-7为2000—2022年中国规模以上工业存货总额。可以看出，2000—2022年，规模以上工业存货总额持续上升，由2000年的12470.05亿元上升至2022年的161082.08亿元，增长近12倍。尤其是2012年以来，规模以上工业企业存货增加明显，2012—2022年增长95.42%。同时，受新冠疫情影响，2020年以后，全国工业存货速度较快。图7-8为1978—2022年中国企业利润总额和增速。可以看出，全国企业利润总额在2012年之后虽有增长，但是速度开始下降，直至2016年利润总额也开始出现下降趋势，而利润增速自2010年后就开始出现下降趋势，这也表明，近年来工业企业存货上升，而工业企业的利润下降。

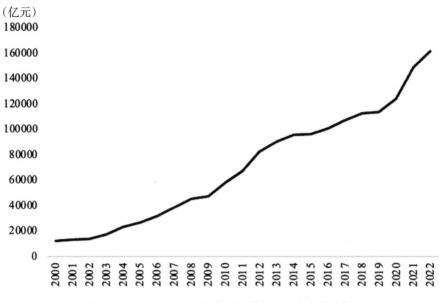

图7-7　2000—2022年中国规模以上工业存货总额

数据来源：wind数据库。

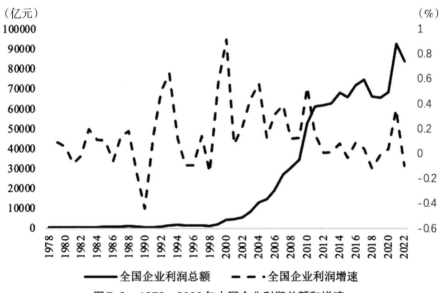

━━━ 全国企业利润总额　　─ ─ ─ 全国企业利润增速

图7-8　1978—2022年中国企业利润总额和增速

数据来源：wind数据库。

（三）投资增速下降，新建投资占比下降过快

当前制造业不但存在产能过剩和竞争力不强的问题，同时由于存货增加及利润的下降，还导致制造业对于资金的吸引能力减弱，这可以从制造业固定资产投资的变化情况就可以清晰地看出。

图7-9为1981—2021年全社会固定资产投资完成额同比增速。不难发现，自加入世界贸易组织以来，中国全社会固定资产投资完成额出现较快增长，2001—2007年平均增速为20.11%。受2008年国际金融危机影响，全社会固定资产投资增速自2009年起随之下滑；2013年以来，受实体经济结构性失衡及国内外经济形势影响，全社会固定资产投资增速持续走低。图7-10为2004—2023年制造业固定资产投资完成额同比增速，不难发现，与全社会固定资产投资完成额增速相同，受新冠疫情影响，制造业投资增速同样出现下滑，2020—2023年制造业投资的平均增速为6.63%，明显低于2008—2019这一时期。同时，制造业固定资产投资增速则呈现一种阶梯下降的趋势，在2012年之后这种下降趋势不但有加速的趋势，同时制造业固定资产投资的增速始终低于全社会固定资产投资的平均增速水平。

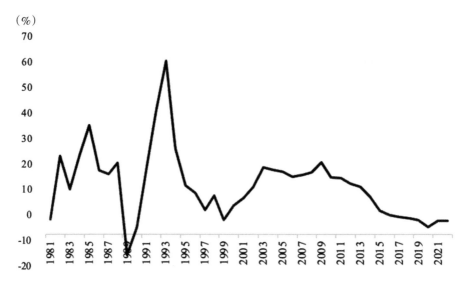

图7-9　1981—2021年全社会固定资产投资完成额同比增速

数据来源:wind数据库。

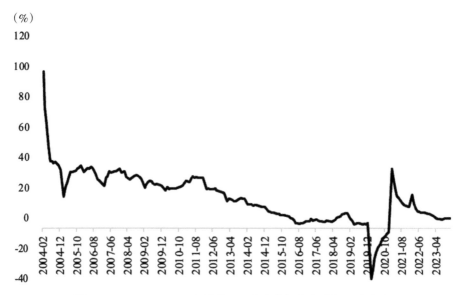

图7-10　2004—2023年制造业固定资产投资完成额同比增速

数据来源:wind数据库。

在制造业固定资产投资中新建固定资产投资的金额占比例最大,但是制造业新建固定资产投资占整个社会固定资产投资的比例首先要低于扩建和改建投资占整个社会的比例,两者在2015年相差都在一倍多以上。同时,新建、改建和扩建固定资产投资占整个社会固定资产投资的比例还呈现不同的走势,新建投资在2011年之前呈现一种波动状态,而在2011年之后则呈现一种逐年下滑的趋势,2015年制造业新建固定资产投资只占全社会新建固定资产投资的22.92%。扩建和改建投资在2006年之后就呈现出一种上升的走势,两者在2015年分别达到50.05%和60.4%。这说明,当前中国制造业产业升级仍以对传统产业进行改造为主,也就是技术创新模式仍然以技术引进模仿创新的模式为主。

接下来,继续考察规模以上工业企业研发投入的情况,由于国家统计局缺少2010年、2007年和2006年三年数据,因此,我们首先分析规模以上工业企业研发投入2010年之后的数据情况。规模以上工业企业研发经费从2011年的5993亿元上升到2015年的1万亿元,但是增速逐年下滑,由20.13%下降到8.2%。大中型工业企业的研发投入经费为我们提供了近10年来工业企业的科研投入情况,其研发投入从2006年的1630亿元提高到2015年的7792亿元,提高了3.78倍,但是与规模以上工业企业相同,研发投入增幅在大幅度下降,从2006年的29.58%下降到2015年的6.45%。在所有制企业中,国有企业的研发经费从2011年的467亿元下降到2015年的322亿元;私营企业研发经费从944亿元上升到2363亿元;港澳台资工业企业研发经费从560亿元上升到947亿元;外资工业企业研发经费从936亿元上升到1353亿元。

(四)实体经济面临的融资成本较高

实业企业的主业是以实际生产经营有关的经济活动,主要包括固定资产投资、技术研发投资和管理创新等,微观企业的主业实力有机组成了宏观层面社会经济长期稳定发展的根基。理论层面,虚拟资本垄断性和寄生性加强,逐渐控制产业资本循环和积累,分割实际生产活动创造的剩余价值,干预和挤出产业资本积累进程。

第一,从信贷资源来看,虚拟经济脱离实体经济膨胀挤占大量资金和信贷资源,降低资金投入实体经济的规模,相对提高实体企业的融资成本,抑制企业实际投资。一方面,大量新增信贷直接流入金融和房地产市场,助长资产价格泡沫。出于对投资回报率的要求,金融机构只能将信贷资金投向金融和房地产市场,而非投向低收益的制造业,导致实业企业融资约束增加、融资成本提高;另一方面,表面流入实体经济部门的信贷资金(尤其是流入僵尸企业和生产效率不高的企业)重新流入虚拟经济,助长房地产泡沫、影子银行体系扩张等现象,虚拟经济自我循环规模扩张,对实体经济部门进行实际投资和技术创新活动所需的长期资金造成显著的挤占效应,推高了生产率较高、拥有良好投资机会的中小企业的资金使用成本,降低实际投资的形成。

第二,从融资链条来看,虚拟经济脱离实体经济膨胀拉长了实体经济的融资链条,抬高了实业企业的融资成本,不利于实际投资的形成。近年来,影子银行体系扩张成为我国虚拟经济自我循环的典型方式之一,不仅商业银行获得央行低息资金后借助信托、券商等通道进行监管套利,实业企业也通过购买理财产品、券商理财、超募资金和多元化融资渠道参与影子银行体系的投机活动,逐步形成资金空转的套利机制。在2018年资管新规政策出台之前,影子银行体系典型的杠杆叠加机制是"同业存单—同业理财—委外投资—债市杠杆"。表面上,委外投资业务为实体经济融资提供了新渠道,但整个委外链条中有两个必不可少的套利环节:一是商业银行进行委外投资的货币收益与其发行同业理财、同业存单等资金募集成本之间的息差,二是受托方通过投资债市等方式获取的利差。因此,资金在虚拟经济自我循环拉长了实体经济融资渠道并层层套利,资本空转逐渐成为相关经济主体监管套利和攫取高额投机收益的手段,进而推高了实业企业的融资成本,不利于实际投资形成。

第四节　中国式现代化下实体经济发展的现实路径

党的二十大报告强调,"没有坚实的物质基技术础,就不可能全面建成社会主义现代化强国",①中国式现代化的推进必须以实体经济高质量发展为前提,尤其是以高端制造业和高技术制造业的发展为核心。实体经济是一个国家的财富根基,实体经济现代化也是建设现代化产业体系的应有之义,也是提升我国全球价值链地位的必然要求。

一、坚持党的集中统一领导

坚持党对经济工作的集中统一领导是习近平新时代中国特色社会主义思想的重要组成部分,是马克思主义中国化的最新理论成果,是实现中国式现代化的实践要求。根据辩证唯物主义和历史唯物主义原理,经济基础决定上层建筑、上层建筑对经济基础具有反作用。党的集中统一领导,对推进实体经济高质量发展提供了最根本的制度保障。习近平指出:"经济工作是党治国理政的中心工作,党中央必须对经济工作负总责、实施全面领导。党中央的领导不是清谈馆,不能议而不决,必须令行禁止。我们完善党中央领导经济工作的体制机制,加强党中央对发展大局大势的分析和把握,及时制定重大方针、重大战略,作出重大决策,部署重大工作,确保党对经济工作的领导落到实处,保证我国经济沿着正确方向发展。"②

---

① 习近平:《高举中国特色社会主义伟大旗帜　为全面建设社会主义现代化强国而团结奋斗——在中国共产党第二十次全国代表大会上的报告》,人民出版社,2022年,第28页。
② 习近平:《论把握新发展阶段、贯彻新发展理念、构建新发展格局》,中央文献出版社,2021年,第210页。

二、坚持以实体经济为核心的发展战略

坚持以实体经济为核心的发展战略。实体经济是一国财富创造的根本源泉。党的二十大报告提出，"坚持把发展经济的着力点放在实体经济上"，[①]在稳步建设实体经济的过程中，"推进新型工业化，加快建设制造强国、质量强国、航天强国、交通强国、网络强国、数字中国"。中国共产党领导的经济建设，始终坚持以实体经济为核心，党的十八大报告指出，"牢牢把握发展实体经济这一坚实基础"[②]；党的十九大报告进一步提出，"必须把发展经济的着力点放在实体经济上"[③]。随着工业化进程的不断推进，以制造业为核心的实体经济发展迅速，中国已经成为全球实体经济大国。应注重以"大数据+实业企业""互联网+实业企业"的生产模式推动以制造业为核心的实业经济转型升级，充分利用信息化和智能化实现传统产业的新发展，利用互联网技术精准获得潜在的多层次市场需求和生产资源，加速高端产品的供给。

习近平还在多个场合反复强调发展实体经济的重要性，"不论经济发展到什么时候，实体经济都是我国经济发展、我们在国际经济竞争中赢得主动的根基。我国经济是靠实体经济起家的，也要靠实体经济走向未来"[④]。习近平总书记关于发展实体经济的重要论述，为我们理解和把握实体经济在建设中国式现代化物质文明形态中的重大意义和基础性作用提供了根本遵循。

三、坚持创新驱动战略

在坚持以实体经济为核心的工业化发展战略过程中，应当正确把握新

---

① 习近平：《高举中国特色社会主义伟大旗帜 为全面建设社会主义现代化强国而团结奋斗——在中国共产党第二十次全国代表大会上的报告》，人民出版社，2022年，第30页。
② 胡锦涛：《坚定不移沿着中国特色社会主义道路前进 为全面建成小康社会而奋斗——在中国共产党第十八次全国代表大会上的报告》，人民出版社，2012年，第22页。
③ 习近平：《决胜全面建成小康社会 夺取新时代中国特色社会主义伟大胜利——在中国共产党第十九次全国代表大会上的报告》，人民出版社，2017年，第30页。
④ 《习近平关于社会主义经济建设论述摘编》，中央文献出版社，2017年，第116页。

型工业化的着力点,坚持创新驱动发展战略,推动以制造业为核心的实体经济朝着高质量和高技术型发展。第一,保证完备的工业体系,把握转移低端制造业的力度。工业体系的完整性是维护一个国家经济安全和独立的重要保障,完整的工业体系会使他国企图通过禁运、限制出口等方式打垮一国的经济体系成为泡影。同时也在一定程度上促进了制造业的创新升级,并能够为社会提供大量就业岗位,成为有效解决就业的自动稳定器。因此,不可忽视低端制造业对一个国家制造业升级和经济整体的作用,一味追求产业升级而将低端制造业过早地转移至海外,不利于我国的经济安全、制造业升级和就业稳定。当前,应规范低端制造业的发展问题,消除恶性竞争和治理污染,在低端制造环节做精、做优,提高低端制造业的品质和效率。第二,以"大数据+实业企业""互联网+实业企业"的生产模式推动以制造业为核心的实业经济转型升级,充分利用信息化和智能化实现传统产业的新发展,利用互联网技术精准获得潜在的多层次市场需求和生产资源,加速高端产品的供给。借助"大数据+实业企业""互联网+实业企业"新生产模式,促进信息通讯、云计算、物联网、智能制造等新兴产业嵌入实业企业的生产过程,不仅可以扩大原有市场空间、精准满足消费者需求,也有助于"中国制造"向"中国智造"的升级转变,以提高实体经济整体的利润率水平和中国制造业在全球价值链的地位。第三,中美两国在高端制造业的交锋由来已久,近年来的中美贸易摩擦本质是产业之战,特别是高端制造业的博弈。除了加大关键领域科技创新的投入外,还应强化研发机构和实业企业之间的联系,利用我国完整的产业链条、巨大的市场空间加快推动创新的成果的市场化和产业化,提高实体经济的利润率和社会资金的吸附能力。要依据现有的资源优势形成高端制造业的先进产业集群,降低企业生产成本,形成规模经济,提升高端制造业的国际竞争力。

第八章

加快构建新发展格局推动中国式现代化

　　加快构建新发展格局,是党的二十大提出的一项战略任务。加快构建新发展格局,是立足实现第二个百年奋斗目标、统筹发展和安全作出的战略决策,是把握未来发展主动权的战略部署。我们只有加快构建新发展格局,才能夯实我国经济发展的根基、增强发展的安全性稳定性,才能在各种可以预见和难以预见的狂风暴雨、惊涛骇浪中增强我国的生存力、竞争力、发展力、持续力,确保中华民族伟大复兴进程不被迟滞甚至中断,顺利实现全面建成社会主义现代化强国目标。

第一节　准确理解新发展格局的深刻内涵

　　中国在新一轮全球化大潮中,借助人口、资源等优势,积极参与到全球价值链的分工中,取得了令人瞩目的成就,对经济发展起到了重要的推动作用。但是中国自改革开放后,由于偏重经济发展"外循环"的战略模式,使得我国经济"内循环"发展处于滞后状态,这种经济发展模式,致使"内循环"与"外循环"不能有机地联系在一起。近年来,由于中国经济增长速度减缓,贸易保护主义思潮抬头,同时又受到大国博弈等因素的影响,全球化进程遇到了空前严峻的考验,不稳定、不确定因素增多。在国内国际形势发生重大变化的背景下,党中央作出构建新发展格局的重大战略部署,为实现第二个百年奋斗目标指明了方向,这是一条兴旺发达、生机勃勃、可持续发展的科学道路,也是实现中国式现代化的必由之路。

一、把握新发展阶段的历史方位

习近平指出:"正确认识党和人民事业所处的历史方位和发展阶段,是我们党明确阶段性中心任务、制定路线方针政策的根本依据"[①],当今世界正在发生一场百年未有的大变革,我国也处于实现中华民族伟大复兴的战略机遇期,国内外形势已经发生了深刻的变化,要抓住历史性的发展机遇,把握新发展阶段的历史方位,为争取发展主动权,重塑竞争优势,实现高质量发展提供指引。新发展格局是一种系统性的、深刻的变革,是党中央对国内外经济形势和发展态势进行科学分析,站在"两个大局"上进行的战略考虑,是对目前我国发展所遇到的各种机遇与挑战进行准确把握的重要措施。只有站在时代历史发展大背景下,站在新发展阶段、新的历史任务和新的发展环境下,才能对新发展格局进行更深层次的、全面的把握。

第一,新科学技术革命使世界经济的发展发生了深刻的变化。当前中国正处于一个世纪罕见的大变革之中,习近平指出:"新一轮科技革命和产业变革正在重构全球创新版图、重塑全球经济结构。"[②]在新一轮科学技术革命之前,电子、信息、汽车等产业已经形成了全球价值链,跨国公司把各行业的生产环节进行模块化设计,在区位选择中,按生产要素的投入状况,发挥市场资源配置优势,在不同的国家或区域内进行布局。新一轮科学技术革

①　《习近平著作选读》(第二卷),人民出版社,2023年,第398页。
②　习近平:《瞄准世界科技前沿引领科技发展方向 抢占先机迎难而上建设世界科技强国》,《人民日报》,2018年5月29日。

命的不断发展，将改变这一产业布局现状。新材料、互联网等催生了大量个性化、定制化需求，企业是否能够及时响应市场需求，并根据本土特点设计出具有本土特征的产品与服务，是跨国企业成功与否的关键。在这种情况下，技术与市场替代了生产成本，对企业价值链布局起着决定性作用。哪个国家能够构建具有技术和市场优势的经济体系，将会在世界经济发展中占据主动权。我国围绕产业链布局创新链，让最新科技创新成果能够高效转变成先进社会生产力，增强产业综合竞争力，构建自主安全可控的产业体系，参与到经济全球化中。新发展格局立足世界新一轮科技革命和产业变革契机，大力推进以科技创新为主要内容的综合创新，提高经济增长率，培育新的经济增长点，促进高质量发展，是推进中国式现代化的重要路径。

第二，世界政治经济正处于百年未有之大变局。自2008年世界金融经济危机以来，逆全球化的倾向越来越明显，世界贸易的萎缩、国际投资的下降、贸易保护主义的抬头，对全球经济一体化的发展产生了巨大的冲击。当前的国际局势错综复杂，全球产业链、供应链在复杂的外部环境下进行了重新组合，全球要素的跨境流动被打乱。需要及时了解世界发展新变化，为推动中国式现代化做好准备。在当前国际局势具有不确定性、不稳定因素的情况下，应对外来冲击，必须坚持以国内需求为主，促进国内畅通。必须强化忧患意识，要时刻保持居安思危的心态，在新发展格局基础上，对外部不确定因素带来的风险挑战进行有效处理，既要防止经济全球化遇到阻力，又要防止世界经济萎靡不振，还要以我为主强化国内大循环，增强我国经济发展的弹性，为经济发展提供更多的回旋余地。与此同时，新发展格局强调的是国内、国际双循环的有机互动。目前中国经济规模已跻身世界前列，经济发展正由数量到质量进行历史性跨越，令世界对中国经济未来有更多的信心，同时也给全球经济的平稳发展注入了一剂强心针。构建新发展格局，要充分利用中国庞大内需这一优势，加强国内、国际两个市场之间的联系，为推动世界经济发展作出中国贡献。

　　第三,我国正处于转换经济增长动力的调整期。中国特色社会主义进入新时代,社会主要矛盾发生转变,经济发展症结在于提高质量、优化结构,供需之间的矛盾越来越突出,必然造成国内经济运行的堵点和断点。加快构建新发展格局,既要解决我国社会主要矛盾,又要把经济高质量发展放在首位。这就需要通过构建新发展格局,在国民经济循环的每一个环节中,都能有效地将各类生产要素进行连接,从而使资源分配更加高效,促进商品及服务的品质得到提升,使供求之间形成一个良性互动,不平衡不充分的发展问题得到真正的解决。习近平指出:"从国际比较看,大国经济的特征都是内需为主导、内部可循环。"①新发展格局的建立,就是要充分发挥大国优势,对发展模式进行合理的调整,从而使中国特色社会主义现代化向纵深发展和落实。中国是世界上最大经济体之一,14亿多人口所释放的庞大需求不容小觑,在发展中具有得天独厚优势,这为我们在新发展阶段构筑新发展格局提供了重要的战略依据,必将给中国式现代化建设带来强劲动力。

二、构建新发展格局的科学内涵

　　加快构建以国内大循环为主体、国内国际双循环相互促进的新发展格局,是关系我国发展全局的重大战略任务,需要从全局高度准确把握。对于新发展格局的理解,习近平指出要注意防范一些认识误区,"一是只讲前半句,片面强调'以国内大循环为主',主张在对外开放上进行大幅度收缩;二是只讲后半句,片面强调'国内国际双循环',不顾国际格局和形势变化,固守'两头在外、大进大出'的旧思路;三是各自为政、画地为牢,不关心建设全国统一的大市场、畅通国内大循环,只考虑建设本地区本区域小市场、搞自己的小循环;四是认为畅通经济循环就是畅通物流,搞低层次物流循环;五是一讲解决'卡脖子'技术难题,什么都自己干、搞重复建设,专盯'高大上'

---

　　① 习近平:《论把握新发展阶段、贯彻新发展理念、构建新发展格局》,中央文献出版社,2021年,第12页。

项目,不顾客观实际和产业基础,结果成了烂尾项目;六是讲扩大内需、形成国内大市场,又开始搞盲目借贷扩大投资、过度刺激消费,甚至又去大搞高能耗、高排放的项目;七是不重视供给侧结构性改革,只注重需求侧管理,无法形成供给创造需求的更高水平动态平衡;八是认为这只是经济科技部门的事,同自己部门关系不大,等等。这些认识都是片面的甚至是错误的,必须加以防范和纠正"①。因此,要致力于构建经济上循环畅通、开放水平不断提高、以民生为本供需动态协调的新发展格局。

第一,构建经济循环畅通的新发展格局。现代经济体系是一个完整的系统,必须将生产、分配、流通、消费等各个环节进行有效的连接,使其形成闭环,才能确保经济高效运转。这四个方面中的任一方面出了问题,都将导致整个经济体系的运转不顺畅,甚至陷于停顿,长期下去,将导致更广泛的经济危机。构建新发展格局的目的在于促进经济高质量、可持续、健康的循环发展,也就是利用国内巨大的市场规模和潜在的消费需求,持续疏通国内外市场各环节的流通壁垒,以内循环推动外循环,形成双循环的良性互动。

一方面,中国经济保持中高速增长了数十年后,尽管人均收入还没有达到发达国家水平,但是在一些领域和一些技术上有一定的优势,甚至占据了领先地位。要想在"大变局"中拔得头筹取得胜利,走出困境迈上高质量发展之路,就必须及时进行制度改革,稳住本国的根基。以国内大循环为主的双循环新发展格局,旨在紧紧抓住扩大内需的战略基点,对不合理和差距较大的资源配置形式和收入分配方式进行优化,使居民的收入预期得到稳定,促进居民消费和民间投资的增长。同时,以国内需求为后盾,紧密围绕供给侧结构性改革的战略导向,以"补短板、锻长板"为主线,弥补产业链中的薄弱环节,不断壮大一些比较有竞争力的企业,逐步将其在世界产业链中的地

①　习近平:《论把握新发展阶段、贯彻新发展理念、构建新发展格局》,中央文献出版社,2021年,第483~484页。

位由下游提升到中游,并向高附加值的端点延伸。①最终形成一种以需求带动供给、供给促进需求的均衡状态,充分激活国内发展的动力,提升产业链的安全稳定与我国经济的抗风险能力。另一方面,新发展格局绝不是国内经济循环的封闭,而是国内、国际经济双循环的相互促进。既要以国内大循环为基础,又要以国际大循环为动力,推动我国构建更高层次、更高水平、更具竞争力的新发展格局。当前我国已经深度融入了世界的价值分工体系之中,我国经济发展能够给世界各国带来更多的商机,同时我国也具有世界上最大的零售商品消费市场,吸引着世界各地的商品和要素资源。我国在共建"一带一路"的基础上,以双边和多边自贸区为依托,加强与国际机构的合作,在货物服务贸易、投资贸易、跨国技术交流和合作等方面,扩大对外开放的范围,提高对外开放水平。在双循环新发展格局的大背景下,以国内大循环为基础,发展国际贸易,国内外两个市场循环畅通,促进经济更加强劲和可持续的发展。

第二,构建高水平开放的新发展格局。构建新发展格局,高水平对外开放是必由之路,要以更大的开放性来推动国内国际双循环。中国在开放的环境下取得了近40年的高速发展,要推动中国式现代化高质量发展,必须有更大的开放力度。历史证明,闭关自守是死路一条,开放与合作的道路才能越走越宽广。高水平开放包括对内开放和对外开放。要实现国内大循环的有效畅通,必须以更高层次的对内开放为前提,各地区要走出自己的"小圈子",与全国统一的要素与资源市场、商品与服务市场、运行体制机制、市场监管体系相结合,才能推进国内统一大市场的建设,促进我国商品要素资源在全国的自由流通。要实现国内、国际双循环的良性互动,必须进一步提高对外开放水平。高水平对外开放能够吸引更多先进生产要素,增强企业核心能力,促进产业结构转型升级,在这个过程中不断地扩大制度开放,与高

---

① 宋宪萍、于文卿:《厚植新发展格局的现代化产业体系构建》,《甘肃社会科学》,2024年第1期。

水平的国际贸易规则相适应,推动国内、国际要素的有序自由流动、资源高效配置、市场深度融合,建立一个更高层次的开放型经济体。

目前,我国经济高质量发展还面临着若干薄弱环节,如某些中低端商品过剩、中高端商品供给不足、产业链不稳定、创新能力欠缺等,这些问题都是由于我国对外开放程度较低和企业国际竞争力不足所造成的。随着国家进入高质量发展时期,要从根本上改变传统的经济发展模式,必须适时调整体制机制,培养和发展适应新发展理念的制度体系,建立与之相适应的新型生产关系。这需要提高开放的水平,在经济体制、科技体制等方面进行更深层次的改革。只有当我国能够与国际上的先进技术和规则水平相匹配,打破制约先进生产力发展的国内国际壁垒,构建一个高标准的市场体系,才能在鼓励创新、宽容失败的环境中,激发知识、技术、管理等国内外优质的生产要素畅通无阻地流动和集聚,使劳动力、劳动资料、劳动对象之间的优化组合成为可能,实现全要素生产率的大幅提升。

第三,构建以民生为本的新发展格局。中国经过改革开放40多年的发展,通过外资、技术、市场为经济发展积累了大量的资金,为工业化、现代化打下了坚实的基础。但在这个过程中也存在着生产优先忽视居民消费需求的倾向,我国长期以来奉行"出口导向"的贸易政策,导致国内市场的商品、服务需求与国际消费市场需求存在差异,因此在推动经济双循环发展时,更要着重坚持以民生为本的生产模式。构建双循环良性互动的新发展格局,必须坚持以民生为本。习近平对构建新发展格局的几个方面进行了科学阐述,其中重点提到了"提高人民生活品质"[1],指出这是"畅通国内大循环的出发点和落脚点,也是国内国际双循环相互促进的关键联结点"[2]。一方面,要对经济循环当中面临的供需结构的不平衡进行纠正,促进各个行业之间的深层调整,把重点放在破解供给约束的堵点上。以往的基础性、低层次的市

---

[1]　《习近平著作选读》(第二卷),人民出版社,2023年,第373页。
[2]　《习近平著作选读》(第二卷),人民出版社,2023年,第373页。

场供给,很难满足人民日益增长的个性化和多样化的消费需要。企业应该把握住消费热点,尽早地对供给结构进行优化,对产品与服务进行调整,从而保证高质量的供给。另一方面,依托于互联网的生态与国际市场对接,能够增强供需双方的契合程度,提高供应体系的品质,增加优质的商品和高端的服务,让消费者的消费体验得到进一步的改善,在为企业创造更高效益的同时,也为消费者提供更有保障的产品和服务,使经济循环更加有效。

三、构建新发展格局的时代价值

第一,构建新发展格局是把握发展主动权的先手棋。构建新发展格局,把握发展主动权是大势所趋。从国际形势来看,国际环境的不稳定性和不确定性因素显著增多,经济发展面临着更复杂、更全面的挑战。过去由于我国发展的落后,所以与其他国家有较大的互补性,现在经济发展水平提高,同别国的竞争性就日益突出起来。构建双循环相互促进的新发展格局,能够为我国经济发展打下坚实的基础,提高发展的安全和稳定,是一种前瞻性、长期性的战略,而不是短期的权宜之计。[①]在各种难以预料的经济波动中,增强我国经济发展的竞争力与持久力,保证中华民族伟大复兴进程不受阻碍,加速完成中国式现代化的建设目标。立足国内情况分析,目前我国的物质基础、人才资源、产业结构日趋完善,我国有14亿多人口,国内需求巨大,具备国内经济大循环的基础和条件。但我国发展还存在着不平衡和不充分的症结,推动中国式现代化高质量发展的瓶颈还很多,这就需要加快发展动力的转换,充分发挥超大规模经济体的优势。我国有完整的产业基础,有大规模的市场优势,有足够的自主调节能力,通过国内大循环来促进经济的持续、健康发展,扭转依赖外循环很难冲击高端产业的劣势。因此构建新发展格局,是根据比较优势的变化,充分释放发展潜力而作出的一种积极

---

① 白雪洁、王欣悦、宋培:《适应新发展格局的产业政策体系演变逻辑与主要趋向》,《西安交通大学学报》(社会科学版),2024年第4期。

的、战略性的选择。

构建新发展格局,是着眼于国家长期发展和长治久安的重要战略布局,也是应对世界百年未有之大变局加速演进的重要安排,对于促进经济高质量发展,建成中国式现代化,具有十分重要和深远的意义。我国是一个拥有众多人口、庞大市场的社会主义大国,在向现代化迈进的过程中,面临着前所未有的困难和挑战,必须保持经济循环畅通无阻。我国作为世界上第二大经济体,同时也是世界上最大的制造业国家,从客观上讲,国内与国际经济循环之间早就存在着调整需求。在新发展阶段,若仍依赖于以往的"两头在外、大进大出"经济发展路径,沿袭加大资源要素投入为基础的传统发展模式,则会导致生产系统内流通不畅通、供需不协调、"卡脖子"问题越来越突出等困境,产业链向中高端迈进的难度也会越来越大。[①]亟待构建新发展格局,打通生产、分配、流通、消费循环中的阻碍,破解供需流通、产业协同、区域协调等方面的瓶颈,解决发展中不平衡不充分症结,使我国经济发展根基和韧性得到进一步的巩固和加强,牢牢掌握经济发展主动权。

第二,构建新发展格局是推动高质量发展的必由之路。长期以来,我国经济发展属于"两头在外"的模式,资源更多地流向出口业导致了供求失衡,普通工业品大量过剩,高品质高性价比的商品供应仍然较为匮乏,不能满足城乡居民消费升级的需求。并且部分高端产业和涉及国家安全的领域,核心技术受制于人的状况并未得到根本改善,限制了我国经济发展质量和效益的提高。必须加快构建新发展格局,不断提高国内大循环的内在驱动力和可靠性,提高国际大循环的品质和水平,以国内大循环为基础,打通生产、分配、流通、消费各个环节的堵塞,建立一个更高水平的经济循环,以需求带动供给,以供给带动需求,以国内市场为中心,进一步激发经济增长的内需潜力,切实推进高质量发展,为我国经济发展打下坚实的基础,解决好我国

---

① 周文、白佶:《论新发展格局与高质量发展》,《兰州大学学报》(社会科学版),2023年第1期。

在发展过程中所面临的一切可预测和不可预测的风险和困难,保证中国式现代化事业能够行稳致远。

推进中国式现代化实现高质量发展,构建新发展格局是一条行之有效的途径。中国共产党的核心使命就是要把我国建设成为一个现代化强国,实现第二个百年奋斗目标。构建新发展格局,要突出创新发展,着眼于国际科技前沿,加强基础与应用研究,在前瞻性基础研究、引领性创新成果上取得重大突破;要扩大内需,将我国市场规模发挥到最大,为新技术的迅速、大规模应用与迭代升级创造条件;要突出协调发展,着力解决城乡、区域间的不平衡发展,优化城乡、区域的消费与投资结构,构建更高效的协同发展新机制;要突出可持续发展,构建绿色低碳循环发展的经济体系;要突出普惠性发展,有效扩大内需,将财富分配、收入差距、公共服务等实际问题解决好,使广大人民能够真正地感受和享受到现代化建设的成果;要突出内外联动发展,最大程度地同世界各国合作发展、互利发展、双赢发展,把国内大循环同国际大循环有机结合起来。简言之,要实现高质量发展,就必须将构建新发展格局与扩大内需战略、供给侧结构性改革等相结合,加速建立一个现代化产业体系,通过打通生产、分配、流通和消费各个环节,促进生产和消费之间有机联动,需求带动供给、供给创造需求,使人民对美好生活需要得到更充分的满足。

第三,构建新发展格局是统筹发展和安全的时代需要。如今世界各大国之间的竞争不断加剧,我国经济发展环境也发生了深刻而又复杂的变化,工业安全性和周期风险都在不断地增大,经济发展形势也越来越严峻。[1]在这种背景下,我国需要把经济安全摆在更为突出的位置,经济安全是指一个经济体系能够持续地保障自己的经济发展,在发展过程中能够有效地利用各种生产要素,并将各种威胁和风险排除在外,使自己的经济系统能够独

---

[1]　杨丹辉:《世界大变局下的产业政策:演进动向与逻辑重构》,《改革》,2023年第11期。

立、稳定、健康地发展,从而保证自己的国家主权和经济主权完整。因此安全问题已成为我国经济发展与社会发展中的一个重大战略问题,如何将发展与安全相结合,是构建双循环新发展格局中亟待探索的重大议题。习近平指出:"统筹发展和安全,增强忧患意识,做到居安思危,是我们党治国理政的一个重大原则。"[①]构建双循环新发展格局的就是要实现高水平自立自强,解决"卡脖子"问题。在持续深化供给侧结构性改革与对外开放基础上,充分发挥外资、技术和产品等优势,推动国内经济循环,提高国内资源的配置效率,加速产业结构的转型升级,促进供需结构协调发展,保障产业链供应链的安全与稳定,加强自主创新,使其成为推动经济运行和经济发展的内驱力,为我国经济增长提供一个稳定、健康、可持续的发展动能,实现经济发展的独立自主。[②]也就是以双循环新发展格局促进产业结构优化,以扩大内需为经济增长提供牵引,转变经济发展动能,强化科学技术作为内驱力,利用国际市场提升国内资源配置效率,提升产业系统的国际竞争力,在全球经济发展的深刻变化下,保持对经济发展的控制,促进经济高质量发展,建立独立、现代的国民经济体系。

第二节　构建新发展格局推进中国式现代化

党的十八大以来,我国推进了新型工业化、信息化、城镇化和农业现代化同步发展,使现代化物质基础得到了进一步夯实,开辟了一条独特的中国式现代化之路。构建新发展格局,是我国对当前经济形势进行冷静分析、科学判断后作出的主动之举。构建新发展格局是顺应我国经济社会主要矛盾新变化、实现中国式现代化的必然选择。

---

①　《习近平著作选读》(第二卷),人民出版社,2023年,第20页。
②　戴翔:《双循环推进中国式现代化的逻辑及路径》,《财贸研究》,2022年第11期。

一、构建新发展格局是把握新发展阶段的必要之策

推动构建新发展格局,是对社会主义发展规律的准确把握,是中国式现代化道路在超越西方国家、创造人类文明新形态方面取得的重大进步。

第一,把握科技进步浪潮,筑牢国内产业现代化根基。改革开放初期,我国利用劳动力低廉等相对优势,承接了美国、欧洲、日本等发达国家和地位的低端产业外移,吸引了大批外商投资,促进了对外贸易蓬勃发展,形成了"两头在外"的经济增长方式。这对于我国把握经济全球化机遇、增强经济实力、提高人民生活水平起到了重要作用。然而随着时代变迁,我国廉价劳动力等优势正在逐渐消失,作为世界工厂的相对优势也在不断减弱,并且这种发展模式下国内需求相对疲弱,资源稀缺等问题也越来越严重,产业结构转型升级面临着极大的压力。在这种情况下,技术是解决各类矛盾的一个重要途径,加强技术创新和基础研究已成为我国新发展格局建设的重要内容。同时,当前国际形势面临着百年未有之大变局,机遇与挑战同在,不稳定性、不确定性因素增加。例如美国为维持其霸主地位,单边发动中美经济贸易争端,以国家之力压制中国高科技企业,加大对中国高科技产品的出口管制,破坏了世界经济循环正常发展。要警惕可能会出现的各类"黑天鹅""灰犀牛",保持产业链的安全与稳定,提高竞争力,避免中国向现代化国家迈进的过程受到干扰或中断。因此,在新发展格局下,需要增强国家在科技领域的战略支持,促进产业由低端迈向中高端,抢占先机,重塑国家经济发展新优势。应增加科技投入,加快创新制度建设,加快科技成果转化为现实生产力,强化知识产权保护,促进以创新为基础的内生增长,通过科技创新来构筑更加坚实的内循环。在此基础上畅通外循环,实行更开放包容、互惠共享的国际科技合作策略,使之与世界尖端技术接轨。

第二,应对国际贸易摩擦,构建高水平开放高地。目前我国商品贸易总量位居全球前列,与各国展开投资协议谈判,完善区域经济合作协议,加快

自贸试验区的扩容升级和自贸区建设等亟待推动。我国的对外开放程度逐步提高，在国际贸易、国际投资等方面逐步与世界接轨，商品与服务贸易在世界范围内的供应质量不断提升，国际经济大循环也在有序进行。在以往的稳外贸、促投资政策影响下，中国外贸行业在量上有了一定突破。然而在当前贸易保护主义盛行的情况下，侧重于出口与投资的单向开放已明显不能满足需求，同时由于贸易规则不一致，各国间贸易摩擦也越来越多，世界经济秩序亟待重建。我国正在从商品与要素的流通开放转向制度开放，提升商贸质量，与高层次的国际贸易规则接轨，构建互惠双赢的国际大循环，促进我国的进出口贸易与投资发生质上的跨越。[①]总体来说，我国从传统的依托于商品与要素流通的开放到规则制度领域的开放，这是一种更深层次改革，也是一种更大程度的开放。我国在服务贸易的发展方面进行周密规划，持续促进进出口贸易均衡，从而打造一个对外开放的新高地，展现出我国便利化、国际化、法治化的营商环境。

第三，在"双循环"相互促进中，走出大国崛起的现代化新路。中国的现代化建设应当从世界各国的现代化进程中汲取经验，但是在借鉴的同时也要弄清它们发展的时代背景，而不是盲目地照搬照抄。从整体上讲，无论是发达国家还是新兴工业国家，其现代化的背景都是通过对国外市场、资源的使用乃至掠夺，深入地参与到世界经济循环中来。就中国而言，目前的国际经济循环对于中国的经济现代化所起到的相对支持作用，还不足以支撑中国走国际循环为主的发展路径，再加上大国博弈与国际格局调整，以及西方大国对中国经济发展的蓄意压制，使得中国必须把重心转移到内部，重塑国内大循环。从马克思的观点来看，西方国家实现现代化主要依靠对外国市场进行价值攫取。中国在新时代坚持和发展中国式现代化的重大战略，绝不以掠夺国外的资源和市场为自己的发展条件，更不会走"收割世界"的老

---

①　全毅：《中国高水平开放型经济新体制框架与构建路径》，《世界经济研究》，2022年第10期。

路,而要以中国和世界各国的共同发展为前提,让世界各国受益于中国发展。双循环新发展格局,就是这一思路的具体表现。以国内大循环为主的格局保证了中国经济的发展总是立足自己的国情,同时也保证了中国在核心技术、产业链以及经济政策等方面具有自主发展能力。与此同时,国内外双循环的有机互动,让中国既不丧失对国外资源、技术、市场、发展经验的充分运用,又能保证中国在全球资源优化配置的前提下,保持我国经济发展的现代化水平,走在世界经济发展的前沿。①由此可见,新发展格局是中国应对世界百年大变局、实现中华民族伟大复兴战略全局、在全球竞争中取得新优势的一种战略选择,也是中国特色社会主义不断演变和发展的历史必然。既可以通过扩大开放构建国内大循环,又可以利用内需和供求两方面的巨大优势,对世界大循环的稳定恢复起到了至关重要作用。在世界经济一体化的背景下,构建双循环相互促进的新发展格局,是基于新发展阶段国内外发展新形势的客观要求,开辟了大国崛起的现代化新路。

二、新发展格局是推进中国式现代化的有力支撑

第一,构建新发展格局激发我国经济发展的内在动力。新发展格局的一个重要特征,就是以国内市场为基础,借助巨大的市场规模优势进行对外开放。中国具有完整的制造业体系和较高的开放程度,但是在核心技术方面,仍然被"卡脖子"问题所困扰。究其原因,在于高端制造领域的开放与投资常常受制于知识产权及国家政策等因素的制约,很难实现产业转型升级。目前,中国经济总量已跃居全球第二,中等收入人数众多,无论从行业水平,还是从消费潜力来看,均已具备了建立超大型国内市场的潜力。以内需为基础推动双循环新发展格局的形成,有利于培育中国在国际竞争与合作中的新优势。因此加快构建新发展格局,一方面,要充分发挥国内大循环的作

---

① 郑尚植、常晶:《"双循环"新发展格局的马克思主义政治经济学分析》,《当代经济管理》,2021年第12期。

用,能够为我国经济高质量发展提供新的动能和活力。以国家统一大市场为依托,加速打造多层次国内需求市场,带动产业结构、产品、服务等方面的升级,能够形成新的经济增长点,从而推动中国式现代化建设。另一方面,要充分利用国际市场和资源条件,为实现高质量发展培育土壤。中国经济发展要与世界大市场接轨,中国企业既要向更多的国家和地区供应商品,又要利用全球资源,为中国经济结构转型升级提供基础。由此可见,中国拥有巨大的市场、多元化的国内需求,具备"引进来"的优势,加快构建新发展格局,有助于扭转长期"低端引进"的发展困局,吸引和聚集全球高端、先进的生产要素,激发经济发展的内在动力,为全面建设社会主义现代化国家提供更好的支撑。

第二,构建新发展格局充分利用国内外两个市场和资源。中国已深度参与到世界经济大循环之中,要主动参与国际分工,充分利用外部循环,发挥比较优势,集中资源,发展中高端产业,这对中国国内大循环建设具有重要意义,也是双循环良性互动的重要途径。现代经济体系具有高度开放的特征,这一点无论在理论上还是实践中都已被充分证实,任何现代经济体都不可能是闭关自守的,中国之所以能取得世界上少有的经济高速发展和社会长期稳定的奇迹,离不开高水平对外开放。目前,中国面临着一个新的挑战,即如何根据中国现代经济体系的高层次开放需求,根据中国经济发展阶段和目前国际环境,寻找最适合中国国情、最能推进中国式现代化的开放道路。而以双循环为主体、以高层次"引进来"与"走出去"相结合的双向开放,则是实现我国充分利用国内外两个市场和资源的重要方式。在复杂的国际环境下,要以培养内需为重点,发展内需拉动的经济模式,而不是传统的要素拉动,促进产业结构转变升级,让产业体系更加现代化。在开放的大环境中,培养内生发展能力,促进产业结构良性演进,努力在全球价值链中占据更高位置,提升核心竞争力,推动中国式现代化稳步前行。①

第三,构建新发展格局促进中国和世界各国的共同发展。历史表明,西方国家在实现现代化进程中的优势主要来自对外国市场的"掠夺"。中国则不同,我们将在新时代坚持和发展中国特色社会主义经济,绝不以掠夺国外的资源和市场为自己的发展条件,而是以"互利共赢"为基础,坚持共商共建共享原则,以共建"一带一路"为载体,积极顺应经济全球化潮流,充分发挥我国巨大的市场优势,促进国内国际两个大循环畅通,在加强国际合作基础上,让更多的国家获得更多的发展机会和空间,弥补本国不足,为实现中国式现代化与推动世界现代化奠定坚实基础。

三、中国式现代化是构建新发展格局的目标指引

第一,中国式现代化引领构建高质量发展的新发展格局。改革开放后,我国的社会生产力总体水平有了显著提升,但是发展不平衡和不充分的问题也很突出:创新能力与高质量发展的需求不匹配,城乡区域发展和收入分配差距过大,生态环保任务艰巨,民生保障仍有许多不足之处。推进中国式现代化,必须着力解决发展不平衡不充分的问题。

第二,中国式现代化引领构建国民经济循环畅通的新发展格局。中国式现代化,要避免走贫富两极分化之路,要充分发挥我国庞大的人口规模优势,借助新发展格局来提高我国经济发展水平,在国际上形成新的合作与竞争优势。因此在生产方面,要巩固制造业强国的优势,以创新带动产业升级;在分配方面,要促进劳动报酬和劳动生产率的同步增长,改进收入分配结构;在流通方面,要构建高效率的现代物流系统,推动生产要素的市场化配置;在消费方面,要根据人民多样化需求,充分激活国内市场。社会再生产各环节之间的辩证关系说明,推进中国式现代化是一个系统工程,需要建

---

① 宋宪萍、杨丽乐:《厚植新发展格局下的高水平对外开放:逻辑理路、现实约束与战略抉择》,《当代经济研究》,2023年第8期。

设现代化产业体系、提高对外开放水平、全面推进乡村振兴、推进区域协调发展等同步进行,通过畅通国民经济循环,解决城乡之间、地区之间、国内外之间不平衡和不充分发展的矛盾,为全面建设社会主义现代化国家打下更加坚实的物质和技术基础。[①]

第三,中国式现代化引领构建高水平对外开放的新发展格局。要实现中国式现代化高质量发展,就必须以高层次的对外开放为重点,在扩大开放的同时,努力提升招商引资质量,同时也要重视利用国际投资所承载的技术创新能力、先进管理经验和优秀人才,以更大的开放力度,支持国内企业拓展海外投资与贸易。要在更广的领域、更高的层面上扩大开放,让国际人才和智慧资源优势互补、合作共赢。要以对外开放为重点,加大招商引资力度,让外资在推动实体经济发展中发挥出更大的作用,并在推进国际产能合作过程中,把多余产能释放出来,让实体经济得到更好发展。也就是通过为其他国家提供更广的生产要素和产品市场,将世界上优质资源吸引聚集到我国,推动我国的核心技术创新,提高工艺,打造品牌,用供给端的创新创造,提高我国经济发展的效率和质量,满足人民更高层次、更广领域的美好生活需要,为中国式现代化建设提供物质基础和动力源泉。[②]由此可见,要以中国式现代化引领构建新发展格局,顺应经济全球化的趋势,构建高层次的开放制度,形成新的参与和竞争优势,推动我国经济沿着平衡、可持续的发展道路前进。

---

① 张辉、吴尚:《现代化视域下中国经济高质量发展的理论逻辑与实践方略》,《北京大学学报》(哲学社会科学版),2023年第5期。
② 李猛:《新时期构建国内国际双循环相互促进新发展格局的战略意义、主要问题和政策建议》,《当代经济管理》,2021年第1期。

第三节　加快构建新发展格局的路径选择

　　关于如何加快构建新发展格局,习近平有一系列重要论述,他从经济学一般原理上指出了构建新发展格局的核心要义:"经济活动需要各种生产要素的组合在生产、分配、流通、消费各环节有机衔接,从而实现循环流转。在正常情况下,如果经济循环顺畅,物质产品会增加,社会财富会积聚,人民福祉会增进,国家实力会增强,从而形成一个螺旋式上升的发展过程。如果经济循环过程中出现堵点、断点,循环就会受阻,在宏观上就会表现为增长速度下降、失业增加、风险积累、国际收支失衡等情况,在微观上就会表现为产能过剩、企业效益下降、居民收入下降等问题。在我国发展现阶段,畅通经济循环最主要的任务是供给侧有效畅通,有效供给能力强可以穿透循环堵点、消除瓶颈制约,可以创造就业和提供收入,从而形成需求能力。"[①]习近平明确提出,构建新发展格局,"一是要加快培育完整内需体系","二是要加快科技自立自强","三是要推动产业链供应链优化升级","四是要推进农业农村现代化","五是要提高人民生活品质,六是要牢牢守住安全发展这条底线"。[②]具体而言,我们认为加快构建新发展格局,要着力通过解决以下几方面问题来实现。

一、深化营商环境与要素市场化改革

　　我国在由计划经济转向社会主义市场经济的进程中,为了调动当地经济发展的积极性,默许了地方政府的某些放权让利行为,不可避免地导致了

---

　　①　习近平:《论把握新发展阶段、贯彻新发展理念、构建新发展格局》,中央文献出版社,2021年,第484~485页。

　　②　《习近平谈治国理政》(第四卷),外文出版社,2022年,第157~159页。

市场保护现象的出现。地方政府往往只关注本区域利益而忽视其他地区利益，并且由于自身具有较高层次的行政协调能力，又缺乏有效的监管机制，因而都会通过对本地企业的保护、限制要素的自由流动、设置产业壁垒等手段来推动区域经济发展，这种做法破坏了市场的公平竞争，也阻碍了统一市场的建设。党的十八大以来，我国国民经济循环建设在理论上、实践上都有了长足的进步，市场基本制度不断调整完善，但目前还面临着诸多问题，例如要素市场化配置的改革滞后，由非市场化和供需错配引起的资源配置低效问题依然普遍存在，亟待解决。

第一，整体协同优化营商环境。不同地区的营商环境存在差异，个别地区以优化营商环境为名而产生的事实上的地方保护主义，都是妨碍市场要素正常流动的因素。构建新发展格局以促进国内大循环畅通为核心，这就需要按照全国一盘棋的理念来优化营商环境，加强各地区营商环境的协同。在市场监督管理工作中，政府要发挥积极作用，制定统一的执法裁量基准，还要考虑到市场监督管理的区域差别，厘清权责界限，处理好央地关系与政企关系。同时政府应该提高公共法律服务品质，可以从外部介入的角度，第三方机构在政府的引导下，通过整合各类智库资源，开展公共法律服务，加速法制化营商环境形成。

第二，理顺政府和市场的关系。首先，在要素和资源市场融合的进程中，政府和市场都要把重点放在对数据和信息技术的优化提升上，充分利用国家网络信息平台上的贸易畅通和数据流通的优势。通过建立全国一张清单，保障市场在资源配置中的决定性作用，对政府行政监督的责任范围进行界定，建立一个跨区域、跨行业的统一标准，避免因数据、信息技术、服务等领域的规则形成垄断。其次，明晰各类市场主体的产权归属和激励机制，消除要素流转过程中各种梗阻，当多个市场主体参与竞争时，要使市场的基本规则统一化。最后，政府方面应该在建立全国统一大市场的过程中，继续进行监督管理，为中国特色社会主义市场经济的发展创造更宽广、更有保障的流通空间。①政府应该掌握各类要素市场化配置的表现形式,在要素跨产业、跨地域流动的过程中,强化跨行业、跨区域的统一管理,在改革触及某些非核心经济领域的时候,为了保证全要素市场的畅通,可以适当地放宽行政控制。

第三,发挥全国统一大市场对资源配置的决定性作用。一方面,建设全国统一大市场首要目标,就是要打破产业、区域的界限,让所有的要素都能自由流动。由于我国目前存在着要素市场、资源市场等方面的不健全等问题,导致了我国目前还没有建立起一个统一的市场监管规则、标准和程序。要以双循环新发展格局为核心,建设全国统一大市场,促进国民经济各环节循环畅通。另一方面,在建设全国统一大市场的过程中,应当尽量避免由于地方政府独自行动而产生监管盲区。受选择性审批、执法环节等因素的干扰,全国统一大市场建设的阻力更多来自政府不作为,而不是市场主体的主观意愿所致。在对行政审批全过程进行监督的基础上,加强改进,优化繁杂手续,提高对其运作效率的监督,为多类要素的循环畅通,形成行政监督效能保证,真正发挥全国统一大市场对资源配置的决定性作用。

二、着力提振消费需求扩大内需

消费是生产的目标,是推动经济发展的重要驱动力,要强化消费在经济发展中的基础地位,提高城乡居民生活品质,充分发挥消费提质升级的增长潜力,促进国内大循环畅通无阻。构建新发展格局,就必须解决好扩大内需所面临的诸多堵点,要加强对需求端的管理,着力改善消费增长的不足之处,疏通堵塞点,让消费需求潜能得到充分释放。提升居民消费能力应从调整国民收入分配结构入手,促进居民收入增长,缩小城乡收入差距,加大对社会保障体系投资的力度,解决居民后顾之忧,以达到稳定预期、促进消费

---

① 刘戒骄、刘冰冰:《构建高水平社会主义市场经济体制的逻辑与核心制度》,《财经问题研究》,2023年第1期。

的效果,同时解决好供需匹配问题,改善消费环境,注重培养新的消费增长点,促使新业态与新模式不断涌现。

第一,完善国民收入分配结构,促进居民收入增长。要提升居民消费意愿,促进消费升级,必须创造更多的工作机会,完善国民收入分配结构,提高居民收入水平,这对于拉动经济增长、构建完善的国内需求体系具有重要支撑作用。因此应在总结国外经验的基础上结合中国国情,采取一系列举措,逐步改变我国居民收入增长缓慢的状况。要充分利用财税体系对收入进行初次分配和再分配的调节,对居民收入进行分层调控,即调节过高收入,照顾低收入群体,切实减轻低收入群体负担,促进更多的低收入者跻身于中等收入人群之列,持续增加中等收入群体的比例。一方面,可以适当减税降费,降低社保的个人缴费比例,减轻居民缴费负担,同时适时适当地调高个人所得税起征点,扩大劳动所得对初次分配的贡献。另一方面,在降低税赋的基础上,要提高劳动者的工资和财产性收入。要把增加工资性收入作为重点,提高劳动者工资在初次分配中的比例,保证劳动、知识、技术等生产要素按照市场化的方式进行合理的分配,让劳动者能够更好地发挥创造潜力,缩小贫富差距。同时增加家庭财产净收益,包括对农民土地承包权、宅基地使用权、集体收益分配权等方面的保护,丰富和规范居民的投资和金融产品,为他们提供更多的专业咨询服务。

第二,加大对社会保障体系投资的力度,以达到稳定预期、促进消费的效果。目前,社会保障体系的不健全,已成为扩大家庭消费、激活内需的重要影响因素,应着力扩大社会保障的覆盖面,提升社会保障水平。政府要扩大社会保障的覆盖面,旨在充分发挥自身主导的职能,构建一个统筹城乡水平、注重公平均衡、覆盖全体居民、可持续发展的多层次系统,突出社会福利的广泛性和公平性。[①]重点是推动各类人群的社会保障体系融合,使社会各

---

① 崔开昌、吴建南:《中国式现代化社会保障体系建设:价值引领与未来进路》,《社会科学》,2023年第5期。

阶层都能平等地享有社会保障,从而推动消费增长、扩大内需,真正维护社会公正的实现。政府要提升社会保障水平,旨在根据经济发展水平,逐渐提升社会保障的层次,切实保障人们的基本生活。在这个过程中要注意消除农村和城市之间的不平等,加大对农村社会保障的投资力度,减少城乡之间的社会保障差距,从而释放农村家庭的消费潜力。

第三,优化消费环境,培养新的消费增长点。一方面,从消费观念的变化来看,要引导居民的消费需求向理性化的方向发展。新冠疫情暴发后,我国居民家庭消费空间受限,消费意愿被压抑,出现了消费降级现象,但同时也为消费需求管理提供了新契机。在后疫情时代,居民消费回归到了理性和成熟的状态,比起品牌溢价,人们对产品的实用性和质量更加重视,政府可以利用这一机遇,让人们的消费观念得到提升,摒弃过度的超前消费和冲动消费,建立起一个正确的消费观念。而对那些偏爱国外消费的人群来说,要紧紧围绕供给侧结构性改革这个主题,加强自主研发和创新能力,提升我国现行的生产体系,提高有效供应,对市场需要作出及时反应,防止消费断层,提高国内消费市场的吸引力,让消费者能够在国内市场上买到自己喜欢的同类产品。另一方面,从消费形态的创新来看,要注重培养新的消费增长点,促使消费的新业态和新模式不断涌现出来。在城市居民方面,要注重平台经济的发展,通过社区团购等线上线下相融合的消费方式,将分散的市场资源进行整合,将物流枢纽节点向外扩展,积极发展现代服务业、数字经济、网络经济等消费新业态和新模式,使消费环境更加优化,提升消费质量,扩大居民的消费渠道,提供物美价廉的产品。①

三、推动新型城镇化和城市群建设

畅通国民经济循环是落实新发展理念、构建新发展格局的重要环节,而

---

①　方行明、许辰迪、刘瑞等:《新发展格局下的需求侧管理与"堵点疏通"》,《经济理论与经济管理》,2023年第7期。

新型城镇化和城市群建设是促进经济循环畅通的重要途径,深入推进城乡融合和区域协调发展,实现美丽城镇和美丽乡村的同步建设,健全城市化的制度和机制,也是实现中国式现代化的关键。党的十八大以来,我国的新型城镇化和城市群建设取得了巨大的成就,城市化速度不断提升,城镇体系的结构与功能也在不断变化,初步形成以城市群为引领、城镇协调联动的区域发展格局的雏形。然而目前我国仍然面临着城乡供需矛盾突出,要素双向流动受阻等现实问题,为此需要进一步深化改革,全面激活新型城镇化建设,强化城市群构建,促进区域经济高质量发展。

第一,以新型城镇化为切入点,突破城乡要素流动壁垒。新型城镇化是建设中国式现代化的重要载体,要以新型城镇化为切入点,推动农村人口市民化,促进有效的投资与消费,在城乡统筹发展中构建新发展格局。要突破我国农村和城市之间的要素体制障碍,实现要素的市场化配置。一方面,考虑到农村和城市之间的劳动力流动,应该从户籍制度的变革入手。户籍制度的改革,为农村流动人口的城市建设提供了更好的保障。要不断完善户籍管理办法,放宽户籍限制,在制定新的政策时,要尽可能地避免以户籍为约束,以保障城乡居民都能获得相应的公共服务。另一方面,要注意明晰农民的农地产权,健全农地产权制度。在农地要素流通方面,要建立各种类型的农地产权清晰化管理体制,明确农村宅基地的产权归属,构建合理、有序的退出机制,实现农村宅基地与城镇住宅一样的增值与交易。与此同时,可以尝试构建一个全国统一的农村宅基地使用权交易平台,全面提高农村和城镇土地要素的流通效率。这样不仅可以加速城市和农村的土地流转,从而带动城市化的发展,而且构建完善的农地产权制度,还能够解决我国城市化进程中的土地征用问题,增加农地出让收益、保护农民合法利益。

第二,发挥县域经济服务城市、连接乡村的作用。县是我国行政建制中的重要组成部分,其功能也是举足轻重的。县既是城市的尾部,也是农村的头部,兼具城与乡的双重属性,既是城市与农村的缓冲地带,也是农村向城市转移的过渡带。把县域作为一个载体,把国家政策与县域内的优质资源有机地融合在一起,一定会产生一种充满生机的经济形态。同时以县域为中心,加速农村人口迁移,提高县域周边区域的生产、生活环境,对促进农村各部门要素的配置、扩大国内需求、促进乡村振兴都有着十分重要的作用。①所以,县域在构建完善的国内需求体系中起着至关重要的作用。要把城市的资源禀赋和农村的特色优势有机地结合起来,开发出一个适合当地的县域产业体系,同时政府要全面提高县域的综合承载和服务水平,要加强县城的教育、医疗、文化等公共基础设施建设,构建县域市场化的要素分配平台。

第三,充分发挥城市群对区域经济发展的辐射效应。城市群具有促进要素流动、合理分工、缓解区域发展失衡的作用,正逐步作为区域财富聚集地,带动着区域内整体经济发展,是中国式现代化建设的先行示范区。以城市群为核心的发展战略可有效支持新时代区域协调发展,为实现生产要素资源无障碍流动、各区域主体功能高效实现、全体公民相对平等享受基本公共服务等经济持续发展新模式作出重要贡献。应充分利用城市群中核心城市的辐射和带动效应,加速交通网络铺设,促进各城市之间的交流合作与共同发展。在这个过程中要强化区域间的分工与合作,核心城市主要发展高端制造业、现代服务业,而中小城市借助发达的交通运输网络,能够逐渐克服其地理位置上的不利因素,进一步发挥其成本优势,为承接大城市的工业转移提供了便利。同时,随着就业岗位的增加,经济规模的增大,基础设施的健全,这些中小城市的规模也会不断地增大,从而缩短与大城市之间的发展差距,实现区域协调发展。因此,可以以发展大城市群为核心,促进现代城市群建设,在提高人口、经济容量的基础上,提升城镇空间容量,形成高质量发展的空间动力体系,使得市民的生活质量得到改善,城市的治理水平得

---

① 陈军亚、邱星:《全面推进乡村振兴中县域的功能定位及实践路径》,《探索》,2023年第4期。

到提升,带动区域经济向更高水平提升。

四、持续深化供给侧结构性改革

在新的历史时期,人民日益增长的美好生活需要与不平衡不充分的发展之间的矛盾已经上升为当前我国社会的主要矛盾。从供给侧方面进行结构性改革,旨在提升供给端的质量,对产业结构、要素投入、地区差异等方面进行优化调整,降低无效和低端供给,同时增加有效和中高端供给,提升供给效率,增强供给适应性和弹性,满足人们对多样化、多层次、多方面美好生活的需求。

第一,构建现代化产业体系,为新发展格局打下坚实的物质基础。新时代我国居民差异化服务的需求越来越多,如果我国经济体系不能适时调整,将会使供应端结构问题更加严重,影响国民经济运转效率。为此,要持续深化供给侧结构性改革,提高供给效率,促进制造业提质升级,使供给体系与国内需求更好地匹配,打造现代化产业体系。①现代化产业体系是衡量我国经济社会发展水平的一个重要标志,是推动我国经济社会发展的根本保证。党的十八大以来,习近平多次提出要加快产业体系构建和产业结构优化升级,现代化产业体系是建立在新技术基础上的,先进的、具有长期国际竞争力的产业体系。中国要对现代农业、现代工业和现代服务业进行科学匹配,实现三次产业的协调发展。作为现代化发展重要支柱的农业,要依托差异性地理资源优势,培育更多优良品种,保障种源自主可控,促进乡村种植业全面振兴。现代化工业需要攻克一批"卡脖子"技术难题,在本行业的强项上深耕细作,创造出高品质的未来科技应用场景,培养出更多独特工艺,构建中国特色的未来工业发展战略。服务贸易是当今世界经济竞争的焦点,也是世界贸易格局调整的热点。服务贸易应以供给侧结构性改革为基础,

---

① 孔祥利、谌玲:《供给侧改革与需求侧管理在新发展格局中的统合逻辑与施策重点》,《陕西师范大学学报》(哲学社会科学版),2021年第3期。

以持续提升服务供给质量为目标,推动国内大循环的建设,并且通过进一步开放参与世界经济大循环。

第二,加强技术攻关,实现高水平科技自立。高水平科技自立对现代化产业体系的构建起到了支撑和引导作用,其实质就是通过科技创新来促进产业创新、通过产业创新来释放发展潜力的一个过程。关键核心技术的突破是我国高水平科技自立的重要前提,应充分利用新型举国体制在重大技术攻关中的多种优势,为先进生产力的生成与发展提供强大的支撑。要紧紧围绕科技创新,尤其是原创性、颠覆性科技创新这一主题,以供给侧结构性改革为主线,让产业体系从需求链到技术链之间进行有效耦合,并通过企业主体的参与,在推进传统产业的优化升级的同时,加速新兴产业的培育,最终向价值链的高端化冲击。

一方面,要从源头做起,基础研究是我国高水平科学技术自主创新的重要前提。从根本上说,只有在基础理论上取得实质性的突破,才能从根本上重构先进生产力,并在此基础上带动经济快速发展。因此,政府在学科布局方面,要促进多学科知识的交叉教学,加速基础性原理的深入融合,对那些没有直接经济效益的"冷门"学科给予更多的关注。同时政府要出台相关引导政策,优化对科研机构的参与主体、经费来源、资金机制、平台建设、文化培育等领域的管理,可以建立以企业为对象的"种子基金",通过前期扶持、后期补贴和创业服务等方式,对开展基础研究的企业进行政策支持。为防止低水平重复、同质化竞争、碎片化发展等问题,要对原始项目的筛选方法进行创新,完善原始研究成果的甄别机制。另一方面,要协调好基础研究和应用技术的相互促进与融合。以"有组织的基础研究"为引导,以"产学研"为纽带,打通既有的科研院所、龙头企业、研究型高校、中小企业等多个创新主体之间的协同途径,龙头企业要发挥在技术创新中的优势,加强与其他创新主体合作,尤其要与产业链和供应链上的其他中小企业共同进行关键技术的研究。政府应通过现场调查与技术预见相结合的方式,编制重大技术攻关专项计划,围绕全球创新链、产业链进行整体布局,将重点放在关键产业的建链、延链、补链、强链上,突破零散的点式创新,构建链式突破的系统性策略,在自己的优势领域内保持基本技术领先的同时,采用"非对称"追赶策略,"扬长避短"地超越对手。①

第三,更好地发挥政府职能,提高经济体系运行效能。政府要健全公共财政的支付、监督和评估制度,建立一套完善的财政监督制度,保证惠农补贴政策资金、税收优惠政策、外商投资准入制度等方面的透明度和有效性。同时在经济建设过程中要合理利用外资,把外国投资者的准入门槛降下来,优化投资服务,让外国投资者的合法权利得到充分保护,增强外国公司继续留在中国运营的信心。对于企业,政府要指导我国中小型企业理性投资,提高投资效益。中小企业在吸纳就业,优化产业结构,扩大经济发展的多样性方面起到了很大的作用。政府应该适当为中小企业实施减税降费,加大对实体经济的投资力度,尤其是对旅游、健康、养老、护理等行业的扶持,激发中小企业的投资热情,为经济发展提供更多的新机会。同时,中小企业的数字化转型存在着很大困难,相关政府部门应该对其给予一定的引导和资助,使企业能够在技术升级的同时,降低研发投入的费用,从而使我国行业竞争力得到进一步提高。在此过程中,政府也要关注防止因中小企业盲目扩张,而导致影响资源的有效配置。对于消费者方面,政府要加强对商品和服务的监管,加快完善相关的法律法规,对各类平台加强监管,对销售造假、侵犯个人隐私等行为进行严厉处罚,强化对消费者的权益保障。

五、推动高水平对外开放

围绕共建"一带一路",构建稳固发展的国际大循环。在外部发展环境日趋复杂的情况下,我国应该充分发挥现有的各种对外交往和合作的平台

---

① 黄群慧:《新发展格局的理论逻辑、战略内涵与政策体系——基于经济现代化的视角》,《经济研究》,2021年第4期。

及渠道,破除世界贸易障碍。"一带一路"是中国与沿线国家共享高质量产能、深化经贸往来、探寻经济复苏之路的重要途径,是中国对外经济循环的重大战略,也对世界各国经济恢复和发展具有重要意义。一方面,要加强自由贸易试验区的建设,推动对外贸易方式的创新。中国先后成立多个自由贸易试验区,被誉为中国新一轮的改革开放高地,已经初步构建起一个全方位的开放新格局。自贸试验区的建立,不但能大幅提升区域经济增长速度,还能带动投资和进出口的增长,更能突出产业的资本和技术聚集效应,成为双循环的关键节点和高端平台,具有广阔的发展前景。要进一步加强自由贸易试验区的基础设施建设,拓宽税收政策的适用范围,为企业提供良好的营商环境,促进自由贸易试验区的对外贸易模式不断创新,探索适合中国对外贸易的新规则。另一方面,要充分利用共建"一带一路"战略的凝聚力,把握《区域全面经济伙伴关系协定》(RCEP)签署落地的新机遇,积极拓展经贸合作圈,创造良好的国际交往与合作环境,消除以美国为代表的一小部分西方大国对世界贸易秩序的影响,建立稳固发展的国际大循环。目前中国正在围绕共建"一带一路",解决由于国际地理环境的紧张而导致的进出口受阻,与沿线国家加强粮食、汽车、太阳能、石油等领域的交流与合作,实现对外贸易的多样化和可持续发展。

全面对接国际高标准经贸规则,推动国内国际双循环相互促进。中国是经济全球化的受益者,在全球范围内展开了广泛的分工和合作,这既加快了本国经济提升,也带动了全球经济不断发展。中国将继续通过国内大循环来吸纳国际资源和要素,通过扩大开放力度,加强两个市场之间的有效联动,稳定出口和进口的规模,使开放水平持续提高。在这个过程中,要主动融入世界贸易体系,在管制壁垒已经成为制约要素跨国流动的背景下,我国应统筹推动高层次要素开放和制度性开放,实现境内外资格、标准的互认互通。[1]应继续秉承"共商、共建、共享"的理念，在国际普遍接受的准则下，通过建立新型的国际合作机制，开展一系列沟通与协作机制，构筑新型的国际合作平台，要在制度上保证权利、规则和机会平等，要在更广范围、更深层次上推进对外开放，实现市场、规则、标准等与各国的"软联通"。此外，应完善外资投资法及其相关法律，进一步放松对外国投资者的准入限制，取消边界障碍，增强发放执照过程的透明度，进一步提高"负面清单"的效能，简化外国商业人员的入境程序，为其在华工作提供便捷。同时也为中国的投资者和创业者创造更高的开放水平、更好的投资环境和更广的辐射效应，以国际上最好的营商环境来吸引全世界的资源。

---

[1]　于海峰、王方方：《建设新时代中国特色社会主义开放经济理论体系》，《东岳论丛》，2018年第5期。

第九章

加快农业农村现代化

我国是农业大国,农耕文明源远流长,重农固源是安民之基和治国之本。"农业保的是生命安全、生存安全,是极端重要的国家安全。"[1]为中国人民谋幸福、为中华民族谋复兴,是中国共产党的初心和使命。习近平指出:"我一直强调,没有农业农村现代化,就没有整个国家现代化。在现代化进程中,如何处理好工农关系、城乡关系,在一定程度上决定着现代化的成败。"[2]全面建设社会主义现代化国家,最艰巨最繁重的任务仍然在农村。因此,加快推进农业农村现代化,是全面实施乡村振兴、建设农业强国、全面推进中国式现代化的必然要求。

---

[1] 《习近平关于国家粮食安全论述摘编》,中央文献出版社,2023年,第18页。
[2] 习近平:《论"三农"工作》,中央文献出版社,2022年,第274页。

第一节　没有农业农村现代化
就没有整个国家现代化

一、农业农村现代化的内涵

　　学术界在20世纪90年代就开始讨论农村现代化问题。但是一直没有给农村现代化进行准确的界定。近年来，从中央出台的相关政策可以看出农村现代化关注的内容。我国农业现代化已经达到了较高的水平，但是农业现代化是有关农业发展水平的一个综合性概念，在不同时期有不同的内涵。2016年中央一号文件指出："大力推进农业现代化，必须着力强化物质装备和技术支撑，着力构建现代农业产业体系、生产体系、经营体系，实施藏粮于地、藏粮于技战略，推动粮经饲统筹、农林牧渔结合、种养加一体、一二三产业融合发展，让农业成为充满希望的朝阳产业。"①构建三大体系成为新时代农业现代化核心内容之一。2017年中央一号文件指出："坚持新发展理念，协调推进农业现代化与新型城镇化，以推进农业供给侧结构性改革为主线，围绕农业增效、农民增收、农村增绿，加强科技创新引领，加快结构调整步伐，加大农村改革力度，提高农业综合效益和竞争力，推动社会主义新农村建设取得新的进展，力争农村全面小康建设迈出更大步伐。"②推进农业供给侧结构性改革，要在确保国家粮食安全的基础上，紧紧围绕市场需求变化，以增加农民收入、保障有效供给为主要目标，以提高农业供给质量为主

---

　　①　《中共中央国务院关于落实发展新理念加快农业现代化实现全面小康目标的若干意见》，人民出版社，2016年，第5页。
　　②　《中共中央国务院关于深入推进农业供给侧结构性改革加快培育农业农村发展新动能的若干意见》，人民出版社，2017年，第3页。

攻方向,以体制改革和机制创新为根本途径,优化农业产业体系、生产体系、经营体系,促进农业农村发展由过度依赖资源消耗、主要满足量的需求,向追求绿色生态可持续、更加注重满足质的需求转变。

　　逐步推进农业农村现代化,全面开展乡村振兴战略。习近平在党的十九大报告中首次提出实施乡村振兴战略,强调要"加快推进农业农村现代化"。这一战略是党中央针对"三农"问题作出的重大决策部署,是新时代"三农"工作的总抓手,也是推进农业农村现代化的依据。2018年中央一号文件明确了分"三步走"来实现农业农村现代化:到2020年,乡村振兴取得重要进展;到2035年,农业农村现代化基本实现;到2050年,农业强、农村美、农民富全面实现。[①]2019年5月,中共中央、国务院印发《关于建立健全城乡融合发展体制机制和政策体系的意见》,提出建立健全有利于城乡要素合理配置、有利于城乡基本公共服务普惠共享、有利于城乡基础设施一体化发展、有利于乡村经济多元化发展、有利于农民收入持续增长的体制机制。2019年8月,中共中央印发了《中国共产党农村工作条例》,旨在坚持和加强党对农村工作的全面领导,贯彻党的基本理论、基本路线、基本方略,深入实施乡村振兴战略。2022年12月,中央农村工作会议指出:"强调农村现代化是建设农业强国的内在要求和必要条件,建设宜居宜业和美乡村是农业强国的应有之义。"习近平强调,农村现代化是建设农业强国的内在要求和必要条件,建设宜居宜业和美乡村是农业强国的应有之义。要从整体上和系统层面上考虑农业农村现代化,实现农业农村和农民全面提升,切实推进乡村振兴战略。"必须深刻领会党中央这一战略部署,把加快建设农业强国摆上建设社会主义现代化强国的重要位置"。[②]"要瞄准'农村基本具备现代生活条件'的目标,组织实施好乡村建设行动,特别是要加快防疫、养老、教育、

　　①　谢若扬、王树梅、梁伟军:《习近平关于农业农村现代化重要论述的理论内涵、内在逻辑与价值意蕴》,《华中农业大学学报》(社会科学版),2023年第5期。
　　②　《习近平关于"三农"工作的重要论述学习读本》,人民出版社,2023年,第16页。

医疗等方面的公共服务设施建设,提高乡村基础设施完备度、公共服务便利度、人居环境舒适度,让农民就地过上现代文明生活"。①

农业农村现代化的科学内涵是什么? 农村现代化是使中国广大农村地区发生全面而又深刻的变革的现代化。习近平对此进行了深刻论述。一是强调了农业农村现代化的深刻内涵。对长期以来党的"三农"工作重要任务——解决吃饭问题进行分析,认为通过推进农业现代化,"取得了长足进步""农产品供给极大丰富"。②说明农业现代化不仅要提高农作物的产量还要提高农产品服务供给能力,全力保障粮食安全,已取得显著的效果。基于对农村基础设施、生态环境、社会治理和公共服务等突出问题的分析,习近平指出:"农村现代化既包括'物'的现代化,也包括'人'的现代化,还包括乡村治理体系和治理能力的现代化。"③比如出台支农惠农政策、农村饮用水安全、提升农民文化素质,对修建和完善农村基础设施,对农村教育、医疗、卫生等经费倾斜和扶持等,在全国范围内建立农村社会保障制度,包括医疗保障制度、养老保险制度和最低生活保障制度等。现代化就要实现人的现代化,人的生活的现代化,对于农业农村的现代化,不仅是要实现农业发展机械化、智能化和绿色生态等,让科技发展助力农业农村的发展,更为重要的是提升农业农村生产生活便利程度,使农民过上宜居宜业美丽的乡村生活,在乡村也过上城市化的美好生活。二是指明了农业现代化和农村现代化的实践指向和路径取向。"要坚持农业现代化和农村现代化一体设计、一并推进。"④农业和农村的发展,是不可能分开的,一直都是互相关联的。农业农村的发展是密切相关的,而且也是互相促进和支撑的。"农业现代化和农村现代化集中在乡村场域展开,二者相互联系、有机统一,农业现代化为农村

① 《习近平关于"三农"工作的重要论述学习读本》,人民出版社、中国农业出版社,2023年,第84~85页。
② 习近平:《论"三农"工作》,中央文献出版社,2022年,第276~277页。
③ 习近平:《论"三农"工作》,中央文献出版社,2022年,第277页。
④ 习近平:《论"三农"工作》,中央文献出版社,2022年,第277页。

现代化提供物质条件,农村现代化为农业现代化铸就发展基础,两者必须协调推进、贯通发展,发挥协同效应。"①中国式现代化道路,离不开农业农村的现代化建设,要坚持城乡融合发展之路,切实有效推进乡村振兴战略。

二、实现农业农村现代化战略意义

新中国成立以来,党中央一直高度重视"三农"问题,将农业农村现代化作为重点任务,将农民对实现美好生活的期待作为目标,持续推动实施。新中国成立初期,毛泽东提出必须谨慎地、逐步地而又积极地引导分散的个体的农业经济和手工业经济向着现代化和集体化的方向发展。②三届全国人大一次会议首次正式和完整地提出"四个现代化"的目标任务,"把我国建设成为一个具有现代农业、现代工业、现代国防和现代科学技术的社会主义强国"③。党的十六届五中全会提出建设社会主义新农村,将其作为解决"三农"问题的重大战略。进入新时代,习近平将农业农村作为有机整体,统筹谋划、一体推进,在党的十九大报告中首次提出实施乡村振兴战略,并将农业农村现代化作为这一战略的总体目标。中国特色社会主义进入新时代,"三农"工作目标与党和国家要实现中国式现代化战略是一脉相承的,要实现中国式现代化就要实现农业农村现代化,就要全力推进乡村振兴战略。乡村振兴战略是对"社会主义新农村建设"的延伸、发展和升级,明确了共同推进农业农村现代化的发展方向④,是新时代解决"三农"问题的重大战略决策。应按照乡村振兴总体要求,在统筹乡村五大建设中,协同推进农业农村现代化。⑤习近平坚持用大历史观看待"三农"问题,站在实现中华民族伟大

①　谢若扬、王树梅、梁伟军:《习近平关于农业农村现代化重要论述的理论内涵、内在逻辑与价值意蕴》,《华中农业大学学报》(社会科学版),2023年第5期。
②　《毛泽东选集》(第四卷),人民出版社,1991年,第1432页。
③　《建国以来重要文献选编》(第十九册),中央文献出版社,1998年,第483页。
④　张丽琴、纪志耿:《习近平关于"三农"工作重要论述的发展脉络与创新性贡献》,《经济学家》,2021年第7期。
⑤　蒋永穆:《从"农业现代化"到"农业农村现代化"》,《红旗文稿》,2020年第5期。

复兴战略全局的高度明确指出,"没有农业农村现代化,就没有整个国家现代化"①。不仅阐明了农业农村现代化在实现中国式现代化的重要作用,还指出了其在国家现代化中的重要战略地位。从战略地位来看,农业农村现代化是国家现代化的重要内容。

《乡村振兴战略规划(2018—2022年)》(以下简称《规划》)指出,乡村是具有自然、社会、经济特征的地域综合体,兼具生产、生活、生态、文化等多重功能,与城镇互促互进、共生共存,共同构成人类活动的主要空间。②从重要着力点分析,农业农村现代化为国家现代化提供重要支撑。农业农村现代化是实现农村人口现代化的根本途径。习近平强调:"没有农业强国就没有整个现代化强国;没有农业农村现代化,社会主义现代化就是不全面的。"③农业是整个国民经济发展的基础,只有农业发展强大了,才有国家安全的基石。推进农业农村现代化也是新时代发展的必然要求,更是贯彻新发展理念的应然之举,为实现农民美好生活的需要和共同富裕提供坚实的基础,为建成农业强国,全面建设现代化强国提供坚实战略后盾。

三、推进农业农村现代化是中国式现代化的重大任务

习近平提出:"实现农业农村现代化是全面建设社会主义现代化国家的重大任务。"④没有农业农村现代化就不可能实现中国的现代化,实现农业农村现代化是国家实现现代化发展的必然要求和重要组成部分。从新中国成立以来,党和国家从未停止对实现国家现代化的艰辛探索和实践,实现社会主义现代化和中华民族伟大复兴,是中国共产党人坚持不懈的追求。20世

---

① 习近平:《论"三农"工作》,中央文献出版社,2022年,第274页。

② 《中共中央 国务院印发〈乡村振兴战略规划(2018—2022年)〉》,《人民日报》,2018年9月27日。

③ 《中共中央国务院关于做好2023年全面推进乡村振兴重点工作的意见》,人民出版社,2023年,第23页。

④ 习近平:《论"三农"工作》,中央文献出版社,2022年,第301页。

纪40年代,党将我国现代化建设目标确定为实现国家的工业化。1954年,党首次提出了建设"现代化的工业、现代化的农业、现代化的交通运输业和现代化的国防"①的宏伟目标。1964年12月召开的第三届全国人民代表大会第一次会议上,周恩来正式向全党和全国人民提出,要在不太长的历史时期内,把我国建设成为一个具有现代农业、现代工业、现代国防和现代科学技术的社会主义强国,赶上和超过世界先进水平。至此,"四个现代化"成为我国社会主义现代化建设的目标。②农业现代化始终是中国现代化建设的重大目标任务。这是关系现代化建设全局的战略认识和选择,体现了党对社会主义建设规律认识的进一步深化。

习近平多次指出,实现现代化的道路不止一条,中国式现代化走的是"四化"同步推进、同步发展的道路。党的十九大报告首次提出农业农村现代化,进一步丰富拓展了农业现代化的科学内涵。党的十九大报告作出我国经济从高速增长转向高质量发展阶段的重大判断,提出到2035年基本实现社会主义现代化的发展目标。党的十九届五中全会通过的《中共中央关于制定国民经济和社会发展第十四个五年规划和2035年远景目标的建议》将基本实现新型工业化、信息化、城镇化、农业现代化,建成现代化经济体系作为2035年的重要发展目标。农业农村现代化,包含着农村经济、政治、文化、社会、生态协调发展、互促共进的多重意涵。五位一体协调发展,共同促进农民实现现代化和共同富裕。进入新时代,我国社会主要矛盾发生转变,人民日益增长的美好生活需要和不平衡不充分的发展之间的矛盾在乡村最为突出,现代化建设中最薄弱的环节仍然是农业农村。③只有农村的现代化和乡村振兴实现了,农业才能实现现代化,农民才能过上现代化的美好生

---

① 《建国以来重要文献选编》(第九册),中央文献出版社,1994年,第315~316页。
② 黄书进主编:《实现中华民族伟大复兴的行动纲领》,人民出版社,2012年,第6页。
③ 《中共中央 国务院印发〈乡村振兴战略规划(2018—2022年)〉》,《人民日报》,2018年9月27日。

活,社会主义现代化强国才能真正的实现。

党的二十大报告指出,从坚持城乡融合发展,扎实推进乡村产业、人才、文化、生态、组织振兴,全方位夯实粮食安全根基,发展乡村特色产业,发展新型农村集体经济等方面,对全面推进乡村振兴做了战略部署。

四、实现农业农村现代化关键在科技和人才

中国式现代化离不开农业农村现代化,农业农村现代化关键在科技、在人才。党的十八大以来,面对推进农业农村现代化的紧迫任务,习近平强调:"实施乡村振兴战略,推进供给侧结构性改革,推动农业绿色发展,深化精准扶贫,提高广大农民生活水平,对农业科技和农业农村人才提出了新的要求。"[①]农业农村现代化发展的关键在于要重视科技和人才,要全力推动农业科技创新和应用,更要实现教育、科技和人才协同发展,还要加强农业农村人才建设。一方面,科技发展的关键在创新,"创新是第一动力"[②]。党的十八大提出,科技创新是提高社会生产力和综合国力的战略支撑;党的十九届五中全会提出,到2035年,关键核心技术实现重大突破,进入创新型国家前列的发展目标;党的二十大报告强调,深入实施科教兴国战略、人才强国战略、创新驱动发展战略,推动教育优先发展、科技自立自强、人才引领驱动。另一方面,科技创新的关键在人才。推进农业农村现代化,要加强农业科技人才队伍建设,要给人才发挥作用提供政策和环境,让科技和人才成为推进农业农村现代化的根本动力。

五、立足国情,走中国式农业现代化道路

中国的农业现代化,必须走出一条中国特色农业现代化道路。走中国特色农业现代化道路,一是要从现实出发,以解决现实问题为导向,聚焦农

---

① 习近平:《论"三农"工作》,中央文献出版社,2022年,第217页。
② 《习近平著作选读》(第二卷),人民出版社,2023年,第213页。

业农村发展过程中出现的重大问题。习近平坚持以现实问题为导向,提出系列问题,要以"谁来种地""地怎么种""如何确保粮食安全"等重大问题为重要突破口,探索破解农业农村发展难题,实施乡村振兴战略,切实推进农业农村现代化建设。二是要立足发展现实,坚持农业农村现代化一体推进。习近平指出:"我们要坚持农业现代化和农村现代化一体设计、一并推进,实现农业大国向农业强国跨越。"[①]这一论述高度契合我国农业农村发展需求和现实困境。通过改革创新农村经营体制机制,发展新型农村集体经济,各地根据实际情况,发展各种形式的合作社,并深化农村土地产权制度改革,再次延长30年土地承包制度,确保土地承包关系长久不变,实施和推进"三权分置"改革,切实增加农民财产性收入。

第二节　我国农业农村现代化的历史进程

新中国成立以来,党和国家一直高度重视农业和农村的发展,尤其是对农业农村现代化进行了不懈探索,按照历史演进发展和各个时期建设任务,这一探索可分为四个阶段。

一、初步发展时期

从新中国成立到改革开放前,我国农业以探索农业机械化提升农业生产力和变革农村生产关系为主要方向,实现了农业集体化。

毛泽东在1949年党的七届二中全会上,就提出农业经济要现代化发展的要求。这是党和国家领导人要通过农业现代化来改变传统的农业生产方式,来改变农村贫困落后的局面,这也是首次将农业现代化这么正式提出

---

① 习近平:《论"三农"工作》,中央文献出版社,2022年,第277页。

来。1949年12月全国第一次农业生产会议中，周恩来明确提出农业现代化建设的目标。在1949—1956年，主要是从变革农村生产关系，从上层建筑层面推进乡村改造，提高农业生产能力，实现改变农村所有制性质。我国进行社会主义建设受到苏联模式的影响，以为农业现代化的路径就是"集体化＋机械化"。

针对我国农业生产力基础薄弱的国情，为促进生产力的发展，毛泽东于1959年4月提出"农业的根本出路在于机械化"的论断。同年，又将农业机械化、水利化、化肥化和电气化等四化，作为建设农业现代化的目标。1961年3月，周恩来在广州中央工作会议上又提出，必须从各方面支援农业，有步骤地实现农业的机械化、水利化、化肥化、电气化，明确将"四化"作为农业现代化的内涵。[1] 1963年，周恩来在上海市科学技术工作会议上再次强调农业现代化在建设社会主义强国中的重要作用。[2] 1964年第三届全国人民代表大会第一次会议，周恩来在《政府工作报告》中进一步明确了"四个现代化"战略。[3] 到了20世纪60年代，"四个现代化"里"交通运输"被"科学技术"所替代。

农村建设是党和国家一直关注的重点，党领导中国革命和建设都兴起于农村，了解中国农村和农民需要什么。在《一九五六年到一九六七年全国农业发展纲要（修正草案）》中，中央明确提出"建设社会主义农村"，要求发展并改善农村生产关系。[4] 在这一时期，党和国家尝试在计划经济体制下积极尝试和探索农村集体经济所有制形式改革，对农村进行建设和发展。后来开始的"大跃进"和人民公社化运动，形成了"政社合一"的人民公社，这一

---

① 黄佩民：《中国农业现代化的历程和发展创新》，《农业现代化研究》，2007年第2期。

② 《周恩来经济文选》，中央文献出版社，1993年，第503页。

③ 《1964年国务院政府工作报告》，中国政府网，http://www.gov.cn/test/2006—02/23/content_208787.htm。

④ 《一九五六年到一九六七年全国农业发展纲要（修正草案）》，中国经济网，http://www.ce.cn/xwzx/gnsz/szyw/200706/04/t20070604_11596391.shtml。

探索超越了我们当时生产力水平的要求,是强行调整农村的生产关系来推动生产力的发展,造成了严重问题。1961年,党和国家开始对国民经济实行"调整、巩固、充实、提高"的方针,随即对人民公社进行重大调整,逐步形成了"三级所有,队为基础"的经营管理方式。

党在这段时期的社会主义革命和建设实践,农业生产力水平低,要努力实现农业农村发展问题,解决农民的吃饭和温饱问题,并进行相关的实践和探索。虽然在实践探索中有很多的教训,但是依然在调整农村生产关系,以适应农业生产力的发展,进而能够改善农民的生活水平和条件。

二、改革发展时期

改革开放以后,农业现代化一直出现在历届政府工作报告之中,也是国家现代化的重要组成部分。1979年,党的十一届四中全会提出逐步提高农业的科学化、机械化、区域化、专业化、社会化等。1982年,党和国家迅速总结各地的经验,在农业领域率先改革,探索实施以"包产到户、包干到户、包干到组"等形式的家庭联产承包责任制,充分调动了农民种粮的积极性,释放了发展农村经济的动力,解放和发展农业生产力。1983—1986年,连续四年中央一号文件聚焦"三农"问题,着重强调在推进农业科学化、机械化、水利化、化肥化等的基础上,积极改善农业生产条件,提高农业生产力水平。[1]改革开放后,农业实现极大发展,农业生产力得以快速发展,农业农村现代化建设被更加重视。1991年,党的十三届八中全会首次提出农业和农村现代化。同年通过的《中共中央关于进一步加强农业和农村工作的决定》部署了大力发展农村经济和农村教育等有关农村建设内容。这一时期,我国农业农村工作的重心是促进农业增产和农民增收,推动农业现代化大力发展。

党的十四大确立社会主义市场经济改革体制后,以市场化发展为改革

---

[1]　唐华俊、吴永常、陈学渊:《中国式农业农村现代化:演进特征、问题挑战与政策建议》,《农业经济问题》,2023年第4期。

导向，以推动农业向产业化、商品化、规模化经营成为农业农村现代化道路的发展共识。1998年，党的十五届三中全会指出，农业、农村和农民问题是关系我国改革开放和现代化建设全局的重大问题，会议通过的《中共中央关于农业和农村工作若干重大问题的决定》，突破计划经济模式，初步构筑了适应发展社会主义市场经济要求的农村新经济体制框架。为了不断解放和发展农业农村生产力，要在农业产业经营方面逐步市场化，这已经是发展农业现代化重要途径。2002年，党的十六大报告指出，建设现代农业，发展农村经济，增加农民收入，是全面建设小康社会的重大任务。这一时期，农业现代化主要内容是农业市场化和产业化经营。

三、协调发展时期

自2003年中央农村会议之后，党中央一直将农业强调为一切工作的重中之重，这是由农业在整个国民经济的基础地位和重要作用决定的。党的十六大以来，进行了工业反哺农业，城市反哺农村，建立以工补农、以城带乡统筹城乡发展的中国特色农业农村现代化道路，以促进城乡协调发展。2005年，党的十六届五中全会提出"建设社会主义新农村"，其中"生产发展、生活宽裕、乡风文明、村容整洁、管理民主"的要求中，都在实现和推动农业农村现代化。这是在农业现代化的基础上进一步深化，更加关注农村产业发展和新农村建设。2006年，党中央全面取消了农业税，减轻了农民的负担，很大程度上提高了农民种粮的积极性，也缩减了城乡之间差距。2007年，党的十七大报告强调"加强农业基础地位，走中国特色农业现代化道路"[①]。2004—2012年连续九年出台的中央一号文件，都是从城乡工农统筹发展和社会主义新农村建设等方面，对农业发展、农村建设、农民增收和农业现代化等方面进行部署，初步形成了城乡工农统筹发展和新农村的建设

---

① 《〈中共中央关于推进农村改革发展若干重大问题的决定〉辅导读本》，人民出版社，2008年，第149页。

等政策安排。

四、创新发展时期

党的十八大以来,党中央的一号文件都是聚焦"三农"问题,实施精准扶贫,全面建成小康社会,建设美丽乡村和推进乡村振兴战略,把农业农村发展放在优先位置,极大促进农业农村的发展,农民生活得以较大幅度的提升。近几年开始推进的"三权分置"改革,进一步明确集体产权关系和促进新型农村集体经济的发展,为农业农村进一步发展提供了机制激励保障。

进入新时代以来,我国社会主要矛盾已经发生变化,不管是城市还是农村对美好生活的需要都在改变,城乡发展不平衡不充分的问题更加凸显。为了缩小城乡之间差距,巩固全面建成小康社会的成果,在农村更需要全面实施乡村振兴战略。只有真正实现乡村振兴,农民才能切实富裕起来;只有构建起完善的农业农村现代化产业体系,农业农村实现现代化才更有物质基础。

2013年中央农村工作会议提出"中国要强,农业必须强;中国要美,农村必须美;中国要富,农民必须富"[1],农业是中国国民经济的基础性保障,农村和谐稳定发展,中国便会守正创新前行,农民安居乐业,中国发展就会更有底气,中国实现共同富裕才会成为现实。但在这一阶段,农村现代化并没有作为目标进入战略设计,"三农"战略中更为重视的仍然是农业现代化,实际工作中得到更多关注的仍是农业的产业发展。[2]农业农村要实现现代化就要与工业化、城镇化、信息化等同步发展。

2017年,党的十九大明确提出"坚持农业农村优先发展""加快推进农业

---

① 习近平:《论"三农"工作》,中央文献出版社,2022年,第198页。
② 《十五大以来重要文献选编》(上),人民出版社,2000年,第113页。

农村现代化"①,这是农村现代化与农业现代化首次共同进入战略规划。2018年出台的《乡村振兴战略规划(2018—2022年)》则进一步明确了农业农村现代化的发展愿景以及实践路径。②这是党和国家对实现农业农村现代化的发展规律的深化,在实践上深入的探索。2021年中央一号文件进一步强调,要全力加快农业农村现代化,同时要求启动实施农业农村现代化规划,到2025年农业农村现代化取得重要进展。③党的二十大报告进一步强调"坚持城乡融合发展","加快建设农业强国","全面推进乡村振兴"。在新发展阶段,要实现全体人民的共同富裕问题,就得解决城乡融合发展和农民共同富裕问题,农业农村现代化快速发展来促进中国式现代化。

第三节　我国农业农村现代化面临的问题和出路

实现中国式现代化是全面的现代化,农业现代化也是其重要组成部分,实现农业现代化会助力农村现代化,推动我国经济社会高质量发展。但是在农业现代化发展过程中,依然面临很多的问题。

一、我国推进农业农村现代化面临的问题

(一)农业基础性地位需巩固

随着我国城市化率不断提高,对农村人口形成虹吸效应,导致农村人口持续下降。现在很多农村已出现较为严重的"空心村"和"老龄化"的现象,

---

① 习近平:《决胜全面建成小康社会 夺取新时代中国特色社会主义伟大胜利——在中国共产党第十九次全国代表大会上的报告》,人民出版社,2017年,第32页。
② 《乡村振兴战略规划(2018—2022年)》,中国政府网,http://www.gov.cn/xinwen/2018-09/26/content_5325534.htm.
③ 《中共中央国务院关于全面推进乡村振兴 加快农业农村现代化的意见》,人民出版社,2021年,第4页。

农村劳动力基本都是老人妇女和儿童,几乎见不到年轻劳动力,劳动力平均年龄在65岁左右。由于种地种粮收益少,农民种植粮食的积极性不高,土地荒芜现象或私自改变其用途已悄然出现。因为在农村种地种粮的农民收入远比进城务工农民收入低得多,抑制了农民种地种粮的积极性,现在的子女教育、治病医疗和住房等压力,以现在种地种粮的收入根本无法支撑家庭的支出,而且现在种粮所进行的土地投入、人工、农业生产资料等成本都在上涨,而且"三权分置"的改革推进较为缓慢,农业适度规模化经营和产业化有所影响。

正如习近平所指出的,"总体看,我国粮食安全基础仍不稳固,粮食安全形势依然严峻,什么时候都不能轻言粮食过关了。在粮食问题上不能侥幸、不能折腾,一旦出了大问题,多少年都会被动,到那时谁也救不了我们。我们的饭碗必须牢牢端在自己手里,粮食安全的主动权必须牢牢掌控在自己手中。"[1]受全球紧张局势和逆全球化等因素的影响,国际粮食进出口贸易不通畅,导致国际粮价时常出现涨幅。粮食安全是国家安全中最基础和最重要的,尽管各国对粮食安全的立场和认知可能存在不同,但各国都会优先考虑保障本国粮食安全。

(二)农民文化水平和素养有待提高

我国农村种地的农民,基本是以"50后""60后"为主,由于历史因素,他们的受文化教育程度较低,创新意识和能力较差,这些在很大程度上都会影响农业产业化和现代化发展。随着农业科技和智慧农业的不断发展,农业发展趋向于规模化经营和产业融合性发展,农业合作化发展越来越成为趋势,但是农民对加入合作社存在多方面的顾虑,而且深受小农意识的影响,主动合作化意识较弱。广大农村地区的农民整体素质较低、农业生产方式老旧、科技运用能力差等普遍存在。我国农村地区尚未形成完善的教育培

---

① 《习近平著作选读》(第一卷),人民出版社,2023年,第199~200页。

训体系,大量的农村劳动力学历水平低,无法使用和掌握先进农业技术,而且缺乏专业技能,更缺乏持续专业职业技术指导和培训,也没有进行专业的职业技术教育与培训,这些因素都会影响我国农业合作化发展和农业科研推广和创新,都会影响农业现代化的发展。

农民文化素质较低,会直接影响和制约农业科技的普及和应用。据统计,"我国青壮年农民中大学文化程度者约只占1%,中学文化程度者约占30%,小学文化程度者约占30%,还有30%左右的文盲、半文盲"①。大多数农民对学习知识和文化的兴趣不大,只有看到文化知识和科技带来自己的收益,才能很好学习文化知识和技术,而且现实中,也很少有持续性机制让农民去学习和培训。

农民整体文化素质较低会延迟农业农村现代化的进程。农民缺乏农业科学知识和农业技术常识,思想较为保守,依靠经验种植和生产,不敢运用先进农业科技成果,也不敢尝试使用先进智慧农业的技术,农民小农户经营的现实,害怕承担各种风险,加上现在农村剩余农业劳动力都是以"50后"和"60后"为主,他们思想上更加保守,农业科技的创新就会有风险和影响收益,这些都会影响农业科技成果和技术不能很快投入农业生产之中,不能很快形成农业生产力。进而阻碍农业农村现代化的进程。

(三)农村土地产权有待进一步改革

随着我国城市化快速发展,有大量的农民离土离乡进入城市发展,致使农村土地出现了空置,但农业土地依然是零碎化生产经营,影响着现在农业农村现代化的发展,农民对美好生活有更高的追求,农村的土地产权改革已成为必然趋势。2013年中央提出"三权分置"的改革,要在原来家庭联产承包责任制的基础上守正与创新,这是适应农业农村现代化发展的趋势,更是以后农业农村改革的方向。如此一来,尽管现行法律政策框架中的集体土

---

① 李芳凡、戴智勇:《社会主义新农村建设中科技发展的问题与对策》,《科学教育家》,2007年第10期。

地所有权并非虚位,但受到农村土地政策惯性的影响,我国集体土地所有权却明显被虚化[1],"顺应农民保留土地承包权、流转土地经营权的意愿,实现承包权和经营权分置并行,这是我国农村改革的又一次重大创新"。"要根据实践发展要求,丰富集体所有权、农户承包权、土地经营权的有效实现形式,促进农村土地资源优化配置,使农村基本经营制度始终充满活力。"[2]这是在家庭联产承包责任制基础上,对农村生产关系的一次调整。在2020年《中华人民共和国民法典》中第二百六十二条:对于集体所有的土地和森林、山岭、草原、荒地、滩涂等,依照下列规定行使所有权:(一)属于村农民集体所有的,由村集体经济组织或者村民委员会依法代表集体行使所有权;(二)分别属于村内两个以上农民集体所有的,由村内各该集体经济组织或者村民小组依法代表集体行使所有权;(三)属于乡镇农民集体所有的,由乡镇集体经济组织代表集体行使所有权。[3]集体土地所有权的主体是"村或乡镇农民集体",这是土地产权改革必须遵守的原则。

我国实施的家庭联产承包责任制在很长时间里,积极地调动了农民的种粮积极性,也提高了农民的生活水平。党和国家根据经济社会实施发展情况,推进各项改革以提高农民的生活水平。即使在今天家庭联产承包责任制,依然有生命力,尤其是在偏远山区,不适宜农业规模化的乡村去推进。"三权分置"改革其中一个意义就是再次解放和发展农业生产力,调整农村的生产关系,增加农民的收入。此项改革能够促进土地流转,实现土地资源整合,便于实现农业规模化经营和产业化发展,但是改革要坚守农村土地集体所有制的性质不变,所具有经济社会功能不能变化,对农民来说,还可以实现生存依靠和增加财产性收益的功效。由于土地权能缺失,一些地方政府对土地流转的规模偏向明显,热衷于推动土地大规模连片集中,因而在土

---

① 杨青贵:《农村土地"三权分置"对集体所有权制度的冲击与调适》,《求实》,2017年第4期。

② 《习近平关于"三农"工作的重要论述学习读本》,人民出版社,2023年,第124~125页。

③ 《中华人民共和国民法典》,https://www.gov.cn/xinwen/2020-06/01/content_5516649.htm.

地流转中存在过度的行政干预,农民独立的土地权益得不到有效保障,对土地流转"不安心"[1],而且部分村集体和乡镇政府,在土地流转过程中,只想自己的所谓的"政绩"或"利益",损害了农民应有的利益,让农民对失去土地的经营权和使用权非常抵触。哪怕是暂时土地荒芜,也不愿意流转出去。同时,"三权分置"的改革规定一方面试图通过稳定农户承包权有效保障进城农户的农地权益,另一方面也试图通过强化放活经营权提高稀缺农地资源的利用效率[2],在保障农村土地所有权的前提下,以改革放活其经营权和使用权,满足农民对财产性收入的需要,更好适应市场需求,引入更多市场主体,提高农业发展效益,推动农村经济社会的发展。

由于历史、国情和社会性质等因素,土地一直是农民生存和发展最基本的生产资料,也是农民进退自如的心理安全阀,还是社会安定持续发展的稳定器。现在农村实行的家庭联产承办责任制,是土地集体所有制,随着农业农村不断发展,现在农村土地产权制度,不仅影响农业农村的发展,而且也会影响农民对追求美好生活的期待。但是在现实中,土地流转或"三权分置"的改革都会遇到不同的困境和问题。如现实中农民害怕失去土地的使用权和经营权,家庭生活没有托底性保障,所以在现实中土地流转还存在一些困难需要解决。

(四)农业产业体系不适应中国农业现代化建设要求

在我国大多数农村,农业产业体系,在农业产业体系方面,农产品生产和加工不能协同发展,尤其是精深加工。产业规模粗放,品牌意识差,农产品加工设施简单,农业生产性服务体系有待完善,而且第一、二、三产业之间融合性发展较差,这些与农业农村现代化发展都有较大的差距。在推进农产品加工工业优化升级过程中,要实现生态环境保护和经济社会协调发展。

---

①　郭晓鸣:《中国农地制度改革的若干思考》,《社会科学战线》,2018年第2期。
②　胡风:《三权分置背景下土地承包经营权的分离与重构》,《西北农林科技大学学报》(社会科学版),2017年第3期。

农业生产与第二、三产业融合性发展较弱,尤其是农业产业体系内部要素之间、内部各产业链间的协调发展,农业产业体系不能适应农业现代化的发展。第一,农业生产更多依然是保障国家粮食安全和民生属性,其中土地、人才、科技、金融、数据等生产要素尚未进入农业农村产业体系之中,国家既要保障民生属性,更要增加农民财产性收入。第二,农业产业体系内部要素不能形成协同发展机制,农业生产价值链和产业集群都没有形成,就近就地转移增值产业未能形成,内部各要素之间流动发展壁垒和屏障未消除,不能形成协同发展的合力。第三,农业产业体系与第二、三产业融合发展不够,农业产业化、产业化联合体程度需要不断提高,农业高质量发展的局面没有形成。

二、我国推进农业农村现代化的路径

(一)增强基层党组织对农村工作的领导核心作用

农村基层党组织是实现农业农村现代化和推进乡村振兴战略的核心力量,更是带领农民实现共同富裕的主心骨。进入新时代,坚持大抓基层的鲜明导向,强化县级党委抓乡促村责任,基层党组织是党在乡村的一面旗帜和党的形象所在,只有基层党组织能力强,才能顺利推进党在乡村各项改革创新政策的平稳实施。

村民自治是党在基层推行全过程人民民主的重要组成部分,也是实现基层社会治理的重要路径之一。为了更好适应经济社会深刻改革发展,基层党组织需要全面学习乡村振兴能力,加强党性党风党纪学习教育,从思想上固本培元,提高党性觉悟,增强拒腐防变能力,实现乡村治理和乡村善治,提升党在农村基层组织凝聚力,增强基层党组织在乡村的形象和领导能力。巩固和增强党在农村的执政根基。基层党组织要转变思想观念,增强基层治理能力和意识,强化服务意识和宗旨,把人民的所思所想所盼作为最高价值指向,让中国社会的发展成果真正转化成为人民的获得感、幸福感、安全感,这是中国共产党人对初心使命的自觉担当。

(二)筑牢农业基础地位保障粮食安全

在粮食主产区率先推进农业农村现代化,可以奠定我国粮食安全的基础,还可以积极促进粮食主产区农民的收入。尤其是在粮食主产区和农业产粮大省,积极推动农业农村现代化,提高农民种粮的积极性,增加农民的收入,率先支持种粮区的农民实现共同富裕。在其他农业产区,积极实现现代工业与小农户有机结合,将小农户的发展融入农业现代化进程之中,实现种粮的收入提高和农民的共同富裕问题,从根本上解决农民不愿种粮的现象,从根本上保障粮食安全。

要从思想上高度重视国家粮食安全,切实夯实粮食安全,提升国内粮食供给能力、树立大食物观和管控国际风险,掌握粮食安全主动权,确保中国人的饭碗牢牢端在自己手中,才能掌控经济社会发展这个大局。

第一,巩固和提升粮食综合生产能力及重要农产品稳定安全供给水平。"保障粮食安全,关键在于落实藏粮于地、藏粮于技战略,要害是种子和耕地。"[1]要运用科技,提高粮食生产的土地产出率、劳动生产率。粮食安全,种子是保障;现代农业,种业是基础。[2]要实施藏粮于民的策略,想方设法提高农民种粮的积极性,增加种粮农民的收入,要从产业发展、价格、补贴、保险和机制体制保障等方面,解决农民种粮致富的内生动力问题。要建成布局优化合理、空间安全稳定的粮食主产区的大国粮仓,实现藏粮于仓。努力实现粮食主产区粮食生产发展和增强经济实力结合的有机统一,实现农民生产粮食和增加收入齐头并进。要保护好地方政府抓粮积极性,强化对主产省和主产县的财政奖补力度,逐步建立健全对主产区的利益补偿机制,保障产粮大县重农抓粮得实惠、有发展,不能让生产粮食越多者越吃亏。[3]

① 《习近平关于"三农"工作的重要论述学习读本》,人民出版社,2023年,第22页。
② 郑庆东主编:《践行习近平经济思想调研文集(2022)》,人民出版社,2023年,第201页。
③ 《习近平关于"三农"工作的重要论述学习读本》,人民出版社,2023年,第24页。

第二,坚持以树立大食物观引导农业发展,发展设施农业,构建多元化食物供给体系。全方位、多渠道、成体系地拓宽食物来源,在保护好生态环境的前提下,充分挖掘森林草原、江河湖海等非国土资源食物供给潜力,向森林草原、江河湖海要食物。向科技创新要"未来食物",拓展农业生产空间领域。优化农业生产结构和区域布局,从多种资源禀赋中找食物,全链条多元化保障优质供给。树立大食物观,发展大农业,筑牢"舌尖上的食品安全"。

第三,善用好两个市场和两种资源确保粮食安全。习近平强调:"保障粮食安全是一个永恒的课题,任何时候都不能放松"[1],"要把保障粮食安全放在突出位置,毫不放松抓好粮食生产,加快转变农业发展方式,在探索现代农业发展道路上创造更多经验"[2]。要研判和管控国际风险,研究粮食进出口的安全,尤其是物种安全和注意垄断问题等,增强粮食安全的韧性。要及时研判和把控国际风险,国际社会上出现的将粮食能源化、武器化、工具化、政治化等带来系列全球危机,各种重大公共事件和重大地缘政治冲突外溢带来的粮食安全影响,对我国粮食进出口贸易、粮食产业链和供应链的影响,防止国际潜在风险和衍生安全隐患影响我国的粮食安全。粮食问题不能只从经济上看,必须从政治上看,保障国家粮食安全是实现经济发展、社会稳定、国家安全的重要基础。

(三)加强对农民的教育培训提高农民素质

要实现农业现代化,就要提升劳动者素质、劳动能力、农业专业技术等,还有增加种粮的积极性和收益,城乡发展差距会让越来越多农村成为空心村,农村土地荒芜也会越来越多。城乡之间发展的不均衡,各种生产要素涌

---

[1] 《习近平在山东考察时强调 认真贯彻党的十八届三中全会精神 汇聚起全面深化改革的强大正能量》,《人民日报》,2013年11月29日。

[2] 《习近平在吉林考察时强调 坚持新发展理念深入实施东北振兴战略 加快推动新时代吉林全面振兴全方位振兴》,《人民日报》,2020年7月25日。

入城市,农村缺乏优质的医疗条件、教育资源和居住环境等,农村依附于城市发展的局面依然严重,在农村的农民生活质量不高,精神文化生活较为匮乏。农村和农民难以享受国家改革发展带来的成果。要积极促进城乡融合发展,只有实现城乡之间的良性循环,促进各种生产要素和资源在城乡之间的有效流动,推动农业现代化发展,才能促进农村经济的快速发展,才能为人的现代化创造更多的便利。

农业现代化的推进,离不开高素质农民这一主体。如何培养和打造高素质的农民群体。第一,加大教育投资力度,重视农村职业和技能等教育,提高农民素质和受教育的水平。制定三农人才培育计划,相关高、中职业院校应开设相关专业和课程,持续、系统地加大新型职业农民和乡村实用人才培养力度。加强农民的经营管理培训,让农民真正成为掌握技术、懂得经营和熟悉管理的现代新型农民。第二,加强对乡村党员干部的培训。在农村只有乡镇和村党组织带头人作风正派,能力强,才能更好担负起农业农村现代化的重任。正如2024年中央一号文件指出:全面提升乡镇领导班子抓乡村振兴能力,开展乡镇党政正职全覆盖培训和农村党员进党校集中轮训。"加强村干部队伍建设,健全选育管用机制,实施村党组织带头人后备力量培育储备三年行动。"①乡村党组织带头人能力强,服务群众的意愿和能力自然强,这样的话,农村基层党组织创造力、凝聚力、战斗力明显增强,最终受益的还是人民群众。第三,完善对各级各类乡村人才引进和激励机制,鼓励社会各类技术人才投身现代农业发展,增强农业农村发展对各类人才的吸引力和聚集力。从劳动者这一现代化的主体,在根本上采取措施提高其文化水平和素质,提升劳动者再生产的能力。

(四)完善农村土地制度改革和农村集体产权制度改革

农村土地制度和集体产权制度改革,事关农民最直接的利益问题,将会

---

① 《中共中央国务院关于学习运用"千村示范、万村整治"工程经验有力有效推进乡村全面振兴的意见》,人民出版社,2024年,第14页。

给乡村振兴战略提供全方位制度供给。如何在制度改革创新中切实保护农民的具体利益,将是我国推进农业现代化道路需要面对的问题。

第一,进一步明确农村土地所有权的主体。"界定土地所有权主体是集体经济组织,而不是村民自治组织,理顺集体经济组织与村民自治组织的关系,由集体经济组织代表成员行使所有权。"①确保行使权落到实处,既要保证农村集体土地所有制的性质,又要保障农民的具体利益不被损害,还要因改革发展得到益处。

第二,出台相关制度和规定,使农村集体土地与国有土地拥有同等权利和利益分配,就可以打破城乡土地二元不平衡结构,农民在土地流转或被占有使用等,其利益就会得到有效保障,农村集体土地与国有土地就会是"同地、同价和同权",不管谁在占有、使用、收益、处置或流转等都不会损害农民的利益或村农民集体的利益。

第三,严格落实农村土地承包关系的长久不变政策,通过法律规定,延长农民30年承包关系不变,从法律上使农民对承包土地的占有、使用、收益、处置和流转等,可以有更多的话语权,真正可以将承包土地的经营权和使用权,变为农民的财产性收入。在这一基础上,落实和完善土地和房屋的"三权分置"的改革,增加农民财产性收入,只有农民富裕了,农业现代化才能实现。国家要设置土地承包权抵押风险防范机制,要确保农民在市场交易过程中,土地经营不受损失,有最低保障,保障农民的根本利益,这样才能更有利于土地流转。但是农村土地制度改革必须坚持三条原则:"第一,不能改变土地所有制,就是农民集体所有;第二,不能改变土地的用途,农地必须农用;第三,不管怎么改,都不能损害农民的基本权益。"②

(五)构建高质量现代农业产业体系

健全和完善现代农业产业体系是实现中国农业现代化的重要举措,是

---

① 农业部课题组:《农业农村经济重大问题研究2010》,中国财政经济出版社,2011年,第144页。
② 陈锡文:《农村土地改革不能突破三条底线》,《松州学刊》,2014年第1期。

保障农业现代化建设和发展的动力源泉，能够持续推进农业现代化有序发展。

第一，实现农业产业体系功能性的改变。要使农业产业体系发展满足农民对美好生活的期望和追求，实现集体经济和财产的保值增值，还得推动农业高质量发展，使农业产业体系与其他产业融合发展，更加适应高水平社会主义市场经济体制，引导和驾驭下乡的资本，将人才、科技、土地、数据等现代生产要素导流到农业农村上，实现乡村振兴，促进农业产业体系更加完善，使生产价值链条更加清晰和完整。

第二，提升农业产业体系发展的水平。要将农村的"三权分置"改革和"三变"改革结合持续推进，将这两项改革关系到农业产业体系推进效果。整合农村产业各生产要素，实现协同发展有序运转，现代企业模式才能高质量在农村发展，才能创新出各类新型经营主体和新型合作模式。基于此，要充分发挥农业新型经营主体的作用，重视农业产业化龙头企业、农民专业合作社、家庭农场等新型经营主体，形成党的全面领导下政府机构、乡村组织和广大农民群众参与的多元主体振兴格局。[①]农业产业体系水平的提升，不仅仅是农业产业的事情，是一个系统工程，需要政府、社会、企业和各类组织协同运转，才能提升农业产业体系水平，促进新型经营主体的积极性和主动性，促进农业现代化的发展。

第三，完善与农业产业体系相关各产业间高质量关联机制。农业、工业、服务业之间协同发展，而且三个行业都需要互相支持。新型工业化才能为农业智能化提供有力保障，现代化的服务业才能为农业现代化资源要素整合提供高质量流通和服务体系，农业现代化才会为工业和服务业现代化给予坚实的基础性支撑。正如2024年中央一号文件指出："坚持产业兴农、质量兴农、绿色兴农，加快构建粮经饲统筹、农林牧渔并举、产加销贯通、农

---

① 唐任伍、许传通：《乡村振兴推动共同富裕实现的理论逻辑、内在机理和实施路径》，《中国流通经济》，2022年第6期。

文旅融合的现代乡村产业体系,把农业建成现代化大产业。鼓励各地因地制宜大力发展特色产业,支持打造乡土特色品牌。实施乡村文旅深度融合工程,推进乡村旅游集聚区(村)建设,培育生态旅游、森林康养、休闲露营等新业态,推进乡村民宿规范发展、提升品质。优化实施农村产业融合发展项目,培育农业产业化联合体。"[1]用系统思维和战略思维统筹组织协调农业产业体系建设和完善,全力构建高质量现代化农业产业体系,助力农业现代化的健康发展。

第四,形成有竞争力的农业产业群。各个地域和各个产业集群之间做好协同发展,把内部各个生产要素实现高质量联结起来,能够使我国农业产业链实现从低端向中高端飞跃。建设现代农业产业体系,要继续推进"三权分置"改革,要继续推进农村供给侧结构性改革,加快发展绿色农业,优化农业生产结构,因地制宜培育壮大优势特色产业,逐步构建起农业优势区域布局和专业生产格局,推动农村第一、二、三产业融合发展。在农业产业体系建设过程中,以建成全国高水平社会主义市场经济要求,按照农业产业链的社会分工,实施产业强县、产业富镇和产业兴村的目标,以产业链条特点做专、精和特的产业,打造集研发、种植、加工、营销、文化、生态于一体的现代农业全产业链。[2]能够形成产业分工合理、产业链条完整、核心竞争力强、综合效益高、产业结构优的现代农业产业体系,"延伸农业产业链,着力发展高附加值、高品质农产品,提高农业综合素质、效益、竞争力。"[3]只有完整和高质量的农业产业链,才能提供高附加值的产品,农业现代化的进程才能更快实现。要抓农村新产业新业态,推动农产品加工业优化升级,把现代信息技术引入农业生产、销售各个环节,发展乡村休闲旅游、文化体验、养生养老、

---

①　《中共中央国务院关于学习运用"千村示范、万村整治"工程经验有力有效推进乡村全面振兴的意见》,人民出版社,2024年,第8页。

②　习近平:《论"三农"工作》,中央文献出版社,2022年,第207页。

③　《习近平关于国家粮食安全论述摘编》,中央文献出版社,2023年,第11页。

农村电商等,鼓励在乡村地区兴办环境友好型企业,实现乡村经济多元化。[①]农业产业体系建设起来,乡村经济发展,农民的收益富足起来,农民就会合理分享全产业链增值收益,乡村振兴战略就会实现,进而实现中国式农业农村现代化道路。

---

① 《习近平著作选读》(第二卷),人民出版社,2023年,第89页。

第十章

西方现代化的经验与教训

回顾历史,人类社会的现代化进程最早始于西方资本主义国家。西方现代化随着资本主义生产方式的确立和发展得以发端并不断演进,就其本质而言是资本主义现代化。资本主义现代化有其历史进步性,极大地推动了人类文明进步,但其矛盾也在发展中不断深化。习近平指出:"中国式现代化,打破了'现代化=西方化'的迷思,展现了现代化的另一幅图景,拓展了发展中国家走向现代化的路径选择,为人类对更好社会制度的探索提供了中国方案。"[①]梳理西方发达国家的现代化历程,分析总结西方现代化的经验教训,对于把握现代化的一般规律,全面稳步推进中国式现代化具有重要意义。

第一节　西方发达国家的历史演进过程

在资本主义发展的不同阶段,西方现代化的代表性国家不同,具体模式

---

① 《习近平在学习贯彻党的二十大精神研讨班开班式上发表重要讲话强调 正确理解和大力推进中国式现代化》,《人民日报》,2023年2月8日。

也各不相同。英国是第一个迈入现代化进程的西方国家,德国和美国作为后起国家实现了现代化道路的赶超。20世纪特别是二战后,社会主义现代化与资本主义现代化并行,西方发达国家的现代化模式正面临严峻挑战。

一、自由竞争时期英国开启人类社会的现代化进程

在人类社会发展史上,西欧国家率先开始了向现代社会的转变。早在中世纪,意大利的威尼斯、热那亚、佛罗伦萨等城市就形成了繁荣的商业活动,地中海贸易的发展促进了资本主义萌芽的产生,也促进了思想文化的变革。文艺复兴、宗教改革的兴起为新兴资产阶级破除封建思想的精神桎梏、打击封建势力提供了历史契机。15世纪末16世纪初,新航路开辟和地理大发现极大开拓了世界市场,意大利的贸易中心地位逐渐被西班牙、葡萄牙等大西洋沿岸国家所取代,西欧资产阶级力量不断壮大。16世纪,反抗西班牙封建专制的尼德兰革命爆发,这成为历史上第一次成功的资产阶级革命,揭开了欧洲资产阶级革命运动的序幕。

西欧社会的一系列变革为英国商品经济和海外贸易的发展创造了条件。封建社会时期,商人资本主导的包买商制度盛行于西欧的农村和城市郊区。在包买商制度下,商人向家庭手工业者分发活计、提供原料,并给付工资。在这种分散型组织形式基础上,更集中化的工场手工业开始形成,提高了商品生产的效率。在16世纪,手工业活动还主要局限于尼德兰和意大利。到16世纪末,法国、英国的手工业开始发展起来。[①]17世纪中叶,英国已经快速发展为欧洲商品生产的第一强国。[②]这促进了英国国内市场的成熟,

---

① [法]布罗代尔:《15至18世纪的物质文明、经济和资本主义——形形色色的交换》(第2卷),顾良译,施康强校,生活·读书·新知三联书店,1993年,第324~333页。

② [法]布罗代尔:《15至18世纪的物质文明、经济和资本主义——世界的时间》(第3卷),顾良译,施康强校,生活·读书·新知三联书店,1993年,第639页。

伦敦成为西欧最大的货物集散市场。[①]同时,新航路开辟和地理大发现后,英国的海外贸易逐渐发展壮大。在伊丽莎白时代(1558—1603年),英国进行了迅速的海运扩张。1651年,英国通过了航海条例,这被视为英国赢得海权的开始。在海外贸易的推动下,英国开始占据西欧的商业领先地位。1688年,英国资产阶级革命即"光荣革命"取得胜利,英国资产阶级获得政治上的统治地位。此后,英格兰银行创立,东印度公司得以最后组成,伦敦开始成为比肩荷兰阿姆斯特丹的交易和企业中心。到18世纪,英国对外贸易的不断发展进一步增进了国民财富,带动了国内消费需求的增减和变化,反过来又刺激了生产的专门化和新部门的产生。[②]

伴随着商业发展,殖民掠夺、奴隶贸易、圈地运动促进了英国资本主义生产关系的确立。在封建时期的商品经济中,手工作坊主之间会展开激烈的竞争,一部分条件较好的作坊主会在竞争中不断扩大生产规模,而多数作坊主则在竞争中逐渐衰落直至破产,最终与其帮工和学徒一起沦为雇佣工人。在包买商制度下,大商人能够包销小生产者的全部商品,给他们提供原料、设备甚至资金,从而割断小生产者和市场之间的联系。许多小生产者沦为商人、高利贷者的债务人,一旦无力还款,只能交出作坊来抵债,从而丧失了独立生产者的身份,进一步沦为商人、高利贷者的雇佣工人,但这一发展过程极其缓慢。马克思指出:"这种方法的蜗牛爬行的进度,无论如何也不能适应15世纪末各种大发现所造成的新的世界市场的贸易需要。"[③]在海外扩张过程中,英国新兴资产阶级用暴力对美洲、非洲等进行了一系列殖民掠夺和黑奴贩卖,同时积累起巨额的货币资本。海外贸易同时扩大了对毛纺织品的需求,带动了羊毛价格的迅速上涨,养羊比经营农作物更有利。这就

---

①　[英]埃里克·霍布斯鲍姆:《工业与帝国:英国的现代化历程》,梅俊杰译,中央编译出版社,2016年,第20页。

②　[法]保尔·芒图:《十八世纪产业革命——英国近代大工业初期的概况》,杨人楩、陈希秦、吴绪译,商务印书馆,1983年,第69~80页。

③　《马克思恩格斯文集》(第五卷),人民出版社,2009年,第860页。

促使了资产阶级和封建贵族用暴力手段剥夺农民的土地,将大片农民私有土地围圈起来据为己有,改成养羊的牧场,农民则变成一无所有的流浪者,不得不沦为雇佣工人出卖自己的劳动力。

18世纪中叶,工业革命使资本主义生产方式找到适应其本性的物质技术基础,人类社会正式开启了现代化的历史进程,英国成为第一个正式进入现代社会的国家。伴随着工业革命,机器开始得到广泛应用。发动机、传动机、工具机共同组成了机器。其中,工具机的创造使得生产过程摆脱了简单工具和人手的限制,成为工业革命的起点。工具机的使用对动力系统提出了要求,使得蒸汽机的革命成为必要。随着机器生产代替手工劳动,工厂开始代替手工工场成为新型的生产组织形式,工业化进程由此展开。棉纺织业是英国工业革命时期的代表性产业。18世纪60年代发明的珍妮纺纱机大大提高了工人的纺纱速度,18世纪60年代发明的水力纺纱机将多把摇车和多根纱锭组合到一起,逐渐形成了1768年的走锭纺纱机。此后不久,蒸汽动力便应用于此。到19世纪初,工厂生产在英国的棉纺织业得以普及开来。19世纪20年代"自动"装置的采用和其他改良措施使得棉纺织业继续完善。①生产技术的改进支撑了棉纺织业的快速发展。从1785年到1850年,英国的原棉进口量从1100万磅上升至5.88亿磅,棉产量则从4000万码增长到20.25亿码。从1816年到1848年,英国的棉纺织品年出口额占总出口额的40%~50%。②棉纺织业的发展还带动了工业化和技术革新的进展,化工行业、机械行业、煤炭行业等都大大得益于棉纺织业。

经济政策在英国工业化和现代化进程中发挥了不可忽视的作用。工业革命前夕,在荷兰,商人的利益至高无上,而在英国,工业利益已经能够左右

---

① [英]埃里克·霍布斯鲍姆:《工业与帝国:英国的现代化历程》,梅俊杰译,中央编译出版社,2016年,第55~66页。

② [英]艾瑞克·霍布斯鲍姆:《革命的年代:1789—1848》,王章辉等译,江苏人民出版社,1999年,第48页。

政府政策。当在商业利益和工业利益之间作出选择时,英国国内的工业利益往往能够占据上风,这促进了英国工业的发展。①对于国内市场,英国政府充当"守夜人"角色,支持经济自由主义。除了对竞争和个人利害的控制,政府几乎没有其他控制。例如,棉纺织业从产生之日起就被免除了各种关于产品规格、品质、制造方法的限制,这使得使用机器、大胆经营、产品的多样化能够得到快速推广;劳动力也摆脱了封建行会和学徒制的严格限制规则。②在对外贸易中,英国政府首先通过关税政策保护了国内市场,使本国工业能够成长起来。彼时,英国的棉纺织业制造商屡屡请求国家对外来的织品征收进口税,不仅保护国内市场,而且采取各种措施来争夺国外市场。对于新的机器,棉纺织业也希望用严峻的立法来防止其输出。例如,从1774年起,有一项法律禁止输出"制造棉织品或棉纺织品的工具和用具"③。在这一背景下,英国的工业生产经历了快速增长。从1810年到1850年,英国工业生产每十年的增长率约为40%,其中1820—1830年高达47.2%。④随着英国工业不断发展,工业资产阶级又推动了政府的自由贸易转向。1838年,反谷物法同盟成立,力图降低由于对农业的过度保护而提高的农产品原料价格。1846年,《谷物法》被废除,这标志着英国自由贸易时代的开始和贸易保护主义的终结。此后,英国的商品出口扩张速度进一步加快,成为当时的"世界工厂"。在1845—1855年间,英国商品的海外输出量年均增长率达到7.3%。⑤但到19世纪后期,随着德国和美国的崛起,英国开始呈现相对衰落

---

① ［英］埃里克·霍布斯鲍姆:《工业与帝国:英国的现代化历程》,梅俊杰译,中央编译出版社,2016年,第22页。
② ［法］保尔·芒图:《十八世纪产业革命——英国近代大工业初期的概况》,杨人楩、陈希秦、吴绪译,商务印书馆,1983年,第206~207页。
③ ［法］保尔·芒图:《十八世纪产业革命——英国近代大工业初期的概况》,杨人楩、陈希秦、吴绪译,商务印书馆,1983年,第204~205页。
④ ［英］埃里克·霍布斯鲍姆:《工业与帝国:英国的现代化历程》,梅俊杰译,中央编译出版社,2016年,第65页。
⑤ ［英］埃里克·霍布斯鲍姆:《工业与帝国:英国的现代化历程》,梅俊杰译,中央编译出版社,2016年,第115页。

的迹象。

二、垄断时期德国和美国的现代化道路赶超

19世纪六七十年代，第二次工业革命爆发，德国和美国走上现代化道路，开始成为工业强国，自由竞争资本主义转向垄断资本主义。

（一）德国的崛起

与英国相比，德国直到19世纪中叶仍有许多贫困落后的地区。1871年，德国完成政治上的统一，开始了快速的现代化转型之路。德国的崛起是一系列特殊因素共同作用的结果。

19世纪三四十年代，与英国转向自由贸易不同，德国逐渐加强了贸易保护主义。当时普鲁士建立了一个全面性的关税同盟，形成了一个足够大的自由贸易区。在自由贸易区内实行共同的商业政策，对外则实行统一的关税。随着关税同盟不断扩张，这一关税体系变得更具保护主义色彩。[1]1879年，统一后的德国制定了新关税法，进一步转向贸易保护主义，这为德国工业成长创造了有利的制度条件。

19世纪中后期，科学技术出现重大创新，带动了第二次工业革命，德国在技术和工业方面开始占据领先地位。在第二次工业革命浪潮中，电力、石油成为新的能源供应，内燃机和电动机提高了动力系统的效率，钢铁、合金、有色金属等工业快速发展，化学工业与科学技术结合更加紧密。动力系统的效率提高带动了对能源的更大需求和机器的更广泛使用，重工业开始取代轻工业成为主导性的产业，生产进一步集中并形成了垄断。这一时期，德国工业得到迅速发展。当时德国的电气制造业规模居欧洲首位，比英国的

---

① ［英］波斯坦等主编，［英］马赛厄斯等分册主编：《剑桥欧洲经济史》（第八卷），《工业经济：经济政策和社会政策的发展》，王春法等译，经济科学出版社，2004年，第14~15页。

电气制造业规模大两倍。[①]在1913年的前30年间,德国工业出口数量由不及英国的一半,增长到超过英国。[②]

在德国崛起过程中,铁路对工业化起了巨大的作用。在1850年前后,德国就形成了全国规模的铁路网。在1879年实行国有化之前,铁路是德国经济中效益最高的产业,优于采矿、炼铁和纺织业。铁路同时促进了德国银行业的发展。德国的一些"综合银行"最初就是靠铁路起家的,多以经营保险业为主要发迹手段。这些综合银行是一种复合体,兼具商业银行、投资银行和投资信托机构等多重功能。在第二次工业革命浪潮中,小银行和家族资金已经无法满足大型投资的需要,大型综合银行成为企业融资的重要来源。这些大银行不断加大对资本密集型企业的支持,而且也通过持有股份参与到企业的管理和决策。铁路的建设还促进了德国煤炭、钢铁和机械制造业的快速发展。[③]

随着科学技术与工业生产日益紧密结合,完善的教育体制在德国现代化中扮演了重要角色。在实现政治统一之前,德国就具备相对完善的初等教育体系,技术教育也走在时代前列。在工业化进程中,德国公司还率先建起了内部实验室,从事研究和开发公司。与英国公司往往通过试错改进产品相比,德国公司倚重理论科学。德国工程师协会(1856年)、德国机器工程公司协会(1890年)之类的组织不断涌现,促进了技术和知识的传播。由企业和政府资助的学院、学会等科研机构进一步促进了科学研究的发展。这些协会还成为重要的政治利益团体,在工业政策制定中发挥着重要作用。[④]

---

①　[英]波斯坦等主编,[英]哈巴库克等分册主编:《剑桥欧洲经济史》(第六卷),《工业革命及其以后的经济发展:收入、人口及技术变迁》,王春法等译,经济科学出版社,2002年,第471~492页。

②　[英]艾瑞克·霍布斯鲍姆:《帝国的年代:1875—1914》,贾士蘅译,江苏人民出版社,1999年,第47页。

③　[美]麦格劳编:《现代资本主义:三次工业革命中的成功者》,赵文书、肖锁章译,江苏人民出版社,1999年,第155~156页。

④　[美]麦格劳编:《现代资本主义:三次工业革命中的成功者》,赵文书、肖锁章译,江苏人民出版社,1999年,第163~164页。

(二)美国的赶超

1776年,组成美国的13个英属殖民地宣告独立。独立之初,美国是一个人口稀少、地域辽阔的国家。在发展初期,美国同样推行了贸易保护主义以促进本国的工业发展。当时,美国的国内厂商与其政治代表们推动国会制定了一系列关税法令对抗英国的产品进口。不仅这些进口关税成为联邦财政税收的主要来源,而且关税政策进一步演变成为贸易保护主义者的1828年《关税法》。毫无疑问,关税政策大大保护了美国国内市场,促进了美国的新兴产业、成长期工业以及幼稚产业的发展,美国经济是在30%的进口关税的保护中步入成年期的。除了关税政策,美国政府还制定了其他保护生产商和企业家利益的法规,宽松的《银行法》《破产法》等鼓励了美国经济的高速发展。[①]

到内战前的1860年,美国已经成为世界第二制造业大国,但主要局限于消费品和资源型工业。在中西部,面粉、木材、酒类等制造业发展尤其快。而在东北部,纺织、制靴、制鞋、皮革、钢铁和机械制造业等工业部门更为美国工业化提供了动力。南北战争后,美国劳动力和资本供给增长迅速,制造业构成比例发生很大变化,纺织业等消费品制造业部门相对衰落,钢铁、机械、运输设备等资本品制造部门的比重相对增加。到1914年,美国已是工业化程度最高的国家。[②]

现代工商企业是美国快速工业化的产物和主要推动者。从19世纪40年代开始到第一次世界大战,新技术为运输、生产、销售过程带来了革命,促进了现代一体化多元企业的兴起。在第二次工业革命中,铁路、电报等新式运输、通信方式的广泛应用降低了运输成本,提高了运输效率,迅速扩展了

---

① [美]麦格劳编:《现代资本主义:三次工业革命中的成功者》,赵文书、肖锁章译,江苏人民出版社,1999年,第342~350页。

② [英]波斯坦等主编,[英]哈巴库克等分册主编:《剑桥欧洲经济史》(第六卷),《工业革命及其以后的经济发展:收入、人口及技术变迁》,王春法等译,经济科学出版社,2002年,第639~656页。

市场范围,这带动了把大规模生产和销售结合起来的大型企业的发展。在19世纪后半期,大公司开始代替私人企业家或合伙企业成为美国经济中主要的决策单位。非个人化的管理在这种大型企业中发挥重要作用。通过职业化的管理,这种公司组织形式能够协调、控制、监督、评估许多分部或单位的日常活动,决定工厂和人事方面的长期规划,从而更充分地发挥公司内部各单位的作用,更好地规划资源,提高企业的运转效率。这些多元大企业不只经营几个制造单元,而且运营着许多销售、购买、采矿和运输单元。到20世纪,这些多功能企业开始进入新行业使产品多样化,许多现代企业发展成为跨国企业。通过增加新单元、新功能、新产品,以及向别的国家市场进行扩张,不仅改变了美国公司的活动和结构,而且改变了许多行业的结构及国家经济的整体结构。①

第一次世界大战后,大型一体化企业继续扩大规模和影响。在第二次世界大战期间,这种大型机构进一步获得显著增长,带动了美国经济的快速增长。二战对技术复杂的新产品的需求,扩展了科学在美国工业中的系统应用。石油、橡胶、金属等公司增加了新的生产能力,电力和无线电公司获得了更先进的生产设施。大型企业需要雇用更多的雇员,这加速了工会的壮大,促进了劳动关系部门的设立。1946年,美国国会通过旨在维持最大就业率的《就业法案》,以保障可能的最大总需求,从而保证国内大市场的连续性。这个支持大规模市场的承诺和工业技术的传播、管理技术知识的提高共同推动了战后美国经济的扩张,大型一体化的多元企业进一步获得了最具战略优势的发展地位。②总体而言,在第二次工业革命浪潮中,科技创新、组织和管理变革、市场扩大之间的相互作用共同促进了美国经济的崛起和

---

① 〔英〕波斯坦等主编,〔英〕马赛厄斯分册主编:《剑桥欧洲经济史》(第七卷),《工业经济:资本、劳动力和企业.下册,美国、日本和俄国》,王春法等译,经济科学出版社,2003年,第68~71页。

② 〔英〕波斯坦等主编,〔英〕马赛厄斯分册主编:《剑桥欧洲经济史》(第七卷),《工业经济:资本、劳动力和企业.下册,美国、日本和俄国》,王春法等译,经济科学出版社,2003年,第114页。

现代化的进程。

三、国际垄断资本主义时期发达国家现代化的演进与挑战

二战结束后,西欧国家开始了战后重建,先进资本主义国家之间的国际投资和国际贸易也发展起来。这一时期,美国在资本主义国家中发挥着领导作用,主导着西方集团的世界事务。沿着20世纪上半叶组织管理变革和劳工运动的发展,先进资本主义国家开始推进福利国家制度。相关研究显示,从1950年到1973年,资本主义工业国的社会转移支付占国内生产总值的比重从7%增加到15%,社会保障制度得到扩大和创新。[①]伴随着凯恩斯主义有效需求管理的推行,工人阶级收入水平的上升提高了消费水平,形成了大规模生产和大规模消费的良性循环,推动了战后繁荣。但到20世纪70年代,在国际竞争加剧、粮食和石油价格上升带动的成本上涨、消费者需求个性化和多样化变动等一系列因素影响下,发达资本主义国家陷入经济滞胀的危机。此后,以美国和英国为代表的发达国家开始了新自由主义改革,推行经济的自由化、私有化、市场化,打击工会,压制劳工的力量。与此同时,以信息技术革新为核心的科技革命爆发,通信和交通领域的革新大幅度降低了国际交往的成本,模块化技术和网络化技术促进了国际分工的发展,生产过程得以在全球范围内分散和重新整合。在这一背景下,发达国家的垄断资本真正开始了跨国运动和积累,资本主义进入国际垄断资本主义时期。

在国际垄断资本主义时期,发达国家的国际产业转移在一定程度上带动了后发国家和发展中国家的工业化和现代化进程。在这一过程中,"亚洲四小龙"在承接产业转移中迅速崛起。20世纪50年代,韩国等还是贫困国家或地区,但到20世纪90年代,它们已经进入世界发达国家或地区的行列。这四个国家或地区最初以低工资吸引了诸如服装、鞋类、家具等劳动密集型

---

① [美]杰弗里·弗里登:《20世纪全球资本主义的兴衰》,杨宇光等译,上海人民出版社,2009年,第272页。

产业的投资设厂。随着工业化的推进,这些国家或地区的工资成本也在上涨,导致了劳动力成本优势的减弱。利用相比于发达国家适中的劳动力成本、比较熟练的工人以及积累下来的丰富工业发展经验,这些国家或地区开始承接制造电子消费品、计算机等产品的生产。[①]发达国家的产业转移为"亚洲四小龙"提供了数以百万计的就业岗位,为当地企业提供了获取利润的机会。随着这些国家或地区的生活水平和工资水平进一步提高,发达国家进一步向泰国、马来西亚、印度等东南亚国家进行产业转移。这一过程将更多的国家和地区纳入垄断资本主导的全球生产体系,同时推进了经济全球化的发展,促进了全球范围现代化的演进。

在资本主义现代化的当代扩展和演进过程中,社会主义现代化与之并行,并在曲折发展中逐渐彰显出社会主义的制度优势。二战结束后,以美国为首的资本主义阵营和以苏联为首的社会主义阵营之间形成了两大集团对峙的局面。冷战期间,东欧和中欧实施苏联模式。苏联模式在20世纪二三十年代曾经取得了巨大的成功。在1940年,苏联的钢铁产量仅次于美国和德国,基本工业品的产量位居世界前列,在第二次世界大战中发挥了重要的作用。[②]苏联模式提供了不同于资本主义现代化的样板,战后在共产党执政国家扩散,并对资本主义阵营构成了外部的竞争压力。但在高度集中的指令性计划经济模式下,苏联模式开始暴露出自身的弊端。与此同时,在两个阵营的制度之争中,苏联的领导层逐渐放弃了社会主义道路,党政军高级官员逐渐丧失了社会主义信念。在新自由主义浪潮侵袭中,苏联采取了激进的"休克疗法"从计划经济转向市场经济,但这导致了经济转型的严重失败。1991年苏联解体标志冷战的结束,国际共产主义运动陷入低潮。

---

① ［美］杰弗里·弗里登:《20世纪全球资本主义的兴衰》,杨宇光等译,上海人民出版社,2009年,第398页。

② ［美］杰弗里·弗里登:《20世纪全球资本主义的兴衰》,杨宇光等译,上海人民出版社,2009年,第200页。

1978年,中国开启改革开放和社会主义现代化建设新时期。改革开放之初,中国将东南沿海城市深圳、珠海、汕头、厦门设为经济特区,成为承接海外生产转移的重要窗口。中国的自然资源和劳动力成本优势,以及广阔的市场成为吸引外资的重要条件。2001年,中国加入世界贸易组织(WTO),进一步吸引和利用外资,不断扩大出口,在经济全球化浪潮中扮演了重要角色。随着改革开放不断推进,中国成为"世界工厂",制造业规模不断扩大。自2010年,中国制造业规模已连续13年居世界首位。2022年,中国全部工业增加值突破40万亿元,占GDP比重达33.2%。中国拥有41个工业大类、207个工业中类、666个工业小类,是全世界唯一拥有联合国产业分类中全部工业门类的国家。同时,中国还不断从制造大国向制造强国迈进。当前,高技术制造业占规模以上工业增加值比重15.5%,装备制造业占规模以上工业增加值比重31.8%。新能源汽车、光伏产量连续多年保持全球第一。数字基础设施加快建设,全国在用数据中心超过650万标准机架,算力总规模位居世界第二。重点工业企业关键工序数控化率达到58.6%,数字化研发设计工具普及率达到77%。[1]伴随着改革开放,中国经历了经济的快速增长,综合国力和国际竞争力不断提升。中国特色社会主义进入新时代,中国从高速增长阶段转向高质量发展阶段,以中国式现代化不断推进中华民族伟大复兴,向世界彰显了社会主义的制度优势。

中国式现代化打破了"现代化=西方化"的迷思。2008年金融危机后,发达国家现代化的内在矛盾充分暴露。通过国际产业转移,以美国为代表的新自由主义国家经历了经济的金融化转型,金融部门在产业结构中的比重不断上升。但是,国际产业转移造成了本国的产业空心化问题,导致了中产阶级的衰退。美国的东北部和中西部是曾经的老工业区,以繁荣的制造业支撑了20世纪美国工业的辉煌。但随着"去工业化"的推进,美国老工业区

---

① 《去年我国全部工业增加值超40万亿元 制造业规模连续13年居世界首位》,《人民日报》,2023年3月19日。

成千上万家工厂倒闭,相应的制造业岗位消失,造成了蓝领工人的失业。在信息技术不断发展的浪潮中,由于亚洲国家的工资水平相对较低,美国很多白领就业岗位也转移到国外,跨国公司雇用印度、菲律宾等国家的工人来从事软件编程、客户服务电话接听等工作。危机之后,产业空心化导致了新自由主义国家经济复苏乏力。借助新一轮科技革命和产业变革浪潮的契机,欧美国家出台了一系列"再工业化"措施,同时推行贸易保护主义,逆全球化潮流涌动。然而在经济全球化的十字路口,中国提出了"一带一路"倡议,推动构建人类命运共同体,为发展中国家打造了共同发展的合作平台,以和平友好、开放包容的方式引领构建新型全球化。随着"一带一路"建设开启新阶段,中国将助力发展中国家加快迈向现代化的步伐,这必将对西方现代化模式带来挑战。

第二节 西方现代化的基本经验与历史进步性

从西方现代化的历史进程总结规律,资本的增殖和积累是促进其发端并不断发展的根本推动力。迈进现代化的西方国家获得了生产力的巨大提升,社会物质财富快速增长,这促进了生产关系的变革和一系列社会关系的进步,进而带动了现代政治、法律制度的进步和意识形态的转变。国家是西方现代化中不可忽视的主体,其以多样化的治理模式推动着西方现代文明的形成与演进。

一、资本作为根本推动力促进生产力的迅速发展

社会物质财富丰富是现代化的基本特征,而工业化是创造物质财富的有力手段。西方现代化正式开启于英国工业革命,并在此后的几次工业革命中不断扩展和深化。从根本而言,工业生产方式的不断变革正是资本增

殖和积累推动的结果,这大大促进了人类社会生产力的提高。正如马克思和恩格斯在19世纪所指出的:"资产阶级在它的不到一百年的阶级统治中所创造的生产力,比过去一切世代创造的全部生产力还要多,还要大。自然力的征服,机器的采用,化学在工业和农业中的应用,轮船的行驶,铁路的通行,电报的使用,整个整个大陆的开垦,河川的通航,仿佛用法术从地下呼唤出来的大量人口——过去哪一个世纪料想到在社会劳动里蕴藏有这样的生产力呢?"[①]

第一,资本具有不断增殖的内在本性,推动了技术创新和生产方式的变革。在西方现代化的发端之际,西方社会经历了从简单协作到工场手工业,再到机器大工业的转变。从简单协作开始,劳动者就以社会化的结合劳动完成产品生产,克服了传统个体劳动的弊端。从工场手工业时期开始,生产场所内部的劳动分工就不断发展,进一步提高了生产效率,但此时的技术基础仍为手工业生产。手工业生产的效率取决于每个工人使用工具时的力量、速度、熟练度和准确度,工人特别是熟练工人的主观性仍然发挥着重要作用。但由于手工业使生产过程得不到科学的分解,工人纪律难以有效监管,工场手工业发展到一定阶段便对资本进一步增殖造成限制。在手工工具发展的基础上,产生了机器这一新的技术手段。英国工业革命正式开启了机器大工业的时代,使资本主义生产方式真正找到了适应其本性的物质技术基础。机器生产克服了手工业生产中的主观分工原则,科学技术进入生产过程,"在这里,整个过程是客观地按其本身的性质分解为各个组成阶段,每个局部过程如何完成和各个局部过程如何结合的问题,由力学、化学等等在技术上的应用来解决"[②]。在资本主义市场经济中,资本为在竞争中取得优势,还需要不断改进生产技术和经营管理方式,以提高个别劳动生产率从而获得超额剩余价值。但作为资本人格化的代表,个别资本家所做的

---

① 《马克思恩格斯文集》(第二卷),人民出版社,2009年,第36页。
② 《马克思恩格斯文集》(第五卷),人民出版社,2009年,第436~437页。

正是全体资本家所做的,这又使整个资本家阶级获得相对剩余价值,在社会层面提高了劳动生产率。而纵观西方现代化的发展史,不断进行的技术改进最终促成了每一次科技革命的发生,进而推动了相应的产业革命。特别是从第二次工业革命开始,科学技术与生产过程更为紧密地结合起来,极大促进了生产力的提升和生产方式的变革。相关研究表明,自工业革命到21世纪初期,人类历史上大概发生了五次技术革命,每次技术革命都会首先爆发在特定的国家,具有影响显著的标志性创新事件,更新了投入、产品或产业、基础设施等,使技术和组织上呈现出不同以往的集群特征(如表10-1)。[①][②]当前,以数字化、网络化、智能化为突出特征的新一轮科技革命和产业变革加速演进,生产过程和流通过程被进一步重塑,人类社会的生产力被提高到新的水平。

表10-1 18世纪中叶到21世纪初期的五次技术革命

技术革命	核心国家	标志性事件(年份)	技术和组织创新集群	核心投入和关键投入	支柱产业和主导产业	交通和通信基础设施
第一次	英国	阿克莱特在克隆福德设厂(1771)	工业机械化(水力)	棉花 铁	铁制品 棉纺织业 水车	运河和水道 轮船收费公路
第二次	英国,后扩散到欧洲大陆和美国	史蒂芬森的"火箭号"蒸汽机车在从利物浦到曼彻斯特的铁路上试验成功(1829)	工业和运输机械化(蒸汽)	铁 煤	蒸汽机 铁路 铁路设备	铁路 蒸汽船 电报

① [美]卡萝塔·佩蕾丝:《技术革命与金融资本:泡沫与黄金时代的动力学》,田方萌等译,中国人民大学出版社,2007年,第15~20页。
② [美]克里斯·弗里曼、弗朗西斯科·卢桑:《光阴似箭:从工业革命到信息革命》,沈宏亮主译,中国人民大学出版社,2007年,第145~146页。

续表

技术革命	核心国家	标志性事件（年份）	技术和组织创新集群	核心投入和关键投入	支柱产业和主导产业	交通和通信基础设施
第三次	美国和德国，超越英国	卡内基的酸性转炉投产（1875）	工业、运输和家庭电气化	钢铜合金	钢制品重化工业电力设备工业	钢轨钢制船舰电话
第四次	美国，后扩散到欧洲	第一辆福特T型车被生产出来（1908）	运输、民用经济和战争动力化、机动化	石油天然气合成材料	汽车内燃机炼油厂	高速公路机场无线电
第五次	美国，后扩散到欧洲和亚洲	英特尔生产出第一台微处理器（1971）	国民经济计算机化	"芯片"（集成电路）	计算机软件电信设备生物技术	"信息高速公路"（互联网）

资料来源：根据佩蕾丝（2007）、弗里曼和卢桑（2007）整理。

第二，资本积累推动了生产规模的扩大，促进了社会物质财富的不断增长。任何社会的生产过程同时也是再生产过程。在迈入现代化之前，人类社会以非常缓慢的增长速度实现再生产。现代化进程开启之后，资本主义再生产以明显的增速实现了规模扩大的再生产。在资本主义市场经济中，追求剩余价值的内在动力驱动着资本必须不断扩大自身的规模，购买更多的生产资料，雇佣更多的工人，以实现更大程度的增殖；竞争的外在压力是资本不断进行积累的外在强制力，只有不断进行积累，资本才能以更有利的条件改进技术、扩大生产，从而在市场竞争中获胜。马克思指出："竞争使资本主义生产方式的内在规律作为外在的强制规律支配着每一个资本家。竞争迫使他不断扩大自己的资本来维持自己的资本，而他扩大资本只能靠累进的积累。"[①]在英国，力织机的数量从1813年的2400台增加到1829年的5.5万台，再增至1833年的8.5万台和1850年的22.4万台，这清楚地展现了第一

---

① 《马克思恩格斯文集》（第五卷），人民出版社，2009年，第683页。

次工业革命时期英国纺织业的增长。19世纪,英国工业每十年的平均增长率大多高于20%,在1820—1830年间甚至高达47.2%。[1]集中是加速和加强资本积累的重要手段,资本集中和生产集中的发展进一步产生了垄断。在第二次工业革命时期,钢铁、石油等重工业开始代替纺织业等轻工业成为主导性产业,这些新兴产业在客观上要求资本以更大的规模进行生产。大工厂、大企业的兴起不仅在很大程度上提高了规模经济效益,而且促进了企业组织管理的变革与创新。

第三,资本的空间扩张带动了后发国家的工业化进程,促进了世界范围社会化大生产的发展。资本运动具有空间扩张的内在属性。马克思指出:"资本的趋势是①不断扩大流通范围;②在一切地点把生产变成由资本推动的生产。"[2]纵观世界历史的发展,资本的海外扩张推动了大多数后发国家卷入了工业化与现代化的浪潮。自由竞争时期,英国在北美的税收、贸易等方面的压迫政策引发了殖民地人民的反抗,导致了独立战争的爆发,为美国工业化奠定了政治前提,而英国向美国的商品输出、欧洲移民的涌入等也为美国工业化准备了商业、资金和劳动力条件。垄断资本主义时期,工业化国家的过剩资本输出将更多的落后国家卷入资本主义体系,"在这些落后国家里,利润通常都是很高的,因为那里资本少,地价比较贱,工资低,原料也便宜。……主要的铁路线已经建成或已经开始兴建,发展工业的起码条件已有保证等等"[3]。在帝国主义瓜分世界的大潮中,印度、中国等落后国家都开始了早期工业化的发展。国际垄断资本主义时期,信息技术革命的爆发为生产过程的变革提供了技术条件,资本的直接生产过程得以在全球范围内分散和整合,生产的社会化和国际化达到新的高度,推动了经济全球化的发

① [英]埃里克·霍布斯鲍姆:《工业与帝国:英国的现代化历程》,梅俊杰译,中央编译出版社,2016年,第61~65页。
② 《马克思恩格斯文集》(第八卷),人民出版社,2009年,第89页。
③ 《列宁全集》(第二十七卷),人民出版社,2017年,第377页。

展。在经济全球化进程中,后发国家嵌入到西方发达国家所主导的产业链条之中,这使得后发国家获得了学习先进技术和管理经验的契机,加速了后发国家向工业化和现代化的转变。

二、西方现代化中的生产关系变革和社会关系进步

现代化是经济社会变革的复杂综合过程,物质生产力的发展必然引起经济、政治、社会等方面的一系列变革。罗荣渠也认为,现代化是"以现代工业、科学和技术革命的推动力,实现传统的农业社会向现代工业社会的大转变,使工业主义渗透到经济、政治、文化、思想各个领域并引起社会组织与社会行为深刻变革的过程"[①]。在西方国家的现代化进程中,具体表现为资本主义生产关系的形成与变迁,进而引起的社会关系的发展演变。

第一,西方国家生产关系的历史进步性及其变迁。奴隶社会、封建社会以及资本主义社会都是阶级对立社会,掌握生产资料的统治阶级无偿占有被统治阶级的剩余劳动。但这三种社会形态中的人身依附关系并不相同,奴隶对奴隶主形成完全的人身依附,农奴对封建主形成半人身依附,而资本主义社会的雇佣劳动者是法律上的自由人。在西方现代社会,资本主义经济是发达的商品经济,雇佣劳动者和资本家之间具有平等的市场交换关系,劳动者摆脱了人身依附,具有明显进步的法律地位。但由于雇佣劳动者丧失了生产资料,自由得一无所有,不得不向资本家出卖自己的劳动力为生。当从劳动力市场转换到生产场所,雇佣劳动者和资本家之间的不平等便显现出来。正如马克思所指出的:"一个笑容满面,雄心勃勃;一个战战兢兢,畏缩不前,像在市场上出卖了自己的皮一样,只有一个前途——让人家来鞣。"[②]为获取更大程度的增殖,资本家往往通过延长劳动时间、提高劳动强

---

①　罗荣渠:《现代化新论:世界与中国的现代化进程(增订本)》,商务印书馆,2009年,第102页。

②　《马克思恩格斯文集》(第五卷),人民出版社,2009年,第205页。

度、改进技术和管理强化控制等手段来提高剥削率,这又引起了工人阶级的不断反抗。在自由竞争时期,工人就通过持续不断的阶级斗争争取了工作日的正常化。在垄断时代,大工厂、大企业的组织结构为工人集结创造了有利条件,工会力量不断发展壮大,推动了战后福利国家政策的出台,促进了发达国家中产阶级的兴起。在国际垄断资本主义时期,随着分工不断细化和深化,科技人员等高技能劳动者在生产和流通过程中发挥着越来越重要的作用。随着数字化浪潮的兴起,掌握高技能的自由职业者具备更强的职业流动性和劳动自主性,在一定程度上降低了对资本的隶属和依附。

　　第二,西方国家政治法律关系的历史进步性。在西方国家向现代社会的转型之际,文艺复兴、启蒙运动成为反对封建专制主义的思想先导。霍布斯、斯宾诺莎、洛克、孟德斯鸠、卢梭等提出的自然权利论、理性自由观、民主平等思想、天赋人权思想为资本主义的政治法律制度和意识形态奠定了思想基础。英国在"光荣革命"后最早确立了君主立宪制,树立人民主权,限制封建君主的权力。美国的《独立宣言》同样强调"人人生而平等,造物主赋予他们若干不可剥夺的权利,其中包括生命权、自由权和追求幸福的权利"。西方国家在不危及资产阶级根本利益的前提下,建立了资本主义民主制度,赋予民众一定的选举、言论、出版、集会、结社、游行示威等权利和自由,这是历史上的进步。资本主义法律制度是资本主义民主制度的重要内容,其中宪法是法律制度的核心。西方国家的宪法建立在四个基本原则之上:一是私有制原则,特别是保障资产阶级的"私有财产不可侵犯";二是主权在民原则;三是分权制衡原则;四是人权原则。在政权结构方面,西方国家采取分权制衡的组织形式,即国家的立法权、行政权、司法权分别由三个权力主体独立行使,形成各主体之间的"制衡"。西方国家还确立了通过选举来产生议会和国家元首的政治机制,成为公民参与国家事务的重要形式。当前,西方国家基本上实行政党制度。政党是阶级和阶级斗争发展到一定历史阶段的产物,代表特定阶级的根本利益,在西方国家的政治生活中发挥着重要作用。两党制和多党制是主要的政党制度类型。英国、美国、加拿大、新西兰、澳大利亚等国家实行两党制,法国、意大利、德国、日本等实行多党制。在西方国家,资本主义政治制度的确立和发展推动了生产力的进步,使人们摆脱了封建制的等级压迫制度和人身依附关系,提高了政治自由,推动了人类社会的进步。

第三,西方现代化中的社会关系进步。在西方国家,经济关系的变革带动了社会关系的变迁。封建社会末期,商品经济的发展为一部分出身平凡的人提供了白手起家的机会,打破了封建贵族的世袭制度。新兴资产阶级通过斗争推翻了封建制度,取消了教会和封建贵族的特权,推动了西方国家向现代社会的转型。随着资本主义社会的发展,教育体系的进步提高了社会的文明程度,也为更多的平民提供了提升社会地位的通道。在现代化进程中,家庭关系和两性关系同样发生变革。马克思指出:"不论旧家庭制度在资本主义制度内部的解体表现得多么可怕和可厌,但是由于大工业使妇女、男女少年和儿童在家庭范围以外,在社会地组织起来的生产过程中起着决定性的作用,它也就为家庭和两性关系的更高级的形式创造了新的经济基础。"[①]女性工人队伍的壮大为妇女争取权利和解放创造了条件。从19世纪中期开始,美国的女工就举行抗议活动。1908年3月8日,美国15000名女工走上纽约街头举行示威游行,要求缩短劳动时间、提高劳动报酬、获得选举权,并提出了象征经济保障和生活质量的"面包加玫瑰"口号,成为国际妇女节确立的重要渊源。二战期间,紧急军事动员迫使女性承担了范围空前的新角色,而这些角色在传统上是男性的独占领域。20世纪60年代,几乎每个资本主义国家都发生了妇女解放运动。激进的女权主义运动从北美扩散开来,得到了英国、欧洲大陆、日本、印度、拉丁美洲等多个国家和地区的响应,在资本主义体系内争取权利平等。在现代化进程中,妇女为国家作出了

① 《马克思恩格斯文集》(第五卷),人民出版社,2009年,第563页。

显而易见的贡献。国际劳工组织的研究显示,在发达国家,女性在高等教育方面超过了男性;而在许多发展中国家,女性实现了性别平等。[①]随着数字技术的不断创新,体力劳动或将进一步被机器替代,这能够进一步打破女性的就业围墙,从而减少职业性别隔离。

三、西方现代化中国家的作用及其多样化治理模式

根据唯物史观基本原理,经济基础决定上层建筑,上层建筑对经济基础发生反作用。在整个上层建筑中,政治上层建筑居于主导地位,国家政权是核心。资本主义政治制度建立在资本主义经济基础之上,反映了资本主义社会的经济关系,反映了政治上占统治地位的资产阶级的要求。同时,资本主义政治制度作为上层建筑,又反过来保护其经济基础,为巩固和发展资本主义经济基础提供政治保障。就其本质而言,资本主义国家是资产阶级进行阶级统治的工具,在经济上要求自由竞争、等价交换,在政治上要求形式上的自由、民主、平等、人权,这些特征与奴隶制和封建制国家相比,显然是人类社会政治生活上的一大进步。在西方现代化发端之际,资本主义国家的建立是不可或缺的初始条件,保证了资产阶级的政治主导地位。例如,在英国,君主立宪制建立初期,资产阶级与土地贵族之间不断进行争取权益的斗争。19世纪,《谷物法》的废除宣告工业资产阶级的胜利,资本成为英国的最高权力。在美国,经历南北战争,北方工业资产阶级战胜南方种植园主,奴隶制被废除,为美国资本主义的加速发展扫清了道路。在不同历史阶段,资本主义国家通过一系列政策措施推进了现代化的进程,不同国家的治理模式呈现出多样化的特征。

第一,西方国家通过贸易政策、产业政策的变换推进现代化的发展。从主要发达国家的现代化历程来看,西方国家在工业化发展初期普遍采取了

---

① 《工作中的妇女倡议:争取平等》,国际劳工组织,2018年,第1页。

贸易保护主义政策,以扶持本国工业的发展壮大。在工业繁盛时期,西方国家又普遍转为自由贸易,推进商品的海外输出和原料的进口。1814年,英国生产的棉布的出口和内销比例约为4∶3,到1850年增长至13∶8。[①]垄断资本主义时期,帝国主义展开了向落后地区的过剩资本输出,并在瓜分世界中导致了一战和二战的爆发。20世纪上半叶,不断动荡的世界局势导致了国际贸易关系的不稳定变化,先进资本主义国家在一定程度上重拾贸易保护主义。二战结束后,德国、日本等开始战后重建,这些国家进一步通过贸易保护主义来扶持民族产业的成长。而随着这些国家的经济快速增长,国际贸易再次发展起来。从20世纪50年代初到70年代初的20年间,世界制造业的总产量增长了4倍多,世界贸易额则增长了10倍有余。[②]在国际垄断资本主义时期,以英美为代表的新自由主义国家推动了自由贸易的新发展,通过产业转移将更多的发展中国家纳入全球生产体系,但同时仍将研发设计等高附加值环节保留在国内,保持着高技术产业的全球竞争优势。2008年金融危机暴露了"去工业化"的弊端,发达国家抓住新一轮科技革命和产业革命的浪潮积极推进"再工业化"。在这一过程中,美国发布《美国复兴与再投资法案》《先进制造业国家战略计划》《芯片法案》《通胀削减法案》等一系列法案,抢占先进制造业发展的制高点,提升美国国际竞争力;欧洲国家出台《全球化时代的整合性产业政策》《强大的欧盟工业有利于经济增长和复苏》《德国工业战略2030》《新工业法国》等积极发展先进制造业,促进工业的智能化转型。

　　第二,西方国家通过出台政策法案缓解阶级矛盾,维护资本主义市场经济的正常运转。一方面,劳资关系是西方现代社会运转的轴心,国家在劳资

---

　　① [英]艾瑞克·霍布斯鲍姆:《革命的年代:1789—1848》,王章辉等译,江苏人民出版社,1999年,第43页。
　　② [英]艾瑞克·霍布斯鲍姆:《极端的年代:1914—1991》,郑明萱译,江苏人民出版社,1999年,第391页。

矛盾调解中发挥了重要作用。在西方现代化初期,资本为了获取更多的剩余价值往往不断延长工作日和提高劳动强度,这不仅引起了工人的反抗,而且容易使劳动力陷入萎缩性再生产,但劳动力再生产是资本主义再生产的必要条件。因此,正如马克思所指出的:"资本为了自身的利益,看来也需要规定一种正常工作日。"①19世纪初期,英国工人通过宪章运动等抗议活动要求缩短工作日和改善工作条件,劳资斗争的激化迫使议会通过了《工厂法》。1847年,英国《工厂法》作出了对10小时工作制的规定,进一步对工人权益作出了让步。1886年5月1日,美国芝加哥爆发了大规模罢工活动,最终迫使美国政府宣布实施8小时工作制。另一方面,随着资本主义从自由竞争进入到垄断阶段,国家对垄断资本的限制是资本主义经济持续运转的必要手段。卡特尔、托拉斯、辛迪加、康采恩分别是垄断时期流行于德国、美国、法国、日本的垄断组织形式。随着垄断组织的壮大,垄断资本开始影响资本主义市场经济的竞争体系,严重损害了中小资本和消费者的利益。1890年,美国国会通过了《谢尔曼法案》,旨在保护公平、自由的竞争环境,这成为历史上第一部反垄断法。此后,美国继续通过一系列法律对《谢尔曼法案》作出了补充。在数字经济时代,针对科技巨头的垄断问题,美国政府推出了《竞争和反垄断执法改革法案》《平台竞争和机会法》《收购兼并申请费现代化法》等一系列旨在加强反垄断执法和恢复在线竞争的反垄断法案。

第三,不同国家的市场干预形成了多样化的市场经济模式。西方国家以市场机制作为资源配置的基本手段,市场经济是社会经济运行的基本载体。在自由竞争时期,英国政府充当"守夜人"的角色,基本不干预调节经济的运行。进入垄断阶段,随着社会化大生产的不断发展,市场作为"看不见的手"已经越来越无法自动调节市场的供求矛盾,国家干预成为必要的经济调节手段,市场与政府相结合成为大多数西方国家经济运行的特征。20世

---

① 《马克思恩格斯文集》(第五卷),人民出版社,2009年,第307页。

纪70年代的危机后，由于具体国情、历史文化传统的不同，不同国家的干预治理又呈现出明显的差异。美国实行有调节的市场经济体制。美国新自由主义改革后，转向"大市场、小政府"的市场经济模式，对市场的依赖程度相对较高，政府的调控作用被限制得最小。德国以社会市场经济模式著称，主要特征是按照市场经济规律行事，辅之以社会保障，将市场自由的原则同社会公平结合在一起。社会市场经济管理的基本原则是保护竞争、限制垄断、充分发挥市场机制的作用；同时针对资本主义经济运动中的周期性起伏和结构不协调，针对私有制和竞争中所必然引起的社会不公平，采取国家适度干预和社会保障制度等手段，形成了"市场经济+总体调节+社会保障"的社会市场经济模式。① 二战结束初期，日本在美国的干预下进行经济体制的改组和重建，此后逐渐摸索并形成了国家导向型市场经济模式，政府对经济的干预成分远大于欧美各国。日本政府高度重视培养全国统一的国民精神，根据世界局势的变化提出全国性的战略口号，通过强有力的通商产业政策进行产业倾斜。这种国家导向型战略明显地促进了战后日本经济的腾飞。②

第三节　西方现代化的教训与历史局限性

作为西方现代化的根本推动力，资本的运动一方面在客观上促进了生产力的发展、经济关系和社会关系的进步、上层建筑的变革；另一方面也不断暴露出其内在的矛盾，形成两极分化、社会再生产失衡、全球治理失灵等一系列问题，凸显了资本主义制度的历史局限性。

---

① 黄芝晓、白康斌主编：《市场经济模式概览》，中共中央党校出版社，1993年，第66~67页。
② 黄芝晓、白康斌主编：《市场经济模式概览》，中共中央党校出版社，1993年，第13~14页。

一、劳资对抗性矛盾不断发展阻碍生产力的充分提高

资本通过无偿占有雇佣劳动者的剩余劳动实现增殖,劳资矛盾贯穿西方现代化的始终。在直接生产过程中,资本通过延长劳动时间、提高劳动强度、改进监督管理方式来强化对劳动的剥削和控制;在再生产过程中,劳动者的失业、相对贫困等成为突出的经济社会问题。劳动和资本之间的对抗性矛盾导致了资本积累和社会消费之间的矛盾,形成生产的相对过剩,严重时导致经济危机,造成对生产力的巨大浪费和破坏。

第一,资本推动的劳动分工发展加深了劳动的片面化和劳动力之间的等级制度。在西方现代化中,企业是承载资本增殖运动的微观组织载体。这种集中化的组织方式以劳动者之间的分工协作为前提,有利于提高生产效率。但从工场手工业时期开始,生产场所内部的分工就导致了局部工人之间的分化,他们的劳动复杂程度各不相同,需要不同的教育或培训程度,形成了劳动力的等级制度和与之相适应的工资等级制度。工业革命后,机器的应用不仅排挤了主观的劳动分工,而且加深了局部劳动的简单化,导致了劳动对资本从形式隶属到实际隶属的转变。垄断时期,随着大企业兴起,泰勒发明了"科学管理"原则,通过将生产过程进行更为精细、标准化的分解来提高生产效率,同时通过经理部门对知识的垄断形成劳动的概念和执行的分离。在国际垄断资本主义时期,这种分工进一步深化,资本通过对劳动力市场的分割强化对劳动力的控制,达到对劳动"分而治之"的目的。因而,西方现代化中资本推动的技术进步和分工发展虽然在客观上提高了生产力水平,但同时成为资本分化工人、强化控制和剥削的手段。在数字化浪潮中,众多的"幽灵工人"从事对数据进行分类和标记的简单工作,他们与从事算法设计等高技能劳动者之间形成了更深的就业鸿沟。

第二,西方现代化中的技术进步提高了资本有机构成,造成了相对过剩人口。伴随着技术进步,劳动者能够推动更多的生产资料,资本有机构成得

到提高,资本对劳动的需求相对减少,形成超过资本增殖需要的相对过剩人口,这是资本主义社会特有的人口规律。伴随着资本积累和扩大再生产,资本有机构成变化不断加快,资本对劳动形成更大的吸引力和排斥力。马克思指出:"工人人口本身在生产出资本积累的同时,也以日益扩大的规模生产出使他们自身成为相对过剩人口的手段。"①相对过剩人口形成一支可供支配的产业后备军,反过来又成为资本主义积累的杠杆,甚至成为资本主义生产方式存在的一个条件。在实际经济运行中,相对过剩人口并不是简单表现为就业人数的不断下降,而是随着资本积累运动的周期性变化呈现出一定的波动形式。在西方国家,失业率在经济低迷和危机时期通常不断攀升,在经济复苏和高涨时期通常有所下降。20世纪30年代大萧条期间,英国、美国、德国的失业率分别大概为22%、27%、44%,几乎为失业率的历史峰值。即便在1933年经济恢复景气之后,这些先进资本主义国家的失业率也大多维持在16%~20%的水平。②在2008年金融危机期间,美国的失业率上升到9.6%。③

　　第三,西方现代化中的资本主义积累造成了工人的相对贫困,社会财富分配呈现出明显的两极分化格局。马克思深刻地指出,一切生产剩余价值的方法,同时就是资本积累的方法,而积累的每一次扩大,又会反过来成为发展这些方法的手段。尤其由于大量相对过剩人口的存在,更有利于资本加强对劳动的剥削,使得无产阶级的贫困化加深。伴随着资本主义积累,工人阶级在物质状况和整体处境方面还有绝对恶化的趋势,劳资之间的两极分化成为资本主义发展的必然趋势。因此,"在一极是财富的积累,同时在另一极,即在把自己的产品作为资本来生产的阶级方面,是贫困、劳动折磨、

---

① 《马克思恩格斯文集》(第五卷),人民出版社,2009年,第727~728页。

② [英]艾瑞克·霍布斯鲍姆:《极端的年代:1914—1991》,郑明萱译,江苏人民出版社,1999年,第133页。

③ 数据来源:世界银行,https://data.worldbank.org.cn/indicator/SL.UEM.TOTL.ZS? locations=US。

受奴役、无知、粗野和道德堕落的积累"[1]。在马克思生活的年代,英国工人阶级甚至经常处于绝对贫困状态。20世纪中叶,西方国家的福利国家政策改善了工人阶级的相对状况。但正如马克思指出的:"吃穿好一些,待遇高一些,特有财产多一些,不会消除奴隶的从属关系和对他们的剥削,同样,也不会消除雇佣工人的从属关系和对他们的剥削。由于资本积累而提高的劳动价格,实际上不过表明,雇佣工人为自己铸造的金锁链已经够长够重,容许把它略微放松一点。"[2]国际垄断资本主义时期,发达国家普遍经历了中产阶级的衰退。20世纪,在1973年之前,美国工人工资的年平均增长率为2%,平均工资每35年都会翻一番。1973年以后,这一增长趋势戛然而止,同时非管理部门、生产部门等的工人工资还呈现出下降的趋势。在20世纪90年代中期,对工厂里的工人来说,他们的真正工资水平下降到最高点的90%。在20世纪90年代,在美国的大企业中,总经理阶层和最低收入的雇员之间的平均工资水平相差巨大,前者大约是后者的200倍。在20世纪的最后十几年中,富人愈富,穷人更穷,中产阶级的收入则止步不前(如表10-2)。[3]

表10-2　美国不同收入群体占总人口比例的变动情况(1970—2014年)

群体	1970年	1975年	1980年	1985年	1990年	1995年	2000年	2005年	2010年	2014年
前10%	33.84%	34.41%	34.24%	36.66%	38.71%	40.66%	43.88%	45.06%	45.75%	47.02%
中间的40%	45.17%	45.44%	45.87%	45.46%	44.48%	43.96%	41.50%	41.10%	41.22%	40.44%
最低的50%	21.00%	20.14%	19.89%	17.88%	16.80%	15.38%	14.61%	13.84%	13.03%	12.55%

数据来源:世界财富和收入数据库,World Wealth and Income Database,https://wid.world/zh/data-cn/。

---

① 《马克思恩格斯文集》(第五卷),人民出版社,2009年,第743~744页。
② 《马克思恩格斯文集》(第五卷),人民出版社,2009年,第714页。
③ 〔美〕麦格劳编:《现代资本主义:三次工业革命中的成功者》,赵文书、肖锁章译,江苏人民出版社,1999年,第381~382页。

第四,工人阶级的相对贫困导致积累和消费的矛盾,周期性的经济危机造成生产力的巨大浪费和破坏。为了实现更大程度的增殖,资本在客观上存在一种不顾市场限制而盲目提高生产能力和扩大生产规模的趋势。生产的不断扩大和使用价值的大量增加,需要社会购买力的相应增加才能保证社会再生产过程不断进行。但由于资本积累而产生的两极分化,社会有支付能力的需求相对缩小,这种对抗性的分配关系不可避免地造成了社会总产品实现的困难,从而造成生产的相对过剩,严重时就会引发经济危机。马克思指出:"一切现实的危机的最终原因,总是群众的贫穷和他们的消费受到限制,而与此相对比的是,资本主义生产竭力发展生产力,好像只有社会的绝对的消费能力才是生产力发展的界限。"①在西方现代化进程中,1825年英国发生了第一次经济危机。此后,西方社会就不断爆发周期性的经济危机。其中,19世纪70年代危机是一次"世界性"的危机,西方国家棉纺织业等工业部门的生产过剩危机,同时导致了非西方国家的农业危机;20世纪30年代的经济大萧条则几乎窒息了整个资本主义世界;20世纪70年代的经济滞胀危机宣告了黄金年代的结束,先进资本主义国家的利润率急剧下降,大规模失业的状况重现;2008年的全球金融危机再次重创资本主义世界,西方发达国家至今仍未走出困境。

二、资本运动盲目性导致社会再生产比例失调

在西方现代社会,资本推动了生产力的发展,生产社会化不断达到新的高度,这在客观上要求社会共同占有资料和对社会生产进行统一的计划和管理,以及要求生产成果归社会共同占有和分配。但在资本主义市场经济中,资本的运动具有盲目性,生产什么、生产多少是每个资本家私人的事情,这就使得产品的供给和需求经常处于不一致的状态,造成社会再生产比例

---

① 《马克思恩格斯文集》(第七卷),人民出版社,2009年,第548页。

的失调,阻碍资本主义再生产的正常循环。

第一,价值规律的事后调节导致资本主义市场经济的经常性失衡。马克思分析了工场手工业内部分工和社会分工的区别:工场手工业内部分工呈现出一定的有计划性和有组织性,资本家对工人享有绝对的权威;社会分工中偶然性和任意性则发挥着自己杂乱无章的作用,价值规律决定社会总劳动在每一种特殊商品上的分配,商品生产者之间只承认竞争的权威。[①]在资本主义市场经济价值规律的自发调节作用下,企业根据市场价格的晴雨表式的变动来安排企业的生产和销售。但价值规律的调节具有自发性和盲目性,市场价格的变动有时并不能完全准确地反映社会对各种商品需求的变化,因而,社会总产品实现所要求的比例条件只能通过经济的不断波动甚至巨大的震荡,自发地、强制地得以实现。同时,为了实现更大程度的增殖,资本家之间又处于激烈的竞争之中。资本家越是改进企业的技术和经营管理条件,就越能在竞争中取胜和扩大生产规模,这进一步加强了企业之间竞争,也加剧了整个社会生产的无政府状态。马克思指出:"一切平衡都是偶然的,各个特殊领域中使用资本的比例固然通过一个经常的过程达到平衡,但是这个过程的经常性本身,正是以这个过程必须经常地、往往是强制地加以平衡的那种经常的比例失调为前提。"[②] 20世纪30年代大萧条后,西方资本主义开始反思自由放任的市场经济的缺陷,采用政府干预的方式来弥补"市场失灵"的缺陷。

第二,资本盲目扩大再生产导致生产的普遍过剩。在资本主义市场经济中,资本生产的唯一动机和直接目的是获取剩余价值。在市场竞争的外在压力下,资本必须不断改进技术和经营管理方式,提高劳动生产率,扩大生产规模。随着资本有机构成提高,引起利润率趋向下降,也引起机器等固定资本的贬值,这又促使资本加强剥削以阻碍利润率的下降,并加速资本的

---

① 《马克思恩格斯文集》(第五卷),人民出版社,2009年,第412页。

② 《马克思恩格斯全集》(第三十四卷),人民出版社,2008年,第559页。

循环和周转。同时，随着社会化大生产的不断发展，部门之间、企业之间的联系不断加强，整个社会日益连接成为有机的统一整体。但在资本主义私有制下，劳资之间形成两极分化的分配格局，造成了社会有支付能力的需求相对缩小，这使得第二部类的商品即生活资料面临价值和剩余价值实现的困难，进而导致第一部类的商品即生产资料形成过剩，从而导致生产的普遍过剩。因而，资本的盲目扩大再生产造成了部类之间、部类内部的比例失衡，从而造成社会层面生产与消费之间的脱节。二战后，经过黄金年代的繁荣，到20世纪70年代，发达国家普遍陷入过度积累的危机。相关研究显示，在1968—1973年期间，发达国家的全部企业和制造业的利润率下降了20%。部类之间、产业之间乃至国家之间的积累不平衡是导致利润率下降的重要因素。[①]

第三，国际垄断资本主义时期，以英美为代表的经济金融化加深了资本积累的矛盾。20世纪70年代危机后，依托信息技术革命浪潮，垄断资本的全球扩张推动了经济全球化的迅速发展，这有力推动了生产社会化和国家的发展，极大提高了人类社会的生产力水平。但正如马克思所指出的："生产过程只是为了赚钱而不可缺少的中间环节，只是为了赚钱而必须干的倒霉事。"[②]在产业转移的同时，以英美为代表的新自由主义国家普遍走上了经济的金融化转型之路。这些国家开始推行金融自由化，不断创新金融工具，债券业务迅速增长，融资方式的证券化趋势迅猛发展，金融业急剧膨胀，非金融企业越来越依赖于金融业进行融资。在一国乃至全球范围内，虚拟经济相对于实体经济急剧扩张，金融业利润在利润总额中的比重不断上升甚至超过产业资本的利润，经济活动越来越依赖于金融资本，经济呈现明显的金融化特征（如图10-1）。而伴随着资本在世界范围的过度积累和不平衡发

---

① [英]P.阿姆斯特朗、A.格林、J.哈里逊：《战后资本主义大繁荣的形成和破产》，史敏、张迪恩等译，中国社会科学出版社，1991年，第225~226页。

② 《马克思恩格斯文集》（第六卷），人民出版社，2009年，第67页。

展,社会再生产的比例失调问题在全球扩展,并且开始以金融危机的形式表现出来,从广度和深度扩大了危机的范围。在经济全球化进程中,国际垄断资本试图尽量通过金融资本来获取高额利润,将生产过程配置到生产成本较低的发展中国家和地区。这种去工业化的过程加剧了西方发达国家内部的经济结构失衡,也激化了全球范围内的产业资本和金融资本之间的矛盾,强化了金融资本的掠夺能力。通过这一过程,经济危机也更多地以金融危机的形式表现出来。1997—1998年的金融危机就引起了全球性经济崩溃的恐慌。2008年的金融危机席卷全球,发达国家金融化的内在矛盾充分暴露。尽管这次危机首先由美国的次级贷款引发,但更深层次的原因在于美国的收入分配差距扩大以及由此引发的生产过剩,而这正是由于美国金融资本主导的积累模式所引起的。

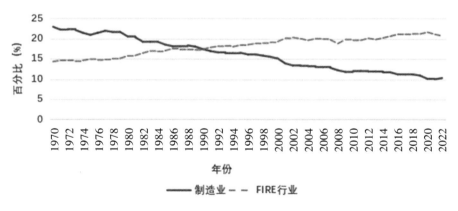

图10-1　美国分行业增加值占GDP百分比变动情况(1970—2022)
数据来源:根据美国经济分析局(BEA)网站数据整理所得。

三、全球治理困境凸显西方现代化的内在矛盾

西方现代化是全球扩张的现代化。从自由竞争时期的商品输出,到垄断时期的资本输出,资本不断在世界范围实现增殖与积累。在国际垄断资

本主义时期,借助信息通信技术和交通运输技术的变革,垄断资本将部分生产过程转移到发展中国家,真正实现了全球范围的循环与周转。这一过程在客观上促进了生产的社会化和国际化的发展,推进了全球化的进程。

不可否认的是,过去的全球化是西方发达国家推行霸权主义和强权政治的手段。西方发达国家利用经济、文化、政治、军事等各种手段进行全球扩张,构筑了不平等的国际经济政治秩序。西方发达国家通过不同方式实现全球范围的剥削和掠夺:

第一,通过跨国生产和国际交换攫取利润。国际垄断资本主义时期,西方发达国家的产业转移改变了国际分工格局,工业国和农业国的简单划分转变为全球生产网络分工,西方发达国家通常保留高技术环节,发展中国家则生产劳动密集型或高耗能产品。西方发达国家的跨国公司能够通过技术垄断等方式构建与国外子公司、承包公司的不平等交换体系,分割全球生产网络中的大部分利润。同时,西方发达国家还经常能够控制国际性的政治、经济组织来制定对自身有利的规则,垄断高技术,控制其流向发展中国家。

第二,通过国际资本市场获取暴利。西方发达国家强大的经济实力使其货币具备世界货币的职能,这能够为发达国家带来铸币税的收益。利用世界货币的特殊地位,西方发达国家还可以通过制定货币政策来获取好处。例如,在本国产业竞争力强,或需要购买别国商品或资产时,通过高估本币的政策来扩大利润总量;在本国经济低迷,或需要扩大出口时,通过本币贬值的政策来增加财富。

第三,通过政治和军事干预掠夺财富。一些西方发达国家就是依靠政治和军事干预在全球范围内进行掠夺。例如,以美国为代表的发达国家不惜利用战争手段来掠夺石油资源,并通过制造国际石油价格波动来攫取利润。西方发达国家还通过控制国际经济政治组织来剥削发展中国家的劳动力,滥用发展中国家的自然资源,造成了发展中国家的日趋贫困和环境恶化,严重损害了人与自然的关系。

2008年金融危机后,发达国家主导的全球化的内在矛盾充分暴露,全球治理陷入失灵困境。

第一,西方国家经济复苏乏力,全球债务风险高企。危机之后,发达国家采取一系列政策来恢复国民经济,但产业空心化、收入两极化等因素导致了经济复苏乏力。在多国央行加息以抑制通胀、全球金融环境收紧等一系列因素影响下,发达经济体增长放缓尤其明显,全球经济增速预期被进一步下调。同时,全球债务再创新高。相关数据显示,2023年第二季度,全球债务达到307万亿美元的历史新高,新增债务来自发达国家,其中美国、日本、英国和法国增幅最大。当前,全球债务与GDP的比例已经连续两个季度保持在336%的高位,这不仅会增加各国债务压力,而且将影响各国在健康、教育和社会保障方面的支出。①

第二,霸权国家单边主义抬头,全球信任危机提升。当前,经济全球化走到十字路口,以美国为代表的发达国家开始大力推行贸易保护主义和单边主义,破坏国际经贸规则,在全球范围内拼凑各类"小圈子"作为维系霸权的重要工具。从2017年开始,中美贸易摩擦成为影响全球政治经济格局的重要因素。美国试图通过贸易战让制造业回流美国,通过各类条款遏制中国科技发展,通过金融战打击中国经济等,以达到遏制中国崛起、维护美国霸权的目的,这加剧了全球治理体系的撕裂和大国立场的分化。

第三,地缘政治冲突加剧,全球和平赤字加重。近年来,俄乌冲突、巴以冲突为全球地缘政治和平带来了巨大挑战。美国等发达国家的军事援助、经济制裁等进一步改变了经济全球化的方向,增加了全球政治经济格局中的不确定性因素。这些地缘政治事件严重威胁了全球的能源安全、粮食安全和产业供应链稳定。例如,美国和欧洲国家对俄罗斯推行的石油限价、天然气限价等正在推动全球能源格局重组。

---

① 资料来源:《全球债务规模创新记录,加剧可持续发展目标实现压力》,2023年10月14日,世界经济论坛网站,https://cn.weforum.org/agenda/2023/10/global-debt-reaches-new-high/。

第四,发达国家违反环境治理条约,全球气候治理矛盾凸显。《联合国气候变化框架公约》生效以来,全球应对气候变化工作取得了积极进展。《巴黎协定》的通过丰富了全球气候治理体系,为全球合作应对气候变化指明了方向。美国是推动《巴黎协定》达成和生效的重要一方,但2017年6月,特朗普政府宣布美国退出《巴黎协定》,停止实施其"国家自主贡献"和对绿色气候基金捐资等出资义务。这一行为是美国奉行"美国优先"、单边主义在气候变化领域的集中体现,严重破坏了全球气候治理和国际气候合作。

全球治理体系的失灵凸显了西方发达国家主导的全球化的内在矛盾。当前,世界正经历百年未有之大变局,国际政治经济格局面临深刻调整,国际力量对比正在发生革命性变化,世界进入新的动荡变革期,但世界多极化、经济全球化、国际关系民主化的大势不可阻挡。面对世界百年未有之大变局,习近平创造性地提出了构建人类命运共同体理念,为世界发展指明方向,为应对共同挑战提供了中国方案。统筹世界百年未有之大变局和中华民族伟大复兴的战略全局,我国正坚定不移推进中国式现代化,构建人类命运共同体。习近平强调:"中国式现代化是走和平发展道路的现代化,既造福中国人民,又促进世界各国现代化。我们将坚定站在历史正确的一边、站在人类文明进步的一边,高举和平、发展、合作、共赢旗帜,弘扬全人类共同价值,推动落实全球发展倡议、全球安全倡议、全球文明倡议,推动构建持久和平、普遍安全、共同繁荣、开放包容、清洁美丽的世界。"①

当前,中国坚定不移实施高水平的对外开放,加快构建以国内大循环为主体、国内国际双循环相互促进的新发展格局,实现高质量发展。中国积极推进实施《区域全面经济伙伴关系协定》《全面与进步跨太平洋伙伴关系协定》《数字经济伙伴关系协定》等高标准经贸规则,扩大面向全球的高标准自由贸易区网络。"一带一路"倡议实施以来,已有150多个国家和地区参与合

---

① 资料来源:习近平:《在纪念毛泽东同志诞辰130周年座谈会上的讲话》,新华社,2023年12月26日。

作,为全球互联互通、合作共赢注入强劲动力。中国积极参与全球治理体系
改革和建设,践行共商共建共享的全球治理观。中国式现代化将更加展现
出不同于西方现代化的独特优势,在不断前进的历史潮流中创造出人类文
明新形态。

主要参考文献

一、著作

1.《马克思恩格斯选集》(第一卷),人民出版社,2012年。

2.《马克思恩格斯文集》(第一卷),人民出版社,2009年。

3.《马克思恩格斯文集》(第二卷),人民出版社,2009年。

4.《马克思恩格斯文集》(第五卷),人民出版社,2009年。

5.《马克思恩格斯文集》(第六卷),人民出版社,2009年。

6.《马克思恩格斯文集》(第七卷),人民出版社,2009年。

7.《马克思恩格斯全集》(第一卷),人民出版社,1995年。

8.《马克思恩格斯全集》(第三十卷),人民出版社,1995年。

9.《马克思恩格斯全集》(第三十一卷),人民出版社,1998年。

10.《马克思恩格斯全集》(第三十四卷),人民出版社,2008年。

11.《马克思恩格斯全集》(第三十五卷),人民出版社,2013年。

12.《马克思恩格斯全集》(第三十六卷),人民出版社,2015年。

13.《马克思恩格斯全集》(第三十九卷),人民出版社,2022年。

14.《马克思恩格斯全集》(第四十二卷),人民出版社,1979年。

15.《马克思恩格斯全集》(第四十六卷),人民出版社,2006年。

16.《列宁全集》(第三十五卷),人民出版社,1985年。

17.《列宁全集》(第四十七卷),人民出版社,2017年。

18.《列宁选集》(第四卷),人民出版社,2012年。

19.《毛泽东选集》(第二卷),人民出版社,1991年。

20.《毛泽东文集》(第三卷),人民出版社,1996年。

21.《邓小平文选》(第二卷),人民出版社,1994年。

22.《邓小平文选》(第三卷),人民出版社,1993年。

23.《习近平谈治国理政》(第三卷),外文出版社,2020年。

24.《习近平谈治国理政》(第四卷),外文出版社,2022年。

25. 习近平:《论坚持人民当家作主》,中央文献出版社,2021年。

26.《习近平著作选读》(第一卷),人民出版社:2023年。

27.《习近平著作选读》(第二卷),人民出版社,2023年。

28.《习近平关于社会主义政治建设论述摘编》,中央文献出版社,2017年。

29. 习近平:《在庆祝中国共产党成立100周年大会上的讲话》,人民出版社,2021年。

30. 习近平:《论中国共产党历史》,中央文献出版社,2021年。

31. 习近平:《论"三农"工作》,中央文献出版社,2022年。

32. 习近平:《决胜全面建成小康社会 夺取新时代中国特色社会主义伟大胜利——在中国共产党第十九次全国代表大会上的报告》,人民出版社,2017年。

33.《习近平经济思想学习纲要》,人民出版社,2022年。

34.《习近平关于中国式现代化论述摘编》,中央文献出版社,2023年。

35.《习近平新时代中国特色社会主义基本问题》,人民出版社,2020年。

36.《习近平关于全面从严治党论述摘编》,中央文献出版社,2021年。

37.《中国共产党简史》,人民出版社,2021年。

38.[美]杰弗里·弗里登:《20世纪全球资本主义的兴衰》,杨宇光等译,上海人民出版社,2009年。

39.[英]埃里克·霍布斯鲍姆:《工业与帝国:英国的现代化历程》,梅俊杰译,中央编译出版社,2016年。

40.[法]保尔·芒图:《十八世纪产业革命——英国近代大工业初期的概况》,杨人梗、陈希秦、吴绪译,商务印书馆,1983年。

41.[美]麦格劳:《现代资本主义:三次工业革命中的成功者》,赵文书、肖锁章译,江苏人民出版社,1999年。

二、文章

1.习近平:《正确理解和大力推进中国式现代化》,《人民日报》,2023年2月8日。

2.习近平:《携手同行现代化之路》,《人民日报》,2023年3月16日。

3.习近平:《为实现党的二十大确定的目标任务而全面奋斗》,《求是》,2023年第1期。

4.习近平:《辩证唯物主义是中国共产党人的世界观和方法论》,《求是》,2019年第1期。

5.习近平:《不断开拓马克思主义政治经济学新境界》,《求是》,2020年第16期。

6.顾海良:《党的理论创新规律性认识的思想智慧》,《红旗文稿》,2024年第3期。

7.顾海良:《习近平经济思想与中国经济学自主知识体系的建构》,《教学与研究》,2024年第9期。

8.顾海良:《习近平经济思想与中国特色"系统化的经济学说"的开拓》,《经济研究》,2023年第9期。

9.郭广银:《中国共产党探索中国式现代化的历史逻辑》,《红旗文稿》,

2023年第5期。

10.韩保江、李志斌:《中国式现代化:特征、挑战与路径》,《管理世界》,2022年第11期。

11.韩文龙:《在中国式现代化新道路中实现共同富裕》,《思想理论教育导刊》,2021年第11期。

12.何自力:《社会主义基本经济制度》,《经济研究》,2022年第9期。

13.洪银兴:《40年经济改革逻辑和政治经济学领域的重大突破》,《经济学家》,2018年第12期。

14.胡乐明:《中国式现代化是中国共产党领导的社会主义现代化》,《当代经济研究》,2023年第2期。

15.黄群慧:《中国共产党领导社会主义工业化建设及其历史经验》,《中国社会科学》,2021年第7期。

16.蒋永穆:《中国共产党成功推进和拓展中国式现代化的根本逻辑》,《求是》,2023年第4期。

17.荆正明:《中国共产党破解大党独有难题的历史经验及其现实启示》,《马克思主义研究》,2023年第10期。

18.刘凤义:《深刻理解中国式现代化本质要求》,《经济日报》,2023年1月3日。

19.刘凤义:《实促进共同富裕要把握好几种辩证关系》,《天津日报》,2021年8月30日。

20.刘凤义:《在经济规律体系中深入理解和把握高质量发展》,《马克思主义研究》,2023年第7期。

21.逄锦聚:《在世界百年未有之大变局中坚持和发展中国特色社会主义经济发展道路》,《经济研究》,2020年第8期。

22.逄锦聚:《中国共产党带领人民为共同富裕百年奋斗的理论与实践》,《经济学动态》,2021年第5期。

23. 沈传亮:《中国共产党推进自我革命的历史经验》,《马克思主义研究》,2021年第4期。

24. 王伟光:《运用习近平新时代中国特色社会主义思想的世界观和方法论把握中国共产党人精神谱系》,《思想理论教育导刊》,2023年第1期。

25. 王晓东、谢丽娟:《社会再生产中的流通职能与劳动价值论》,《中国社会科学》,2020年第6期。

26. 卫兴华:《新中国70年的成就与正反两方面的经验》,《政治经济学评论》,2020年第1期。

27. 吴忠民:《论中国共产党的现代化观》,《中国社会科学》,2022年第7期。

28. 谢伏瞻:《全面建成小康社会的理论与实践》,《中国社会科学》,2020年第12期。

29. 谢伏瞻:《在把握历史发展规律和大势中引领时代前行——为中国共产党成立一百周年而作》,《中国社会科学》,2021年第6期。

30. 辛向阳:《中国共产党的领导与中国式现代化》,《马克思主义研究》,2022年第10期。

31. 颜晓峰:《坚持问题导向是新时代丰富发展马克思主义世界观和方法论的宝贵成果》,《马克思主义研究》,2024年第7期。

32. 岳奎:《新时代中国共产党自我革命话语的内涵意蕴、实践样态及深化路径》,《马克思主义研究》,2023年第7期。

33. 张端:《科学社会主义基本原则的理论阐述——以《共产党宣言》为核心的考察》,《马克思主义研究》,2023年第11期。

34. 张晓晶:《中国共产党领导中国走向富强的百年探索》,《中国社会科学》,2021年第11期。

35. 张宇:《中国特色社会主义政治经济学的科学内涵》,《经济研究》,2017年第5期。